Copyright © M Publishing 2015

Sva prava rezervisana

Nijedan deo ove knjige se ne može reprodukovati ili čuvati prebačen niti u jednu formu (bilo elektronski, mehanički, fotokopiranjem, snimanjem ili na bilo koji drugi način), bez prethodne pismene dozvole vlasnika izdavačkih prava

Naslov originala
The SEED on a 7x7 Evolutionary Trajectory
Ova knjiga je katalogizirana u Britanskoj Biblioteci u Velikoj Britaniji

Umetnička obrada ilustracija
Zorica i Dragan Jovanović Ignjatov (zodrag@gmail.com)
Jana Sooz (http://soozlillend.deviantart.com)

Prevod
Autor (www.milena.org.uk)

Izdavač
M PUBLISHING

ISBN
978-1-909323-37-7

SEME
na 7x7 evolucijskoj trajektoriji

milena

M PUBLISHING

SADRŽAJ

ZAŠTO UMRETI, ZAŠTO SE REINKARNIRATI 8

1. KOSMIČKO POREKLO 12
    SEME JE BIOLOŠKI KOMPJUTER 14
    SEME OD ISTE ESENCIJE 14
    ALFA I BETA ENERGIJE 16
    RAZVOJ POKREĆE ODGOVORNOST 18
    UTICAJI OKRUŽENJA 18
    POREKLO SEMENA 19
    MI SMO KOSMIČKA BRAĆA I SESTRE 22

2. ENERGIJA VREMENA 26
    PORIV KA VIBRACIJI ESENCIJE 28
    BOGATSTVO KOSMIČKIH DUBINA 28
    UTICAJ ENERGIJE VREMENA 29
    PREVOĐENJE ENERGIJE U INFORMACIJU
    I INFORMACIJE U ZNANJE 30
    MOZAK JE KOSMIČKI KOMPJUTER 36
    MISAO PRETHODI STVORENOM 37
    MISAO – PRENOSNIK ANTI-MATERIJE 38

3. SUŠTINSKE VREDNOSTI 46
    STRPLJENJE 48
    TOLERANCIJA 49
    POŠTOVANJE 49
    ODGOVORNOST 50
    PRIHVATANJE 51
    SAOSEĆANJE 52
    LJUBAV 52

4. UČENJE KROZ SUPROTNOSTI 58
STRAHOVI 60
VEZANOSTI 62
USLOVLJENOSTI I TABUI 65
LJUBOMORA 66
NEGATIVNOSTI 66
STRASTI 70
EGO 71

5. UNUTRAŠNJI MEHANIZMI 74
SUMNJE I TRAGANJE 76
OPRAŠTANJE 78
PATNJA I ANKSIOZNOST 79
USKRSNUĆE 82
MENJANJE ZAJEDNO SA ENERGIJOM VREMENA 84
SVRHA ŽIVOTA 84
NADZOR NAD SOBOM 92

6. KLICE IZ ESENCIJE 98
DOBRA VOLJA 100
SAVEST 100
ISKRENOST 101
SKROMNOST 101
DAVANJE 102
DOSEZANJE ZNAČENJA 103
MISIJA-SVEST 116

7. UKLAPANJE U KOLEKTIVNO POLJE 124
NAUKA I RELIGIJA 126
ISTINA SE DOSEŽE KROZ INTERAKCIJU 128
SPAS JE U ISTINSKOM JA 133
KOSMIČKI UTICAJI 140
DOSEZANJE BOŽJEG JA 143
BOŽJA DECA 146
BOG 150

OBJAŠNJENJA 164

BIBLIOGRAFIJA 176

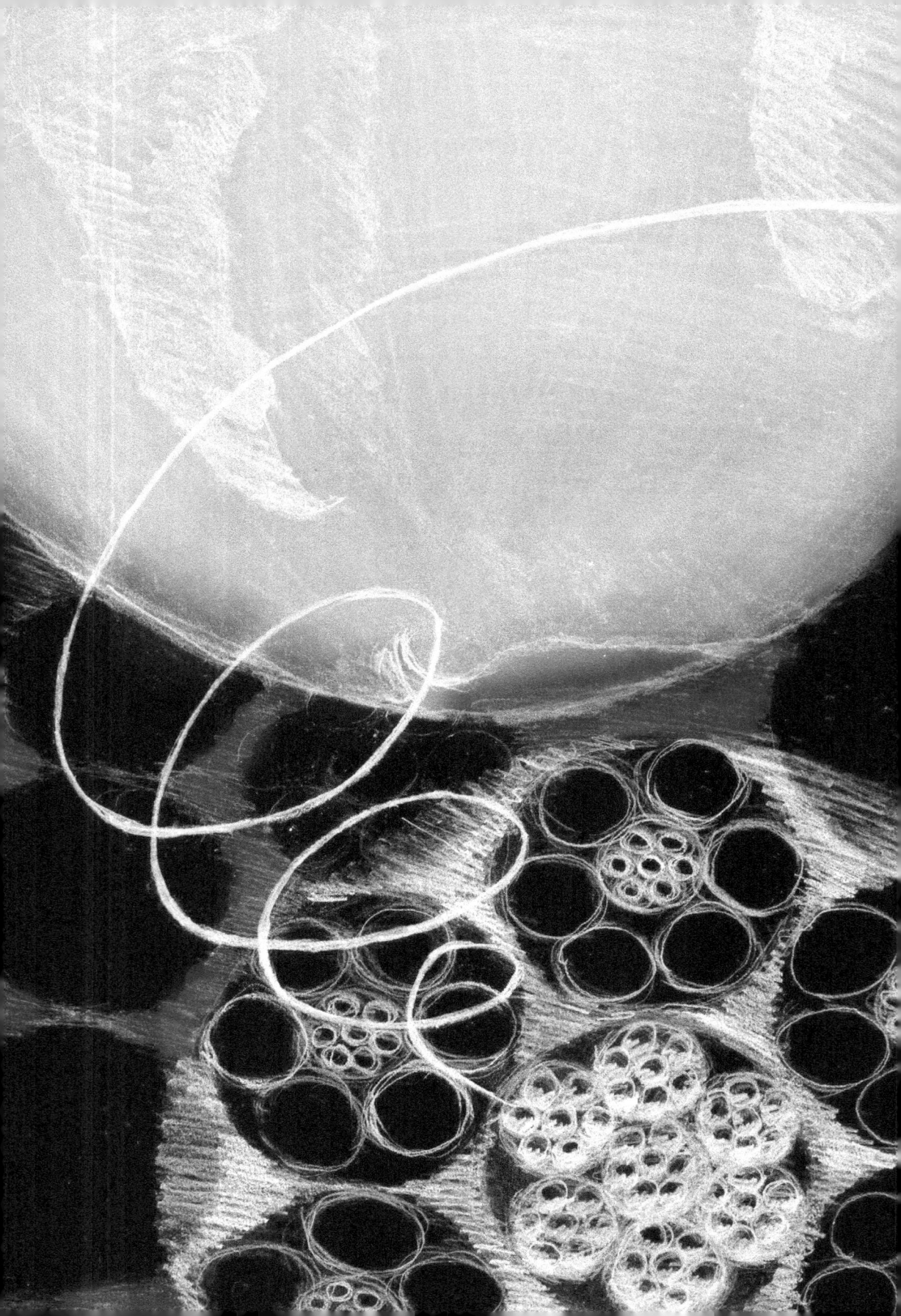

Prekretnica u mom traganju za egzistencijalnim istinama, i shvatanjem same sebe, se desila onda kad sam naišla na *Knjigu Znanja*. Traganje se tada proširilo izvan granica ove planete.

Ako sam ja knjiga, sve dok ne naučim njena slova ja neću biti u stanju da je pročitam te tako otkrijem sebe. Sada sam svesna da su ta slova kosmička azbuka istine. Ona su vibracioni ključ koji čuva tajne univerzuma, života i mene same.

U knjizi koju sada držite u rukama, pronaći ćete misaone linije ojačane energijom/informacijama iz *Knjige Znanja* – jer čitajući i studirajući *Knjigu Znanja* izvesne njene frekvencije su postale organski deo mog bića. Međutim, te frekvencije nisu moje. One pripadaju svima i ja sam zahvalna za ovu priliku da ih, sa moje personalne koordinate, podelim sa vama.

Sveža kosmička energija kontinualno pristiže na našu planetu i biva pretočena u nove informacije i znanje. Usled ove dinamične prirode našeg planetarnog životnog medijuma, vreme će neminovno zahtevati nadgradnju i svega iznesenog u ovoj knjizi. Uprkos tome, iskreno se nadam da će vam čitanje "Semena" predstavljati jedno vredno iskustvo,

Milena

ZAŠTO UMRETI, ZAŠTO SE REINKARNIRATI

Jesmo li samo zemaljski?

Da li smo mi isključivo rezultat spajanja majčinih i očevih gena? Ili, možda postoji još jedan elemenat – ako model Trojstva smatramo fundamentalnim za sve formativne procese?

U monoteističkim religijama, Božje Trojstvo je simbol Tri jednake Esencije koje čine celinu, to jest Jedno. Sledeći ovaj sveti model, Tri-je-Jedno, mogli bismo se zapitati odakle dolazi treći sastavni gen fetusa – sa Zemlje ili sa Neba?

Lanac inkarnacija

Da li je ljudskom biću poklonjen samo jedan život ili lanac života, još uvek je predmet rasprava među pojedincima i socijalnim grupama na Zemlji.

Ako je reinkarnacija program shodno kojem se energija u različitim vremenima otelotvoruje u različita tela, šta bi bilo značenje njenog akumuliranja tolikih iskustava?

Možda kroz brojne prilike da živi, na osnovu genskog potencijala, ljudsko biće može i treba da dosegne savršenstvo omnipotentog nezapaljivog tela, sposobnog da postoji kroz večnost? Ako je ova premisa tačna, onda je smrt entiteta, asocirana sa programom reinkarnacije, samo privremeni fenomen. Svako življenje i svako umiranje, konsekventno, predstavljaju korak ka besmrtnom telu kojeg nastanjuje razvijajuća energija.

Nastavljajući ovu premisu, ako smo mi energija koja trenutno doživljava svoju evoluciju unutar forme čvrste materije zvane LJUDSKO BIĆE, onda svakako postoji tačka na našem putovanju na kojoj zadobijamo kvalitete besmrtnosti.

Trenutna r e a l n o s t, međutim, je da tokom života na Zemlji fizičke ćelije našeg tela gube svoj potencijal i da naše telo postepeno postaje neupotrebljivo. Zemaljsko telo tako završava kao zakopano ili spaljeno, i naši opipljivi fizički aspekti se stapaju sa planetarnom biosferom.

U momentu smrti, energija koja je delovala kroz ljudsko telo se uzdiže ka nebeskim destinacijama, od kojih je i došla kao direktni vanplanetarni elemenat fetusa. U nebeskim laboratorijama, taj potencijal čeka na najpovoljnije vreme za razvoj unutar narednog tela. Stoga možemo reći da određeni aspekt našeg bića nadživi svaku našu smrt.

A k o je besmrtnost istinski evolucijski cilj ljudskog bića, besmrtno ljudsko biće bi moralo da bude od specijalne biološke građe, sa većom snagom mozga i svesti. To bi značilo da se iz reinkarnacije u reinkarnaciju približavamo tim kvalitetima.

Svaka naša ćelija postepeno prima esencija-energiju, nastojeći da se zasiti njome. Pri tome se ćelijska svest razvija do nivoa svesti našeg mozga, kako bi se svaka telesna ćelija pretvorila u ćelijski mozak. Po tom ostvarenju, mi više nećemo biti predmet umiranja, već besmrtnosti. Životne dužnosti svojstvene tom nivou razvoja, obavljaćemo prevaljivanjem interplanetarnih distanci pomoću našeg dovršenog svetlosnog tela.

Besmrtnost

Zar ne bi bilo logično da je Moć, koja je autor programa egzistencije, ustanovila pravila i obezbedila mehanizme za neprekidno nadgledanje svih aspekata stvorenog, sa ciljem da taj program što savršenije teče? Ako je tako, onda je život na Zemlji započeo, i održavan je, kroz sprovođenje egzistencijalnog uređenja diktiranog sa najviših kosmičkih nivoa – nezavisno od toga da li smo mi svesni ove šire slike ili ne.

Shodno tom uređenju, kosmički uticaji podržavaju našu planetu u smeru saglasnom njenoj kosmičkoj sudbini. Stoga naš planetarni energetski medijum, hranjen i nadgledan od strane tehnoloških moći viših realnosti, neprekidno obezbeđuje neophodne evolucijske procese svim oblicima života na Zemlji.

Na taj način se odvija naše postepeno pripremanje za besmrtnost i dimenzije koje se otvaraju posle tog evolucijskog stupnja. Ova priprema je svakome jednako obezbeđena na Zemlji. Međutim, ta činjenica sama po sebi ne olakšava razumevanje trenutnog mnoštva evolucijskih nivoa ljudskih bića na ovoj planeti, i izvesnosti da svi mi još uvek umiremo.

Možemo se stoga zapitati da li je prestanak umiranja ipak naša božanska predeterminacija. Ili, ako smo u stanju da se pretvorimo u besmrtna bića, koliko je daleko taj trenutak? Poniranjem u ove teme, informacije će nam biti otkrivane u obimu za koji smo u datom trenutku spremni.

Moja je najiskrenija želja da vas ova knjiga inspiriše u traganju za večnom istinom o vašem sopstvenom biću, kako biste tu istinu što skorije svesno živeli.

Milena

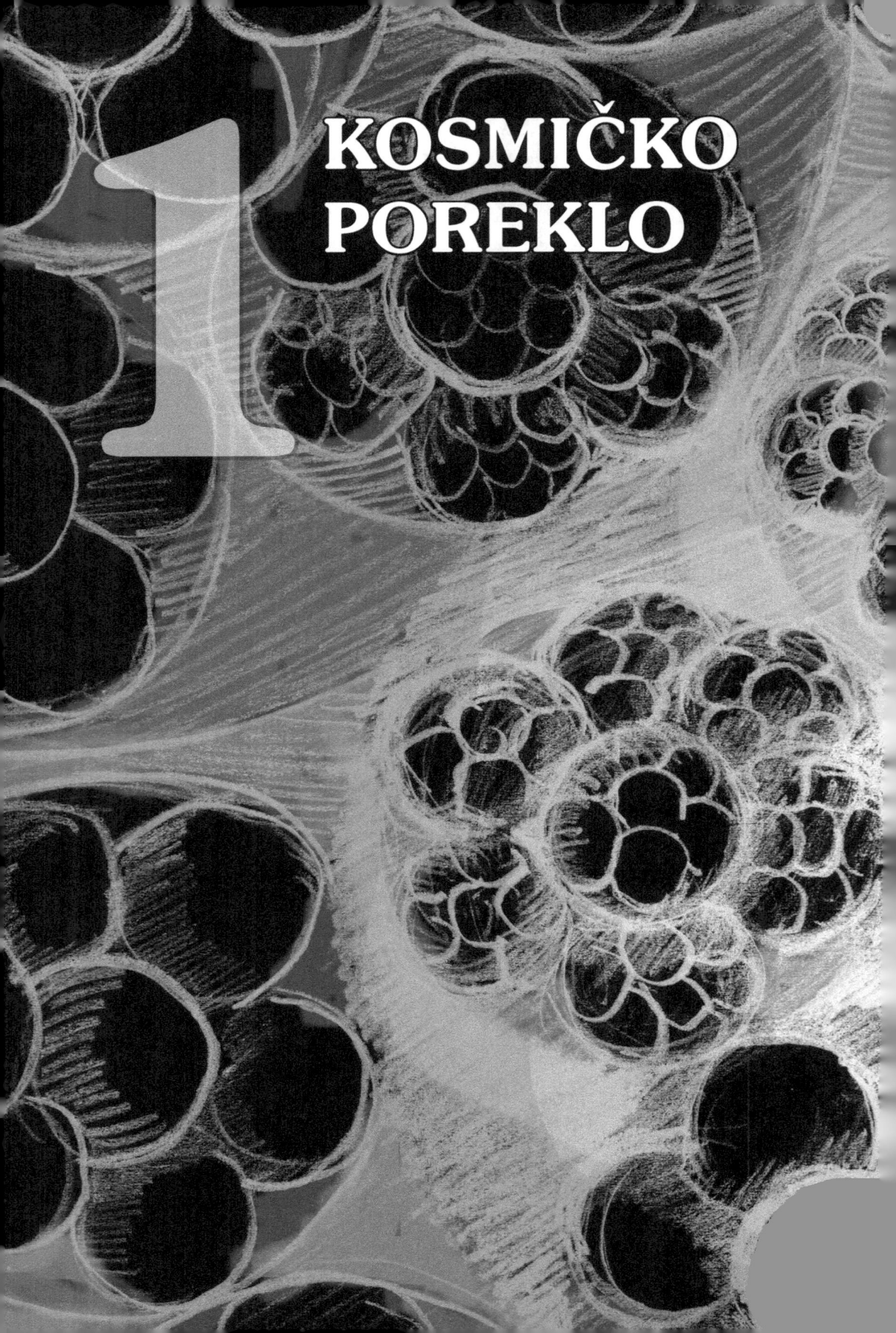

1 KOSMIČKO POREKLO

SEME JE BIOLOŠKI KOMPJUTER

Život se razvija iz semena. Seme je prirodna energija, programirana da iskaže svoja blaga tako što odgovara na uticaje datog medijuma. Ono je biološki univerzumski kompjuter, opskrbljen inteligencijom i moćima Stvoritelja.

Osvrnimo se na seme biljaka! Da bi isklijalo i raslo, te tako dovršilo svoj ciklus, neophodan mu je izvor hranljivih elemenata (svetlost, zemlja, voda). U tom ciklusu nastaje novo seme, kako bi održavalo program date vrste.

Ljudsko biće se razvija iz semena upisanog esencija-energijom Stvoritelja. Ta esencija-energija je fundamentalna za razvoj svih naših moći. Mi smo genski predodređeni da je potražujemo i ispunimo svaku našu ćeliju njome.

Na vrhuncu evolucije, unutar materijalnog tela ljudsko biće manifestuje kvalitete esencija-energije i stiče svetrajuće, besmrtno, telo. Kad od univerzumskih dubina primi svu esencija-energiju koja mu pripada, tek onda naše telo postaje STVARNO.

Život na ovoj planeti je medijum treninga, testova i pripreme za *stvarnu dimenziju ljudskog bića*[1] ka kojoj nas vodi evolucija našeg *esencija-gena*[2].

Kroz program esencija-gena, duhovne vrednosti osvešćuju ljudsku materijalnu formu sve dok ona ne dosegne sopstveno, predodređeno, savršenstvo.

SEME OD ISTE ESENCIJE

Ljudska bića su stupila u egzistenciju iz esencija-energije Stvoritelja. Stoga smo svi mi seme koje deli istu *esenciju*[3], i imamo jednak potencijal božjih razmera.

Esencija-energija, inicijalno upisana u ljudsko seme, je vanplanetarnog porekla. To znači da mi živimo na ovoj planeti, mada suštinski ne potičemo sa nje. Drugim rečima – mi smo van-zemaljci.

Ovde, u kosmičkoj školi na Zemlji, časovi na temu ličnog razvoja pojedinca kontinualno teku. Oni su predmet *nebeskih uticaja*[4] i nadzora. Cilj je aktiviranje našeg punog genskog potencijala, te tako i naših esencija-moći. Da bi se taj proces ubrzao, počev od 1900. godine, specijalne kosmičke energije se usmeravaju ka našoj planeti.

Samo dovoljno snažna moždana moć je u stanju da primi te kosmičke energije kao i da potražuje esencija-energu direktno od Duhovne totalnosti. *Kosmičke struje*[5] koje zapljuskujući planetu ojačavaju celokupni životni potencijal na njoj, presudne su i za evoluciju naše svesti. Stoga, zahvaljujući prevashodno aktivnosti *mozga*[6], naše se fizičke ćelije postepeno revitalizuju i pripremaju za *besmrtnost*[7].

Svako ljudsko biće se razvija kroz specifičnu energetsku dimenziju, među nebrojenim dimenzijama prisutnim u porecima evolucije. Otuda je iz mnoštva kosmičkih pora, koje pristižu na Zemlju i nose pregršt informacija, neophodno dosegnuti upravo one koje dolaze iz dimenzije čiju evoluciju obavljamo.

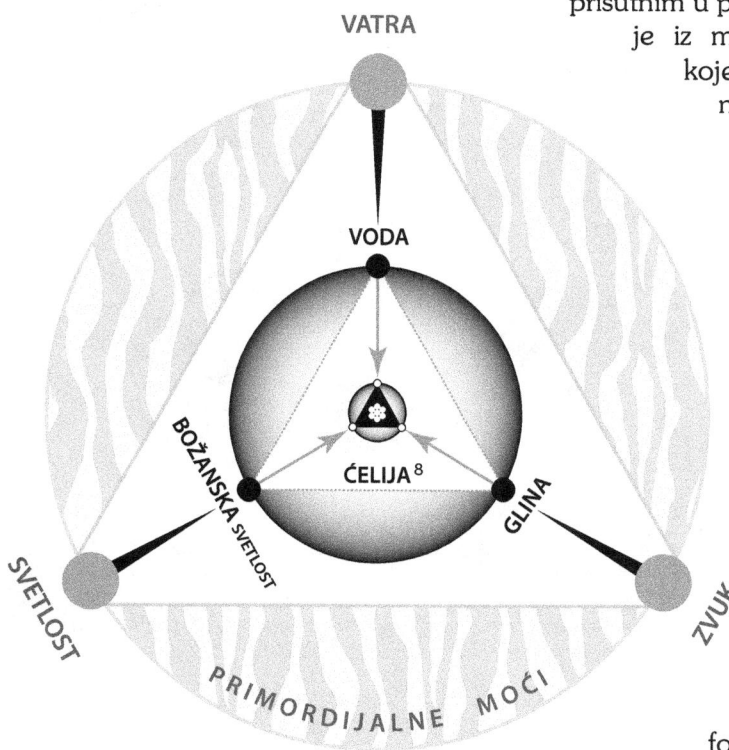

Kad se naša ćelijska energija, zasićena esencija-energijom, i naša moždana energija nađu na istoj koordinati i udruže svoje moći, bićemo u stanju da stvaramo sve o čemu pomislimo – čak i nove planete i životne forme na njima.

Takav je potencijal božjeg semena!

ALFA I BETA ENERGIJE

Da bi ljudsko seme dovršilo svoju evoluciju, neophodno je da primi božju i duhovnu energiju i razvije se kroz njih.

Božja energija je alfa energija – energija ljubavi, asocirana sa belom bojom. Celokupni životni medijum na Zemlji je medijum božje energije.

Duhovna energija je beta energija koja se povezuje sa logikom, intelektom i svešću. Ova esencija-energija nam pripada na osnovu našeg porekla. Asocirana sa crnom bojom, beta energija dolazi iz *Duhovne totalosti*[9]. Sa tom totalnošću nas povezuje *srebreno uže* koje se od našeg mozga, kao energetska linija, proteže ka nebeskim dubinama.

Da bismo primili duhovnu energiju, neophodno je da se pročišćavamo i ostvarujemo predviđeni razvoj. Stoga osoba stiče duhovnu energiju shodno sopstvenom evolucijskom nivou.

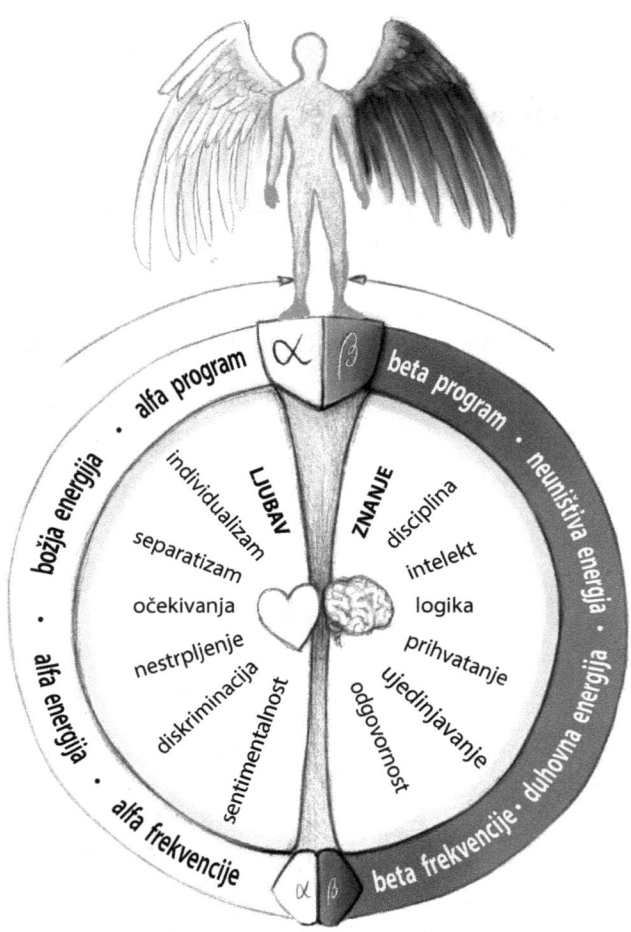

Svako bi trebalo da smatra svoje telo neprocenljivo vrednim poklonom od onoga kojeg voli iznad sviju, izvanrednim umetničkim delom neopisive lepote i misterije izvan ljudskog domašaja, i tako delikatnim da jedna reč, dah, pogled, čak i misao, mogu da ga povrede. – Nikola Tesla

Uspinjanje na visine punog genskog potencijala zavisi od ličnog kapaciteta pojedinca da privuče i prikupi energije koje su nebeski specificirane za takav domet. I naša telesna građa i naša persona slede to frekvencijsko uznesenje.

DUHOVNA TOTALNOST

DUH[10] je totalnost svetlujuće prirodne energije. Ta energija je primarni izvor naše životne moći.

Esencija-moć ljudskog bića je unutar Duhovne totalnosti i ono je postepeno potražuje.

DUHOVNA TOTALNOST je prirodna moć. *Duhovni Plan*[11] reflektuje energetski intenzitet ove totalnosti tako što ga prilagođava svakoj evolucijskoj dimenziji.

3. Prilikom događaja zvanog *smrt*[12], srebreno uže se razdvaja od našeg tela.
U isto vreme, ono uzdiže naš esencija-gen do dimenzije čiji nivo svesti smo postigli.

Putem ove energetske strune mi takođe ostvarujemo *astralna putovanja*[13]

(duhovno) SREBRENO UŽE[14]

7. Od tog nivoa, obeleženog kao 7. Evolucijska dimenzija, ljudsko biće nastavlja da napreduje ka beskrajnoj spoznaji i beskrajnoj svesti

6. Takva ljudska bića se smatraju savršenim ljudskim bićima. Kao mikro-kosmos, svako od njih živi u svesnom jedinstvu sa makro-kosmosom.

5. Kad u potpunosti dopunimo naše fizičko telo esencija-energijom iz Duhovne totalnosti, naše fizičko telo se spaja sa svojim apstraktnim telom te postaje besmrtno i tek tada STVARNO

4. Shodno Duhovnom Planu, jedino ako smo u stanju da primimo energiju *12. Evolucijske dimenzije*[15], mi možemo da potražujemo duhovnu energiju, (essencija-energiju)

2. Potrebne su brojne INKARNACIJE kako bismo iz Duhovne totalnosti privukli duhovnu energiju koja nam pripada

1. Putem srebrenog užeta, povezanog na naš mozak, svako ljudsko biće je spojeno sa sekcijom Duhovne totalnosti i razvija se kroz frekvencijski opseg svoje specifične dimenzije

Zahvaljujući rastućoj moći naših misli, mi potražujemo svoje istinsko biće iz Duhovne totalnosti

Kad ljudsko seme u potpunosti primi esencija-energiju, ono doseže esencija-kvalitete i rascvetava se u esencija-svesti. Ono pronalazi sebe i istovremeno gubi svoju individualnost, jer postaje jedno sa Totalom. Kao vlasnici sopstvene esencija-moći, ta ljudska bića sve promatraju sa koordinata esencije – radije nego očima. Pomoću ljubavi iz esencije, oni obgrljuju celokupno stvoreno i srećno doprinose opštem prosperitetu.

RAZVOJ POKREĆE ODGOVORNOST

Primena univerzumskih zakona i evolucijskih uređenja na egzistencijalne dimenzije, dovodi do razvoja i jačanja semena u smeru realizacije njegovog genskog potencijala.

Neprestane refleksije sa viših dimenzija su svetlosti i božanske svetlosti, otisnute niz evolucijske skale. Seme, sposobno da ih primi i koristi, prolazi kroz sopstvenu transformaciju i postepeno napreduje evolucijskom stazom. Takvo seme hita da dovrši evoluciju svoje esencije, i zatim sa koordinata esencije reflektuje evolucijsku energiju na svoje okruženje. Svaka od oko *64 milijarde naših ćelija*[16] marljivo ulaže napore u tom smeru.

Ljudsko seme koje je dosegnulo nivo punog genskog ostvarenja, zvani *savršeno ljudsko biće*[17], ispoljava svesnu odgovornost unutar poredaka univerzuma. Taj preporod se događa organski, pošto pojedinac u potpunosti shvati i prihvati suverenitet univerzumskih zakona koji neprekidno propagiraju poredak, harmoniju i jedinstvo. Slediti univerzumske zakone – iz samog poštovanja i zahvalnosti za upravo tu mogućnost – tada postaje egzistencijalna svrha, kao i univerzumska dužnost. To je nivo univerzumske istine, shvaćen i življen od strane čestice koja je postala entitet, savladavajući rastojanja od mikro- do makro-svesti.

UTICAJI OKRUŽENJA

Shodno univerzumskim uređenjima u carstvu vremena i prostora, svako seme obitava u medijumu energija koje su najpogodnije za njegov evolucijski nivo.

> *Ljudsko biće nije izuzeto iz peretka prirode. Čovek, kao i Univerzum, je mašina. Ništa ne ulazi u naš um niti određuje naše akcije a da nije direktno ili indirektno odgovor na stimulanse koji izvana udaraju na naše perceptivne organe.*
> *– Nikola Tesla*

Pored reakcije na uticaje neposrednog okruženja, seme bi takođe trebalo da odgovori i na nebeske svetlosti (neophodne evolucijske energije/ informacije kosmičkog nastavnog programa). Ako seme nije u stanju da izdrži silinu nebeskih svetlosti i iskoristi ih, ono je u opasnosti da prevremeno završi svoj život na datom evolucijskom nivou.

Koliko će seme imati koristi od direktnih nebeskih uticaja, zavisi od percepcije i nivoa svesti svakog semena. Iako evolucijski podstrekači dolaze od spolja, kapacitet i napor da obavi razvoj potiču od unutar semena i odražavaju sposobnost semena da sledi svoj genski program. Ako se seme ne menja, adaptira i razvija, potpomognuto spoljnim uticajima, ono neće procvetati i doneti plodove.

Uticaj okruženja na seme je nepobitan. Odgovori na te uticaje umnogome utiču na to koje kvalitete će seme manifestovati, među bogatim genskim potencijalom.

Moderna molekularna biologija i genetika su otkrile da je genski materijal organizma (genom) fleksibilan, i da su rešenja za spoljne uticaje prisutna u genomu, te da se čak i prenose na sledeću generaciju kao novostečeni kvalitet. Ovakvo ponašanje genoma, koji samog sebe menja kao rezultat usaglašavanja sa okruženjem, je savršen model cirkularnog kauzaliteta.

Nauka je značajno objasnila uticaje sredine na biologiju našeg bića, i na oblikovanje naše personalnosti. Ako se identični blizanci razdvoje i smeste u različite porodice, oni će se različito razvijati. Način na koji se u datim medijumima razvijaju biva memorisan od strane njihovog genskog materijala i te promene genoma, indukovane okruženjem, se prenose na sledeću generaciju.

POREKLO SEMENA

Seme sprovodi kosmički program

Dozvolite da postavimo nekoliko pitanja! Ko je život, prirodu ili ljudsko seme razvio na Zemlji ili bilo gde drugde? Koja je to Moć koja omogućava formiranje materije i univerzuma a materiji obezbeđuje misli i osećanja? Može li ta Moć ikada razdvojiti sebe od onoga što je stvorila? Nadalje, na koje načine je život na Zemlji pogođen širim kosmičkim okruženjem, to jest kompleksnim nebeskim strukturama poput *solarnog sistema*[18], galaksija, galaktičkih skupina ili *univerzumskih skupina*[19] u koje je Zemlja, kao prirodni leteći tanjir, umrežena? Misaoni kapacitet ljudskih bića i tehnologija na ovoj planeti bi trebalo još značajno da se razviju, kako bi se došlo do eksplicitnih naučnih odgovora na ova pitanja.

Međutim, očigleno je da priroda obezbeđuje neophodno polazište za život na Zemlji, te tako i za prisustvo ljudskih bića na njoj. Ali šta je priroda? Nije li to naročiti program kojeg je sačinio Stvoritelj, i koji je kao i sve drugo nadgledan pomoću sistema Njegove *nebeske hijerarhije*[20]?

Ljudsko seme, jedna od Stvoriteljevih kreacija, je pripremljeno i programirano u kosmičkim laboratorijama. Odatle, kao seme-duše, ono se šalje u *Dimenziju Evolucije*[21] gde kao fetus otpočinje svoj život unutar uređenja evolucije. Ono što nazivamo sudbinom je odvijanje životnog programa pojedinca.

Ljudsko seme poseduje duhovne, fizičke i misaone energetske kvalitete. Stoga se mi simultano razvijamo kroz ta tri polja.

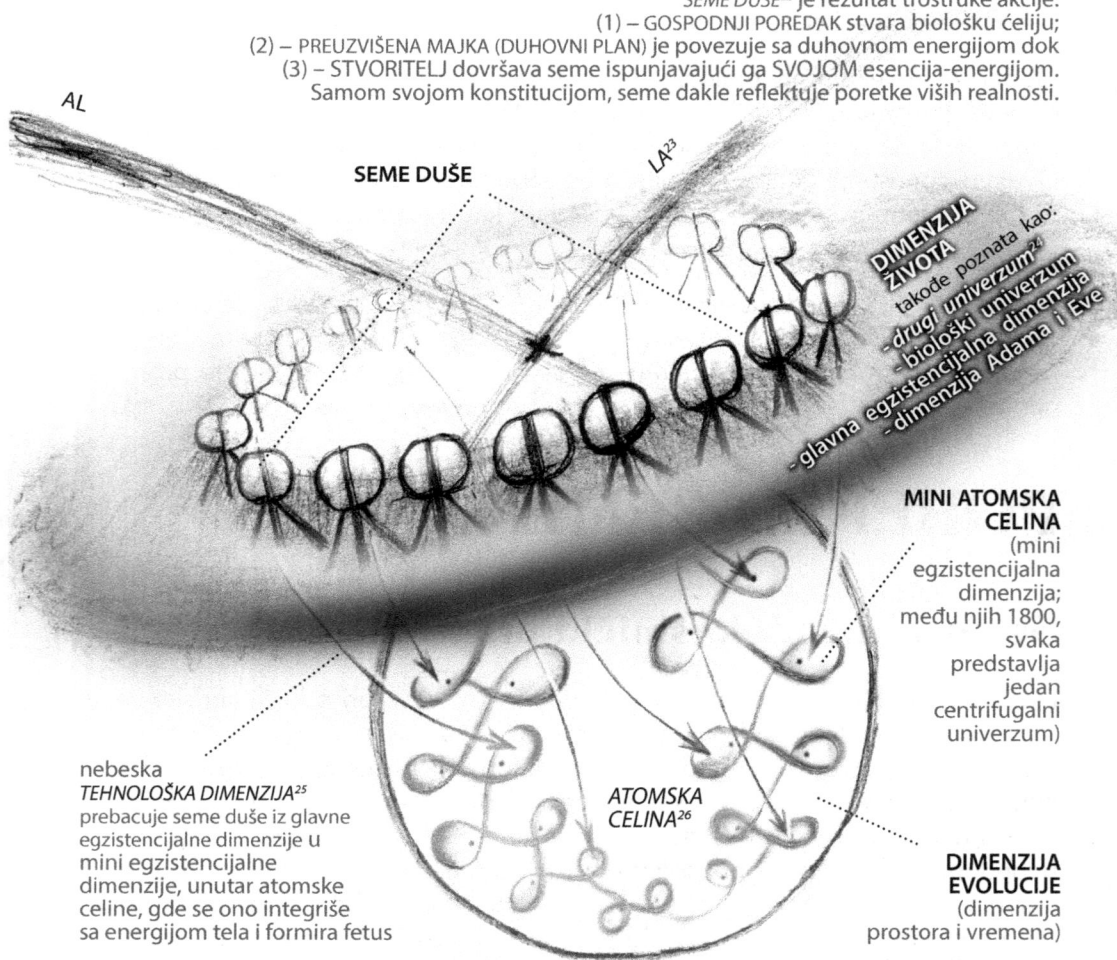

SEME DUŠE[22] je rezultat trostruke akcije:
(1) – GOSPODNJI POREDAK stvara biološku ćeliju;
(2) – PREUZVIŠENA MAJKA (DUHOVNI PLAN) je povezuje sa duhovnom energijom dok
(3) – STVORITELJ dovršava seme ispunjavajući ga SVOJOM esencija-energijom.
Samom svojom konstitucijom, seme dakle reflektuje poretke viših realnosti.

AL

SEME DUŠE

LA[23]

DIMENZIJA ŽIVOTA
takođe poznata kao:
- *drugi univerzum*[24]
- biološki univerzum
- glavna egzistencijalna dimenzija
- dimenzija Adama i Eve

MINI ATOMSKA CELINA
(mini egzistencijalna dimenzija; među njih 1800, svaka predstavlja jedan centrifugalni univerzum)

nebeska *TEHNOLOŠKA DIMENZIJA*[25] prebacuje seme duše iz glavne egzistencijalne dimenzije u mini egzistencijalne dimenzije, unutar atomske celine, gde se ono integriše sa energijom tela i formira fetus

ATOMSKA CELINA[26]

DIMENZIJA EVOLUCIJE
(dimenzija prostora i vremena)

Naš duhovni razvoj se odvija putem duhovne energije, koja je *prirodna energija*[29] (esencija-energija). Čak i naše fizičko telo postaje savršenije kako raste naša sposobnost primanja duhovne energije. Otuda, sa više duhovne energije u našim ćelijama, mi postajemo snažniji – kako duhovno tako i fizički.

Duhovna energija se privlači mislima. Kako se naš misaoni proces rafinira, naša misao se razvija i njena frekvencija raste. Kao rezultat, naša se spoznaja uvećava. Što je spoznaja veća, bogatija je i podloga za našu svest.

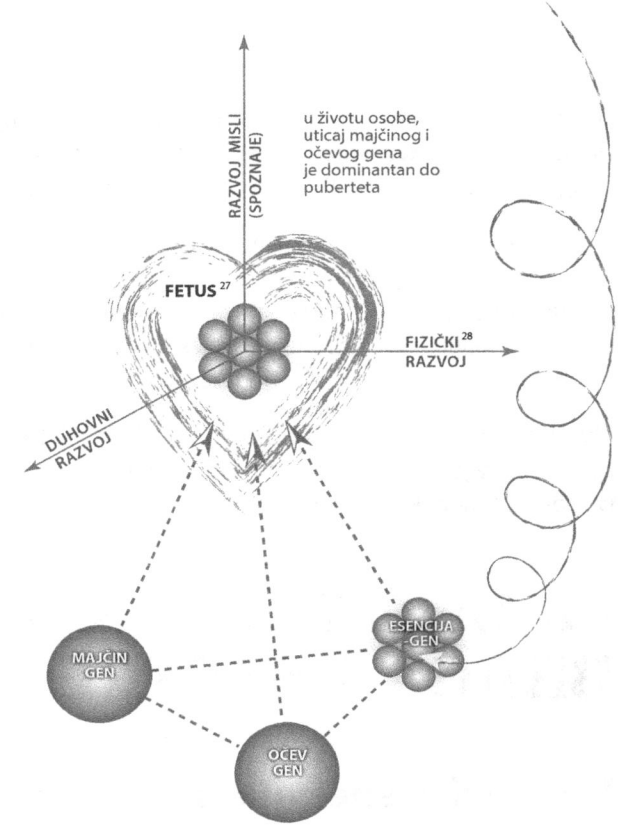

Odbacivanje nepoznatog

> *Većina ljudi su toliko okupirani razmišljanjem o spoljnom svetu tako da su u potpunosti nesvesni onoga što se događa u njima samima. Preuranjena smrt miliona je prevashodno povezana na ovaj uzrok. Čak i među onima koji praktikuju brigu, uobičajena je greška da izbegavaju umišljene a ignorišu istinske opasnosti. I priznao bih: gledište sveta mene ne pogađa. Za prave vrednosti u životu, postavio sam ono što sledi kad ja umrem. – Nikola Tesla*

U *evolucijskoj dimenziji*[30] naše planete, vidljiva čvrsta materija je aranžirana u naizgled nebrojene kombinacije kako bi omogućila nama neophodna iskustva. Otuda se lako zapletemo u iluziju da sve ono što je bitno počinje i završava se u materijalnom svetu. Međutim, naša iskustva postepeno nagoveštavaju jednu širu sliku realnosti – onu koja se proteže izvan opažajnog.

Ako poričemo druge egzistencijalne dimenzije, mi indirektno postuliramo da je jedino život na našoj planeti moguć i stvaran te tako odbacujemo čitavo carstvo životnih modaliteta koji su nama nepoznati – upravo zbog toga što su nam nepoznati. Odbacivanje onoga o čemu ne znamo, ili iz tog razloga klasifikovanje istog kao nemogućeg ili neistinitog, je sklonost provincijalnog uma.

Sa druge strane, ono što mi na Zemlji smatramo istinitim i stvarnim, možda je stvarno samo našem nivou percepcije i spoznaje. Razmatrana unutar univerzumskih parametara, naša realnost može biti bliža iluziji nego bilo čemu drugom. Stoga, ako prihvatimo da se naša percepcija i spoznaja razvijaju, trebalo bi da relativiziramo sopstvene obzervacije i zaključke.

Uvek postoji sledeći viši horizont na lestvici beskonačne spoznaje, i svaki od njih se osvaja uspinjanjem kroz specifične energije. Šema ovih energetskih skala pripada *Božanskom Planu*[31].

MI SMO KOSMIČKA BRAĆA I SESTRE

Kosmička energija menja naše gene

Geni ljudskog bića su veličanstvene kosmičke formule koje nose životni program entiteta. Oni raspakuju božji potencijal u carstvima grube materije.

Paralelno evolucijskom kapcitetu u datoj inkarnaciji, geni očitavaju informacije medijuma u koji su poslati i utvrđuju najadekvatniji odgovor na date okolnosti. U ovom mehanizmu, nezaobilazni uticajni elemenat je nebeskog porekla. To je kosmička energija prisutna na planeti.

Zbog uticaja ovih viših realnosti i programa prirode, energija na Zemlji se neprekidno menja. U dobu u kojem živimo, specifična kosmička energija, poslata na našu planetu putem nebeske tehnologije, ima moć da u jednom životu razvija ljudsko biće na nezapamćeno brz i efikasan način. Ta energija ubrzava promene na nivou DNK a može da dovede i do promene krvne grupe pojedinca.

Naša istinska personalost (savršeno ljudsko biće) je skrivena unutar naše esencije, a proces njenog dosezanja je uprogramiran u naš genski materijal. To je program esencija-gena – božji program.

Svaka naša inkarnacija je poklon od Boga, otpremljen iz Njegove univerzumske laboratorije. Poslati na Zemlju, mi dolazimo da obavimo neophodne evolucijske zadatke unutar nastavnog programa zasnovanog na božjim i duhovnim energijama.

Dva esencija-gena

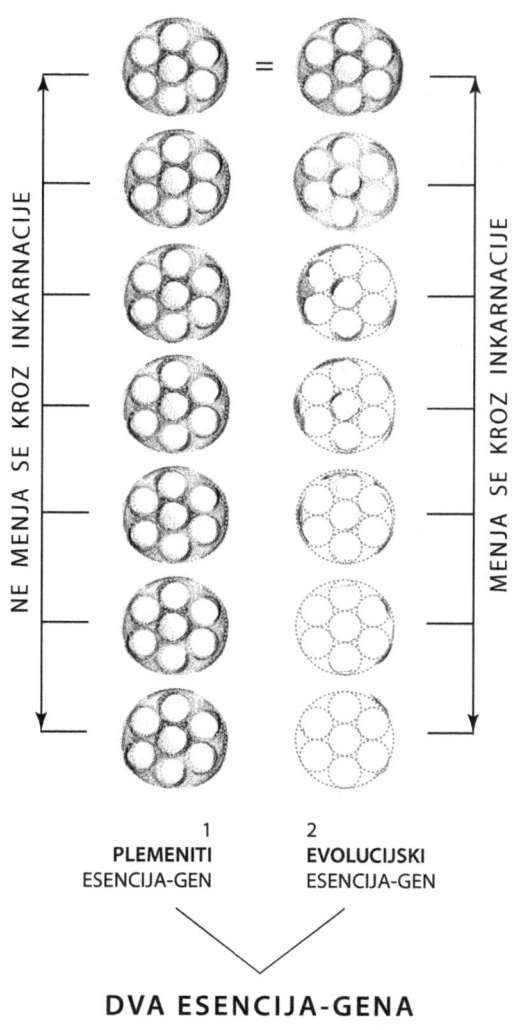

1 PLEMENITI ESENCIJA-GEN
2 EVOLUCIJSKI ESENCIJA-GEN

DVA ESENCIJA-GENA

Razvoj svakog ljudskog semena je programiran putem dva esencija-gena. Jedan od tih gena služi kao referenca. To je inicijalni esencija-gen, zvani *plemeniti gen*[32]. Nezavisno od tela u kojem operiše, ovaj gen se ne menja jer se već nalazi na nivou krajnjeg evolucijskog ostvarenja. On je povezan na Univerzumski *Mehanizam Savesti*[33] i *Božanske Pravde*[34].

Drugi esencija-gen je evolucijski esencija-gen, koji je izložen evoluciji kroz program *reinkarnacije*[35]. Njegov krajnji cilj je da se sve ćelije zasite esencija-energijom te tako svest svake od njih dosegne nivo cerebralne svesti. Sa osvajanjem tog stupnja, evolucijski esencija-gen stiže do nivoa inicijalnog esencija-gena (plemenitog gena). Takvo ljudsko biće postaje savršeno ljudsko biće i predstavlja u potpunosti integrisanu celinu.

Svaka ćelija savršenog ljudskog bića se smatra *ćelijskim mozgom*[36]. Stoga milijarde ćelijskih gena savršenog ljudskog tela mogu da se koriste za ojačavanje genoma onih koji bi tek trebalo da dosegnu evolucijsko savršenstvo. Ova genska upisivanja, ćelijskim genima savršenih ljudskih bića, ubrzavaju razvoj entiteta koji ih primi.

Kako se to odvija?

Plemeniti esencija-gen neprekidno *emanira svoju esencija-energiju*[37] diljem dimenzije u kojoj je otelotvoren. Entiteti prisutni u toj dimenziji, koji su bili upisani ćelijskim genima tog plemenitog gena, imaju koristi od tih suptilnih energetskih vibracija. Što više esencija-energije ovi entiteti mogu da prime, brže se razvijaju.

Kosmički genetski inženjering[38]

Pomenuti esencija-geni nisu identični sa genima koje zemaljska nauka opisuje. Oni potiču iz Stvoriteljeve radionice i, kao nebesko seme, nose energiju/informacije dimenzije svog kosmičkog porekla.

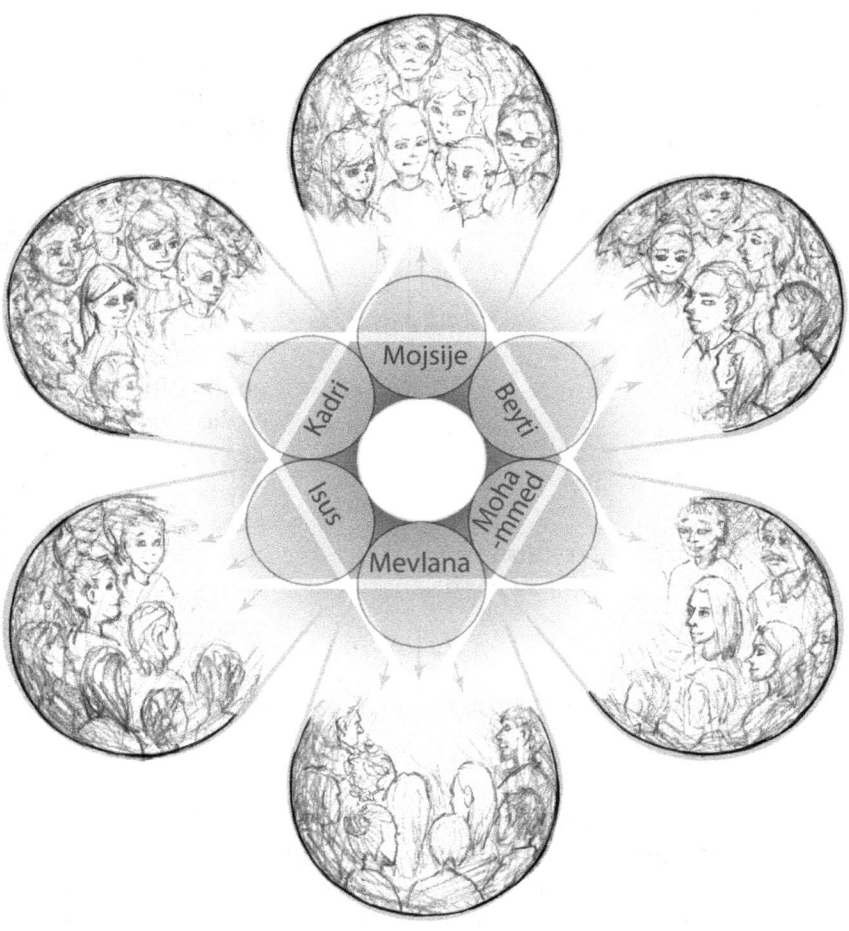

Esencija-energija koju emaniraju plemeniti essencija-geni
Mojsija-Isusa-Mohameda-Mevlane-Beytija-Kadrija,
ubrzava evoluciju onih koji su primili upisivanje ćelijskim genima nekog od
ovih *6 plemenitih essencija-gena*[39]

Upravo ta energija trasira našu stazu kroz materijalne svetove i istinski je ključ za naše evolucijsko ostvarenje.

Celokupni genski materijal ljudskih bića, trenutno prisutnih na našoj planeti, je rezultat nebeskog genskog upisivanja obavljanog u kosmičkim laboratorijama. Na primer, ćelijski geni svetih proroka, kao i ćelijski geni velikana prošlosti koji su dosegnuli nivo savršenog ljudskog bića, su milenijumima korišćeni u svrhu upisivanja – u nastojanju nebeskog carstva da pun potencijal ljudskog semena manifestuje na što širem planu. Pošto je evolucijski esencija-gen ovih prominentnih pojedinaca dosegnuo nivo plemenitiog esencija-gena, njihovi ćelijski geni su mogli da

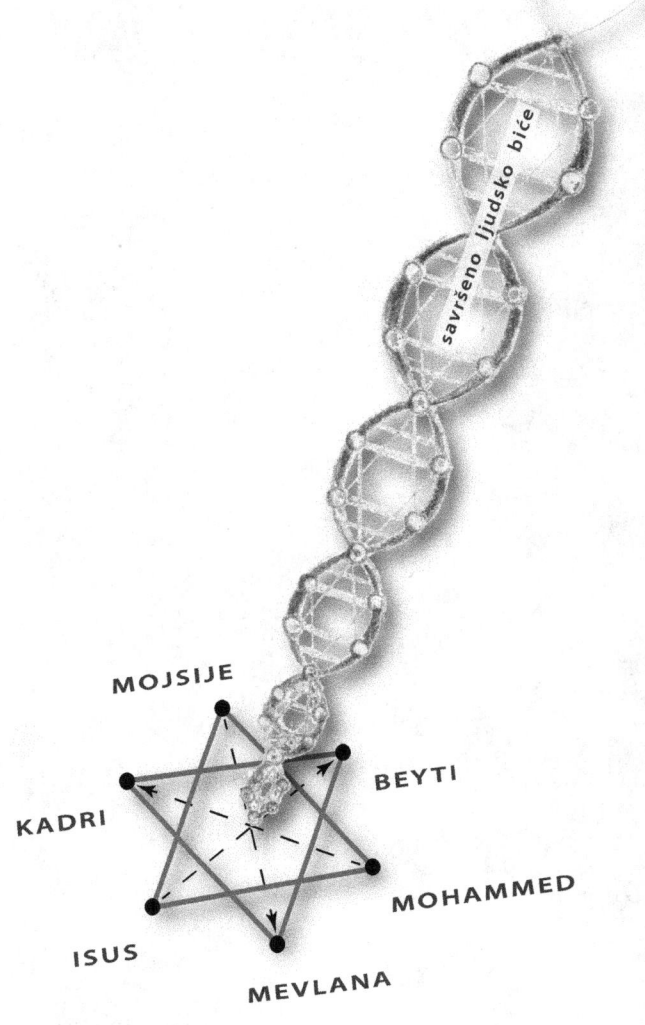

posluže za gensko upisivanje, to jest kao faktor ubrzanja evolucije.

Zbog ovog nebeskog laboratorijskog rada, mi, ljudska bića, nosimo veliki broj istih gena među kojima su i ćelijski geni Mojsija, Isusa Hrista i Mohammeda. Shodno nebeskom genetskom inženjeringu, *mi smo svi braća i sestre*[40]. Međutim, na zemaljskom planu, to bi tek trebalo da iskažemo kroz sopstveno ponašanje.

Putem razvoja našeg evolucijskog esencija-gena, univerzum nas postepeno približava koordinatama svoje moći. *Evolucija naših ćelija*[139] je presudna za taj proces. Kroz svoju sopstvenu spoznaju, naše ćelije sarađuju sa univerzumom i tako vremenom postaju besprekoran prenosnik univerzumske energije.

2
ENERGIJA VREMENA

Ω1 (*41) (1986)
Ω2
Ω3
Ω4
Ω5 (1990)
Ω6 (1991)
REGULARNE KOSMIČKE STRUJE
K1 (*42) (1991)
K2 (1992)
Ω7 (1992–2000)
SPECIJALNE KOSMIČKE STRUJE
Ω8 (1992–2000)
Ω9 (1992–2000)
K3 (1993)

REGULARNE KOSMIČKE STRUJE

SADA SADA SADA SADA SADA SADA

VREME

PORIV KA VIBRACIJI ESENCIJE

Seme najefikasnije klija, raste, cveta i donosi plodove, ako ga obasjava svetlost ekvivalentna vibraciji njegove esencije. Ljudska Bića poseduju unutrašnji poriv ka toj vibraciji. Stoga nas ne privlači svaka knjiga, svaka osoba, svaki film ili grad. Knjige koje čitamo, prijatelji koje nalazimo, filmovi koje gledamo i gradovi u kojima živimo su oni koji najviše odgovaraju vibraciji naše esencije, u datom momentu u našem životu.

Upravo je to razlog zbog kojeg ljudi menjaju posao, grad ili čak odlaze na drugi kontinent. Naizgled beznačajne promene na poslu, poput dolaska novog kolege, neke ljude mogu da stave pred velike izazove – toliko velike da se jednog momenta postavi pitanje njihovog opstanka u novom energetskom miljeu kolektiva.

> *Sve stvari imaju svoju frekvenciju i vibraciju.*
> – Nikola Tesla.

Imala sam priliku da sretnem mladu osobu koja je ugodno profesionalno napredovala te stoga bila veoma srećna i ispunjena sve dok se njen šef nije promenio. Novi šef je sagledavao njene radne rezultate na drugačiji način od prethodnog, što je u njoj počelo da izaziva sumnje u sopstvene kvalitete. Sa rastućim osećanjima bezvrednosti i nesigurnosti, ona je postepeno stigla do stanja neprebrodive odbojnosti prema svom radnom mestu te joj je bilo sve teže da odlazi na posao. Rešenje je došlo sa pronalaskom snage da se pokrene iz situacije u kojoj se zatekla, to jest u napuštanju organizacije i odlasku u novo radno okruženje koje joj energetski više odgovara. Rasterećena, ova osoba sada ponovo napreduje u energetskom polju bližem frekvenciji njene esencija-vibracije.

Ako ne postoji nužnost koja od nas zahteva promene, kao u slučaju ove mlade osobe, program radoznalosti nas vodi kroz različite energetske kvalitete tako da možemo da se susretnemo sa novim vibracijama i asimiliramo ih unutar sopstvene esencije. Naš je evolucijski zadatak da animiramo kompletan frekvencijski opseg kodiran našim esencija-genom. Staza je stoga duga. Proces je postepen, te su semenu potrebni mnogi životi unutar raznovrsnih energetskih medijuma.

BOGATSTVO KOSMIČKIH DUBINA

Naše su misli te koje se prve otiskuju u nepoznate kosmičke dubine. U toj avanturi, misao dakle prethodi našem telu, kao i bilo kojem tehnološkom dostignuću. Da bi telo ušlo u iste napredne dimenzije, naša konstitucija sačinjena od grube materije bi trebalo značajno da ojača primanjem svoje esencija-energije (duhovna energija) – u protivnom bi bilo uništeno. Pošto trenutno naše misli mogu da uđu i opstanu unutar energija mnogo viših dimenzija od onih u koje je naše telo u stanju da uđe, evidentno je da su naše misli snažnije od našeg fizičkog tela.

Kad je u pitanju mogućnost da živimo u višim evolucijskim dimenzijama, neophodno je da se najpre razvijemo kroz određene energije. Tako se pre našeg fizičkog *uznesenja*[43] odvija pedantna priprema za dosezanje tela, svesti i personalnosti koje zahteva energetski intenzitet i frekvencija te više dimenzije.

Na našem evolucijskom putovanju kroz energetske skale, dosezanje viših dimenzija prevashodno zavisi od naše misaone moći. Sposobnost stvaranja novih ideja i kreativnog ispoljavanja je takođe proporcionalna distanci do koje naše misli mogu da se otisnu (putem svoje frekvencije). Što je viša energetska dimenzija koju frekvencija ljudske misli doseže, potencijalno originalnije i revolucionarnije ideje se rađaju. Međutim, pošto bi preuranjeno ulaženje u snažne energetske slojeve bilo pogubno, ono je sprečeno primenom zakona postupnosti (dozvole, ili zasluge).

Mozak kreativnog ljudskog bića je sposoban da interpretira, kao *inspiraciju*[44], i one suptilne energetske signale koji potiču iz raznih izvora na Zemlji. Takvi signali dolaze iz prirode ili od drugog ljudskog bića. Stoga umetnički radovi ispoljavaju naizgled nepreglednu raznovrsnost tema i nivoa abstrakcije.

UTICAJ ENERGIJE VREMENA

Kojigod artefakt da analiziramo, njegov energetski sklop predstavlja fuziju tri koordinate spoznaje: *ćelijske spoznaje upotrebljenog materijala*[45], spoznaje umetnika/dizajnera i spoznaje zanatlije/graditelja. Ono što takođe utiče na finalnu formu čovekom proizvednog predmeta je vibracijski kvalitet kolektivne svesti, obojen kosmičkim strujama prisutnim na Zemlji u vreme izrade predmeta. Taj planetarni energetski koktel se smatra energijom vremena (svest vremena) i specifičan je za svaki trenutak na Zemlji.

Modna industrija je dobar primer marketinške prednosti koja se ostvaruje učestalom primenom energije vremena. Svaka nova modna linija prevodi najnovije koordiante kolektivne svesti i kosmičke energije u nove forme odevnih predmeta. Sveža energija unutar tih proizvoda izvanredno doprinosi njihovoj marketinškoj vrednosti i nepogrešivo impresionira određeni segment populacije.

Međutim, ne reaguju svi ljudi na isti način na promene. Mnogi ne kreću u susret novoj energiji, opredmećenoj u najnovijim proizvodnim linijama na tržištu. Oni naklonjeniji novim

> *Mi čeznemo za novim senzacijama ali brzo postanemo ravnodušni prema njima. Jučerašnja čuda su današnje običnosti. – Nikola Tesla.*

knjigama, filmovima, nameštaju, odeći ili mestima za odmor, rastu i menjaju se sa promenom energije vremena na planeti. Oni se raduju novim energijama i sa zadovoljstvom uranjaju u njih.

Ne postoji automatizam po kojem nova energija diskvalifikuje energiju starih proizvoda, to jest njihovu vrednost. Do zastarevanja dolazi postepeno – tek pošto se energija starog u potpunosti apsorbuje.

Postoje i proizvodi koji se kvalifikuju kao *klasični*. Nalazimo ih u mnogim industrijama, i oni odolevaju izazovima koje nova energija i trendovi donose. Kao izvanredni uzorci unutar sopstvene vrste, oni mogu da završe u muzejima ili privatnim kolekcijama. Novi proizvodi će se svakako pojaviti, saglasno obeležjima promenljive energije vremena, i zameniti ih. Ovo nije iznenađujuće jer nova energija, koja iz univerzumskih dubina neprekidno pristiže na našu planetu, postepeno nadgrađuje sve postojeće sisteme i misaone linije.

Da bi se beznaporno "sledio tok stvari" neophodno je konstantno usaglašavanje sa ritmovima i intenzitetom energije vremena.

PREVOĐENJE ENERGIJE U INFORMACIJU I INFORMACIJE U ZNANJE

Univerzumska informacija se prenosi putem energetskih čestica

Informacije dosežu našu planetu u formi energetskih čestica, pristiglih iz nebeskog carstva kako bi seme na Zemlji proklijalo i raslo. Međutim, energija postaje nama relevantna informacija tek pošto je dekodiramo, dajući joj značenje filtriranjem kroz našu logiku. Takva energija/frekvencija se zatim pohranjuje u našu moždanu arhivu kao naša organska komponenta. *Paralelan zapis*[46] postoji i u univerzumskim kompjuterima, na našoj ličnoj disketi, gde se čuva svo znanje i svest koje smo postigli kroz brojne živote.

Identifikovanje informacije

Gdegod da se nalazimo, naša čula su bombardovana energijom. Procesovanje te energije, i izvlačenje informacija iz nje, je zadatak bez granica kojim je uposleno svako biće. Na osnovu energetskih vibracija prisutnih u našem okruženju, mi donosimo zaključke i u skladu sa njima delamo – svesno ili nesvesno.

Da bismo svesno došli do informacije, neophodna je naša puna pažnja. Pažnja je stoga dragocena valuta koju dajemo u zamenu za informaciju. Međutim, ako smo nesmotreni, može nam se desiti da nepotrebno trošimo jedinice naše pažnje na trivijalne stvari, i izmaramo sami sebe pre nego dosegnemo ijednu relevantnu informaciju.

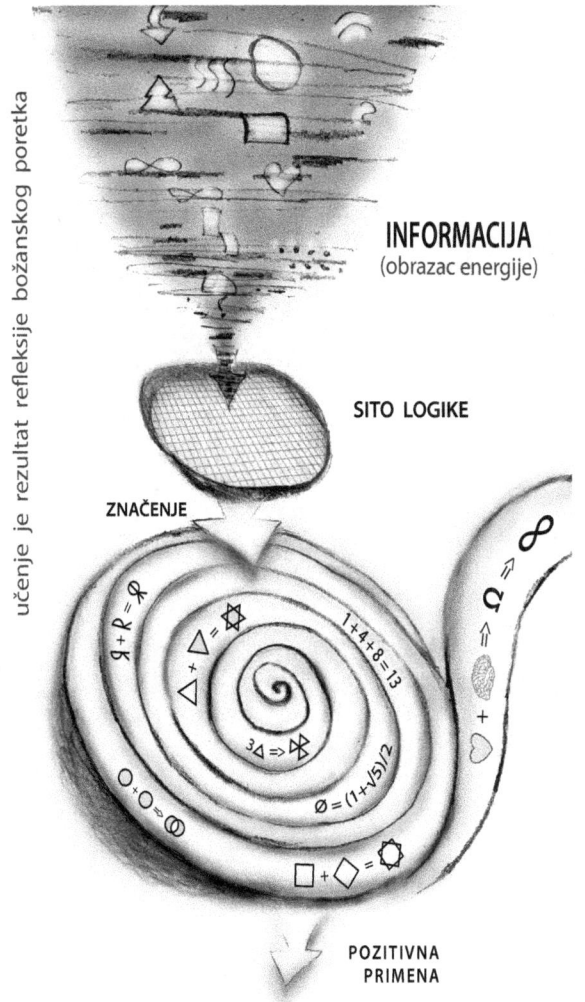

Informacija, kao energija, ili može da se ugnjezdi u našu biologiju ili pak ne pronalazi odgovarajuće tlo u njoj. Drugim rečima, sudbina energije kojoj smo izloženi zavisi od njene kompatibilnosti sa našim personalnim energetskim poljem. Što je veća kompatibilnost, veći je nivo zadovoljstva i prihvatanja – kad je u pitanju percepcija određene energije.

Biološki arhivirane frekvencije

Informacija dobijena iz različitih energetskih vibracija se pretvara u znanje onda kada smo u stanju da apsorbujemo njenu frekvenciju/energiju i kada možemo da je primenimo na pozitivan način i za dobrobit zajednice. Znanje stoga predstavlja biološki arhivirane frekvencijske skale sa kojih svesno i pozitivno funkcionišemo.

Znanje prisutno na ovoj planeti je sićušni uzorak frekvencija prisutnih u nepreglednosti vaseljene. Svaka kap tog znanja je zarađena kroz ogromne napore moždanih energija. Nikola Tesla otkriva kako su mu bili potrebni dani, nedelje a nekada i meseci, da intenzivira svoju mentalnu koncentraciju kako bi se oslobodio starih utisaka i želja – te tako ispunio svoj um novim temama, u skladu sa projektom na kome bi nameravao da radi. Tokom godina rigoroznog samo-treninga, komanda koju je stekao nad svojim moždanim energijama učinila je njegov fokus i moć volje spektakularnim. Otuda značaj i broj izuzetnih inovacija koje je Tesla poklonio našoj planeti još uvek čeka da bude dosegnut kapacitetom uma nekog drugog ljudskog bića.

> *Kad imam novu ideju, odmah u mašti počinjem da je razvijam i unapređujem i činim uređaj operativnim u mom umu. Kad odem toliko daleko da sve dodam mom pronalasku, načinim svako moguće poboljšanje koje mogu da zamislim, i kad ne vidim nikakvu grešku, tada finalni proizvod mog mozga stavljam u konkretnu formu.* – Nikola Tesla

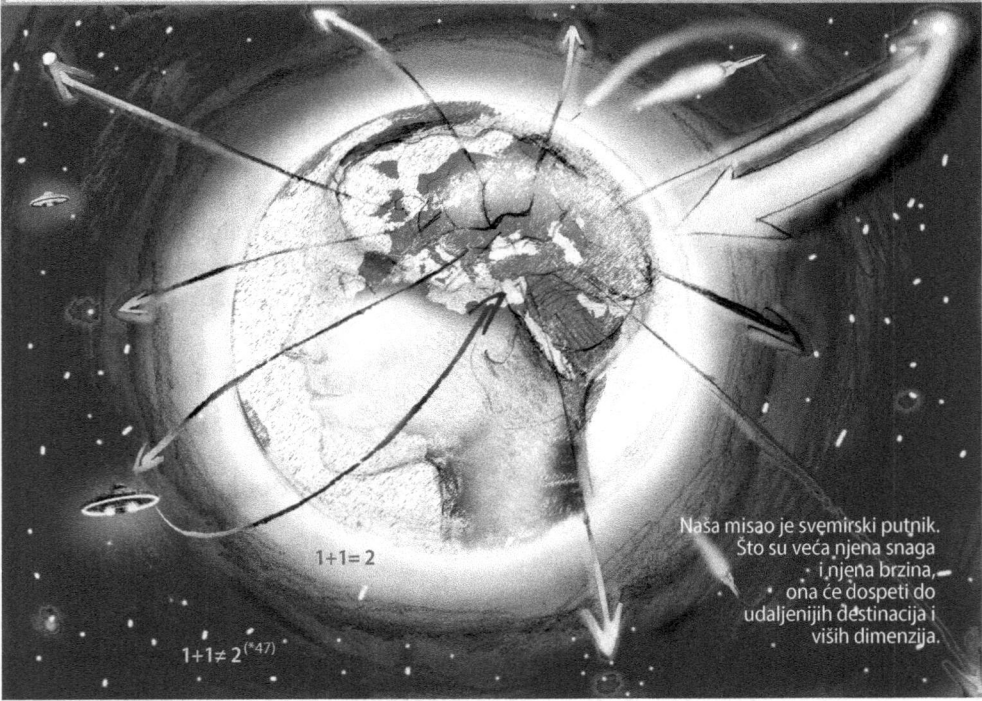

Nadgradnja znanja

Energija se nalazi u konstantnom pokretu i interakciji. Kako se prilagođavamo na te fluktuacije i na frekvencije viših dimenzija, mi se razvijamo i konsekventno nadgrađujemo sopstveno znanje – i kao pojedinci i kao civilizacija. Stoga znanje nije fiksna kategorija. Vrlo je, dakle, moguće da se jednog dana susretnemo sa rezultatima koji su u suprotnosti čak i sa izvesnim naučnim premisama na našoj planeti; poput one da je *brzina svetlosti* konstantna i maksimalna.

UNIVERZUMSKO ZNANJE I ISTINA

Naučio sam veliki broj jezika, studirao književnost i umetnosti, moje najbolje godine proveo u biblioteci čitajući sve na šta sam naišao, i mada sam nekad mislio da je to bilo gubljenje vremena, brzo sam shvatio da je to bila najbolja stvar koju sam uradio. – Nikola Tesla

Sa svakim danom koji prolazi, nova i snažnija energija pristiže na Zemlju i tako priprema planetarni životni medijum za vekove budućnosti. Da bi se održavao korak sa kosmičkim nastavnim programom, implementacija novih energija je (životni) imperativ. Ova nadgradnja našeg kontinuuma znanja, putem novih frekvencija, prirodno čini da izvesno znanje zastareva. Međutim, značaj starog se ne može poreći, jer je staro uvek energetska osnova novom. Tako se mi uspinjemo stepenicama energija, i konstruišemo sopstveni životni stil na bazi znanja i svesti postignutih kroz proživljavanje tih energetskih koraka.

Međutim, znanje i učenje, kako ih mi vidimo i praktikujemo, je od privremene bitnosti za energiju (svest) koja se razvija unutar našeg tela. U naprednijim dimenzijama, daleko od čvrste materije, gde je medijum energetskih čestica priveden kraju, i znanje i učenje se okončavaju a život se odvija kroz drugačije modalitete. Ovaj stupanj se takođe može shvatiti i kao dovršetak učenja unutar jedne beskonačnosti. Prelazak u novu beskonačnost nosi nove zakone i načine egzistiranja – unutar drugog skupa ciljeva i granica.

Beskonačan broj beskonačnosti, unutar sveobuhvatajuće beskonačnosti zvane Apsolutna Singularnost, je "paradoks" koji uporno smara ljudski mozak. Da bismo razumeli izvodljivost ovog organizacionog principa, geometrije zvane *fraktali*, umnogome prisutne u prirodnim formacijama, mogu da nam pomognu. Ako promatramo fascinantni *rimski karfiol*, uočićemo da svaki od njegovih segmenata, nezavisno od svoje veličine ili položaja, odslikava oblik celog karfiola. Opredmećujući obrazac beskrajnog propagiranja kroz samo-slične fragmente, ovaj primer, uzet direktno iz našeg povrtnjaka, pokazuje beskonačni potencijal razvoja unutar konačne materijalne forme.

Ljudsko biće je energetski sistem naizgled ograničen svojim fizičkim telom, mada su ljudska spoznaja i svest predmet beskrajne ekspanzije.

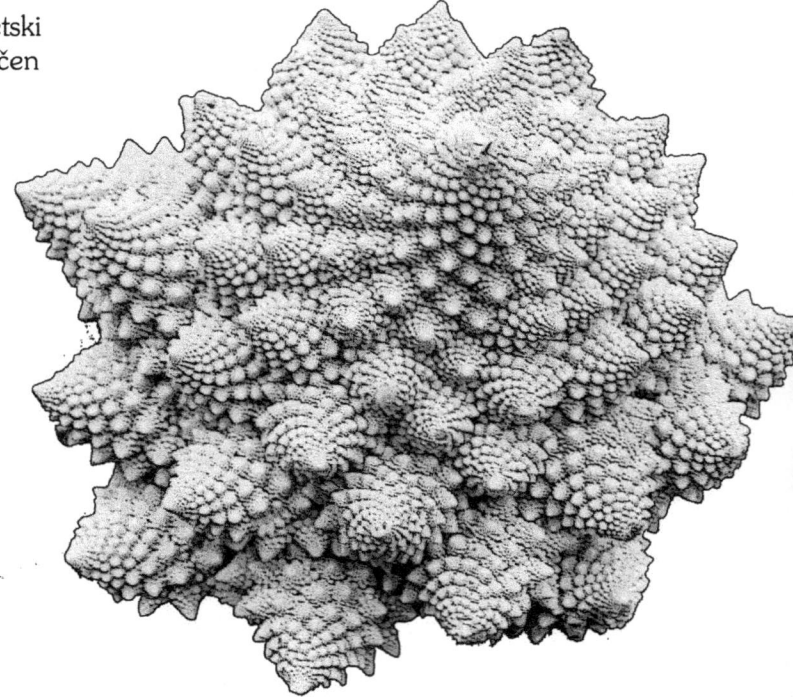

Lepotom svoje zadivljujuće strukture, rimski karfiol nas podseća da je svaka tačka u vaseljeni početak nove beskonačnosti

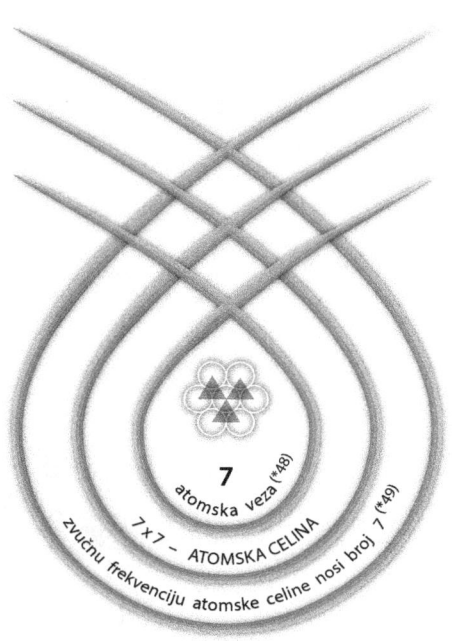

Prenošenje znanja je prenošenje energije

Znanje stečeno na Zemlji, u svojoj esenciji je nebeskog porekla i pokazatelj je evolucijskog nivoa naše civilizacije.

Moć ljudskog mozga je krucijalna kad je u pitanju katapultiranje misli ka energetskim slojevima izvan naše planete, gde misao može da kuca na vrata raznih viših dimenzija. Ako je misaona frekvencija dovoljna da otvori neka od tih vrata, ona može da donese izvesne suvenire sa tih ekskurzija. Shodno nivou svoje svesti, pojedinac zatim interpretira tu energiju/informaciju i integriše je sa znanjem kojim raspolaže.

Vibracije kosmičkih zvukova, svetlosti, Sunca, Meseca, svakog entiteta na zvezdanom nebu, dosežu našu planetu. One su izvor informacija. Međutim, mi još uvek nismo u mogućnosti da razumemo njihov jezik, jer postoje skale frekvencija i značenja koje nas razdvajaju a koje bi najpre trebalo da savladamo. Drugim rečima, mi smo u stanju da dekodiramo samo onoliko energije dostupne planeti koliko naš evolucijski nivo dozvoljava.

Zemljino magnetno polje predstavlja mešavinu kosmičkih uticaja i energetskih emanacija carstava minerala, biljaka, životinja i ljudi. Paralelno našoj percepciji, mi izvlačimo informacije iz tog polja. Nikola Tesla je naglašavao da je kvalitet percepcije bitan elemenat kod formiranja ideja i mišljenja. Shodno njegovim sagledavanjima, fragmentirana percepcija je odgovorna za mnoge bolesne ideje pa i za same bolesti – iako naše telo ima kapacitet da prima uticaje u njihovom punom energetskom opsegu, i da dosegne istinu.

Mehanizam primanja frekvencije, njenog asimiliranja i kasnije njenog rasprostiranja u formi informacije/znanja, funkcioniše na brojnim nivoima – kako na nivou pojedinaca, etničkih groupa, tako i na nivou država. Energetska razmena, unutar svakog nivoa i među nivoima, doprinosi propagiranju znanja i dosezanju istine. Što više strana dođe do istih zaključaka, brže se ti zaključi usvajaju kao istina. Kao rezultat, dolazi do frekvencijskog približavanja među pojedincima i među različitim grupama, i sveopšti program ujedinjavanja tako teče.

U osnovi, svako frekvencijsko približavanje i ujedinjavanje je od kosmičkog značaja.

MOZAK JE KOSMIČKI KOMPJUTER

Moć čovekovog mozga predvodi našu civilizaciju

Ljudski mozak[140] je prisutan u zemaljskoj dimenziji, mada ga aktiviraju energije privučene iz zagonetnih kosmičkih dubina. (Fontanela, mekana zona među kostima bebine lobanje, je otvorena sve dok mozak bebe ne postigne moć samostalnog privlačenja kosmičke energije). Naš mozak nas povezuje sa univerzumskim medijumom i Mehanizmom Ekvilibrijuma u prirodi. To je aparat poput teleksa, koji takođe dekodira raznovrsne signale poreklom iz našeg tela i njegovog okruženja.

Misao je kao strela, sposobna da stigne do veoma udaljenih nebeskih slojeva. Kao rezultat takvih uznošenja, misao ljudskog bića donosi i emituje novu energiju/informacije kojima hrani ovaj svet. Proizvod te sposobnosti su teorije, priče, vizije, otkrovenja, inovacije i umetnost, koje ljudska bića nude zajednici. Tako, paralelno moći naše misli, mi kontinualno ugrađujemo nove frekvencije u tapiseriju zemaljskog znanja i kolektivne svesti. Naučni, tehnološki i socijalni razvoj naše civilizacije je direktan rezultat snage ljudskog mozga.

Svrha svih informacija ikada datih našoj planeti je da ljudska bića razumeju uzvišenost Božanskog Plana, te da mu svesno služe kao genski u potpunosti ostvarena bića

Dekodiranje signala koje mozak prima, zavisi od perceptivne moći mozga i od frekvencije misli

Otuda ljudi različitog nivoa svesti i evolucije, izvlače različite informacije čak i iz istog izvora.

Pronalazak je od ključnog značaja za progresivni razvoj čoveka. To je najvažniji proizvod njegovog kreativnog mozga. Najvažnija svrha mozga je potpuno ovladavanje uma nad materijalnim svetom, iskorišćavanje sila prirode za potrebe čoveka. – Nikola Tesla

Pomerljivi prag

Naš mozak čuva svo znanje koje smo ikada stekli. Svetlost tog znanja je dragocena čak i za razvoj našeg okruženja. Iz tog razloga je učenje uvek bilo važan faktor u evoluciji čovečanstva i u širenju svesti. Pošto je za napredovanje ka višim dimenzijama ključna sposobnost mozga da privlači energije, razložno je pitati se o načinima za stimulisanje ovag organa.

Naš moždani kapacitet se uvećava putem moždanih napora. Kako se bavimo energijom/informacijama koje su nam nepoznate, raste zapremina energija kroz koje naša misao može da funkcioniše. Što je snažnija energija izvora informacija, vigoroznija je vežba pred koju je naš mozak postavljen – te se i brzina naših misli postupno povećava.

Privlačenje energije/informacija iz dimenzija van ove planete putem našeg mozga, u proporciji sa snagom naših moždanih energija, nije nova pojava na evolucijskom grafikonu ljudskih bića. Međutim, kako se razvijamo, uspinjući se evolucijskim dimenzijama, energetski pragovi koje bi trebalo da prevaziđemo se takođe intenziviraju, to jest kontinualno uzdižu svojom lestvicom.

Mi smo *biološki kompjuteri*[50] koji raspakuju programe u koje nas je postavio naš Stvoritelj! Za razliku od kompjutera koje smo razvili na Zemlji i koje mi snabdevamo podacima, kompjuter zvani *ljudsko biće* sam prikuplja podatke. Shodno svom opažanju, on je u stanju ne samo da odabira i prerađuje signale, kako sopstvenog unutrašnjeg bića tako i svog okruženja, nego i da OSEĆA.

MISAO PRETHODI STVORENOM

Svaki objekat oko nas, kojeg je čovek proizveo, na određenom stupnju svog nastanka je bio misao u *umu*[141] ljudskog bića – onog koje ga je zamislilo. Ako dosledno primenimo ovaj princip, značilo bi da smo čak i mi, i ono što nazivamo prirodom, najpre bili misao unutar Kosmičkog Mozga.

Kosmički Mozak koristi princip *harmonijske ekonomije*: izvodljivi modeli se primenjuju diljem nebrojenih nivoa – kad su u pitanju i operativna uređenja i obrasci strukture fizičkih formi, kako minijaturnih tako i mega sistema.

Celokupna vaseljena je stupila u egzistenciju, organizovana je i nadgledana putem istih zakona – otuda su esencija univerzuma i esencija ljudskog bića bazirane na istim vrednostima. Spoznanje tajni o nama samima i dosezanje naše sopstvene esencije, će nam stoga otključati *tajne univerzuma*[51].

Misao je most. Ona nas povezuje sa nebeskim carstvom, koje je naš primarni izvor životne moći. Stoga je gimnastika mozga najpoželjnija vežba kad je u pitanju ljudsko biće.

Moždana moć se može razmatrati kao zapremina koja se uvećava shodno snazi naše misli. Ova moć raste paralelno našem kapacitetu da dosegnemo i dekodiramo energije sve naprednijih dimenzija, daleko izvan Zemlje. Međutim, pošto nismo ostvarili pun genski potencijal, na sadašnjem stupnju razvoja naša misao još uvek prolazi kroz intenzivan trening. Njen glavni evolucijski izazov i testovi potiču od specijalnih kosmičkih struja usmerenih ka našoj planeti i od interakcije sa drugim ljudskim bićima.

MISAO – PRENOSNIK ANTIMATERIJE

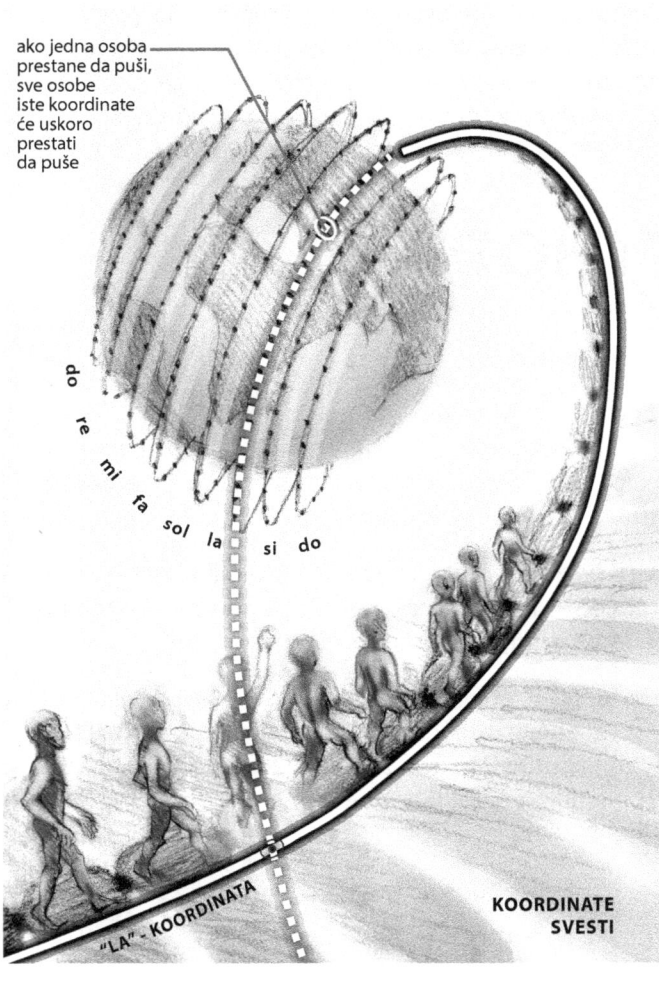

ako jedna osoba prestane da puši, sve osobe iste koordinate će uskoro prestati da puše

"LA" - KOORDINATA

KOORDINATE SVESTI

Prenos nevidljive energije

Misao[52] je funkcija nama nepoznate energije. To je nevidljiva staza Moći, presudna za stupanje svega u egzistenciju. Ogromna bitnost ove Moći je nagoveštena biblijskom rečenicom: *"I reče Bog: 'Neka bude svetlost!' I bi svetlost."* (Biblija, 1. Mojsijeva 1:3)

Sve svete knjige su nas informisale da je BOG Mišlju, a zatim putem izgovorene reči, manifestovao pojmove. Utiskujući nameru i značenje u svoju misao, Bog je dakle premošćavao carstva duha i materije. (*Kada nešto hoće, On samo za to rekne: "Budi!" – i ono bude.* – Kuran (36:82)].

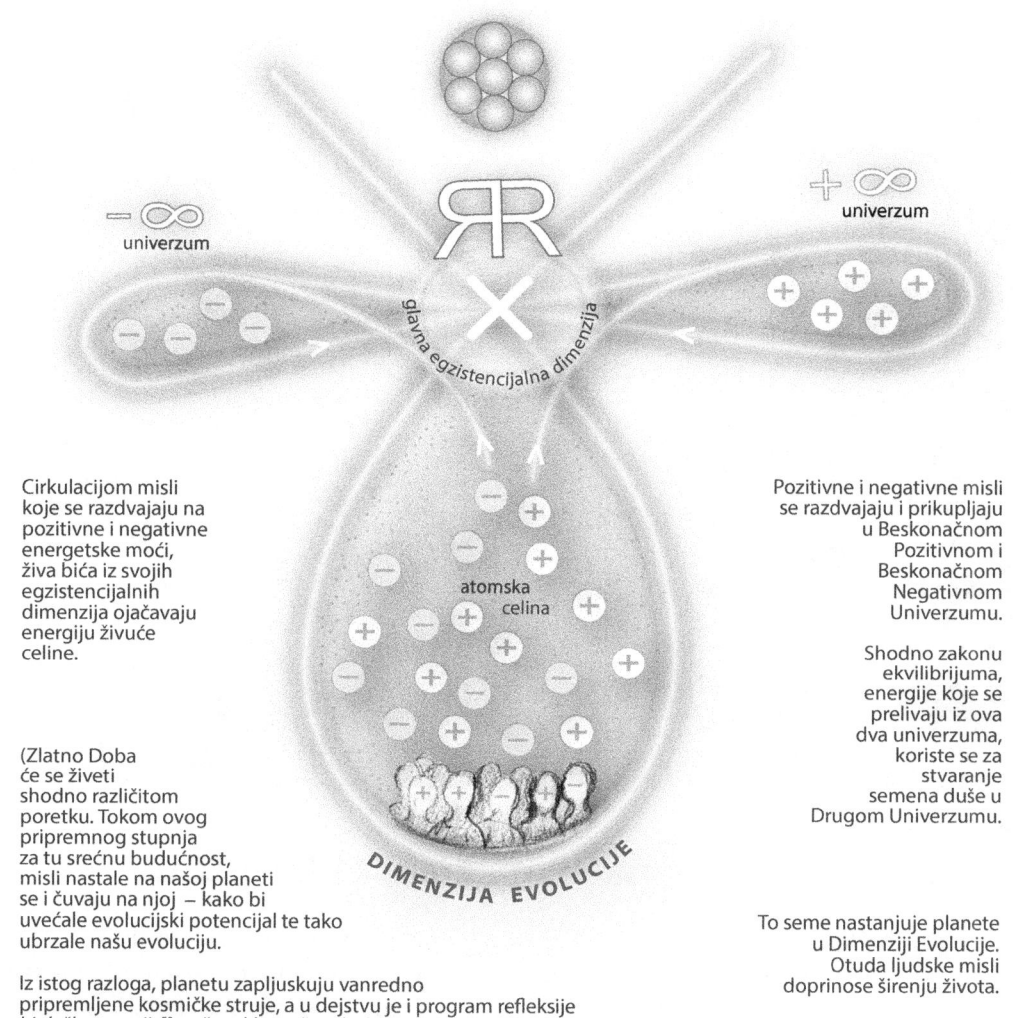

Cirkulacijom misli koje se razdvajaju na pozitivne i negativne energetske moći, živa bića iz svojih egzistencijalnih dimenzija ojačavaju energiju živuće celine.

(Zlatno Doba će se živeti shodno različitom poretku. Tokom ovog pripremnog stupnja za tu sreću budućnost, misli nastale na našoj planeti se i čuvaju na njoj – kako bi uvećale evolucijski potencijal te tako ubrzale našu evoluciju.

Iz istog razloga, planetu zapljuskuju vanredno pripremljene kosmičke struje, a u dejstvu je i program refleksije *biološke energije*[53] sa čovekla na čoveka.)

Pozitivne i negativne misli se razdvajaju i prikupljaju u Beskonačnom Pozitivnom i Beskonačnom Negativnom Univerzumu.

Shodno zakonu ekvilibrijuma, energije koje se prelivaju iz ova dva univerzuma, koriste se za stvaranje semena duše u Drugom Univerzumu.

To seme nastanjuje planete u Dimenziji Evolucije. Otuda ljudske misli doprinose širenju života.

Svaka misao potencijalno vodi u lanac misli, i odgovarajućih manifestacija. Nagomilane misli stvaraju magneno polje.

Nijedna misao nije izgubljena. Njihove replike, kao i replike svega ikada izgovorenog, su prisutne u univerzumskim energetskim ostavama. Takozvani *Pozitivni i Negativni Beskonačni Univerzumi*[54] čuvaju pozitivne i negativne misli proistekle iz celokupne Atomske Celine. Ova dva Beskonačna Univerzuma se nalaze u međusobnom ekvilibrijumu, i predstavljaju važan elemenat kad je u pitanju nastanak semena duše. Po svom nastanku u Glavnoj Egzistencijalnoj dimenziji, seme duše se šalje u Dimenziju Evolucije, unutar carstava prostora i vremena, kako bi napredovalo kroz neophodni energetski spektar(*). Otuda novi ljudski životi i novi svetovi, pa čak i univerzumi, stupaju u *egzistenciju* iz energije naše reciklirane misli, to jest proističu iz našeg misaonog potencijala. (videti ilustraciju na strani 20).

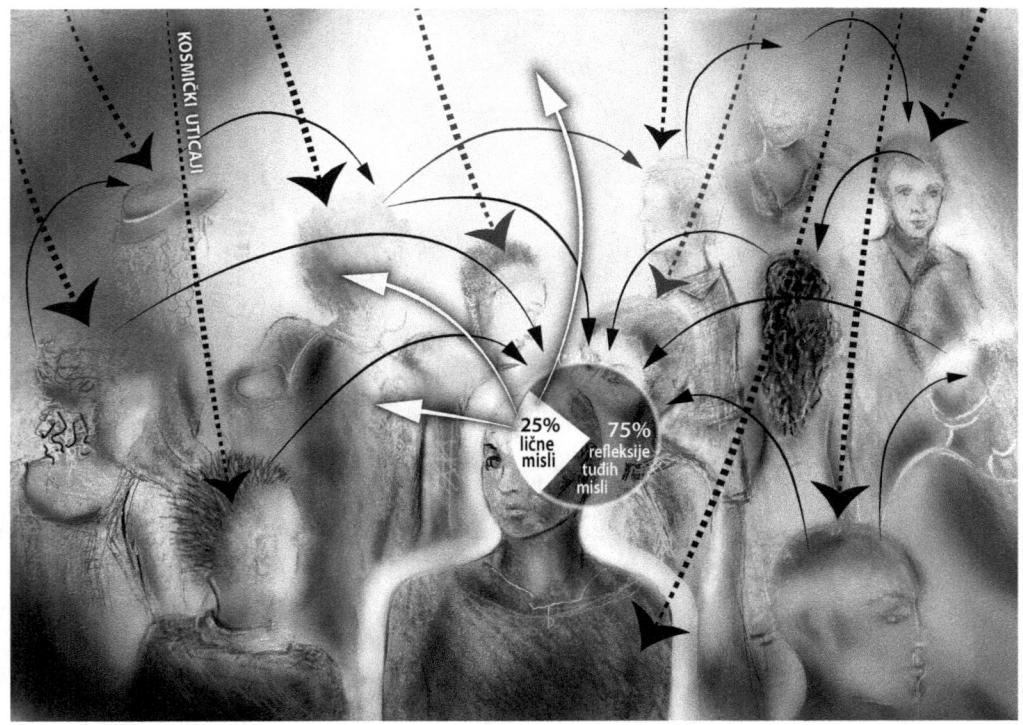

Božje reči podižu našu misaonu frekvenciju

Ljudska bića se razvijaju putem uticaja koje čine jedni na druge, kao pojedinci i kao socijalne grupe. Misli su jedan od tih uticaja, mada njihovo dejstvo nije uvek očigledno. Kolektivna svest je magnetno polje sačinjeno od frekvencija nauke, religije, umetnosti i učenja, na kojima data zajednica fukcioniše. Ovo energetsko polje je pokazatelj evolucijskog nivoa svake kulture.

Pored uticaja našeg neposrednog zemaljskog društvenog okruženja, milenijumima je naša misao bila izložena dejstvu *Božjih Reči*, pristiglih na planetu putem nebeskih mehanizama refleksije. *Filozofije Dalekog Istoka* i svete knjige su nas tako pročišćavale svojim energijama, te su naše misaone frekvencije i naš mentalni potencijal vekovima rasli. Rezonancije slova i zvučnih frekvencija ovih svetih tekstova su nas upriličavale božanskoj svetlosti, dovodeći do postepenih promena naše svesti.

Iako su svete knjige *nebeske knjige*[55] krcate nebeskim informacijama, fizički i administrativni aspekt nebeske hijerarhije je ostao neobjašnjen ili je pak samo metaforično pomenut u njima – jer stolećima ranije čovečanstvo nije bilo spremno za eksplicitne univerzumske informacije i istinu. Međutim, najbitnije je da su nam ove knjige prenosile energije evolucijskih dimenzija iz kojih potiču.

Pisana misao

Postoji egistencijalni nivo na kojem će energija, koja trenutno funkcionše kroz ljudsko biće, prevazići potrebu za knjigama. Ako se osvrnemo na generaciju mladih na Zemlji, mogli bismo već da zapazimo tu tendenciju jer oni izgledaju manje naklonjeni čitanju. Energija prošlosti, prezervirana u radovima literarnih gorostasa poput Igoa, Dikensa, Tolstoja, čini se od manjeg značaja za njih nego za njihove roditelje; kao da je frekvencija tih knjiga, i knjiga uopšte, nebitna za mladu generaciju. Sa druge strane, ova nova deca i mladi su više privučeni izvorima informacija gde postoji brži protok podataka na više platformi. Otuda upotreba kompjuterske tehnologije čini da se oni osećaju kao riba u vodi.

Kao komunikacijska metoda, pisanje se koristi u nižim razvojnim dimenzijama čovečanstva. Predstavljeno je našoj planeti u veoma davnoj prošlosti. Pisanje je i dodatni način za ličnu ekspresiju, i sve dotle dok se mozak ljudskog bića ne osposobi za telepatsko sporazumevanje ono će biti od ogromnog značaja.

Iako su milenijumi prošli od pojave prvih azbuka na Zemlji, naš mozak još uvek nije u stanju da direktno komunicira sa mozgom drugog ljudskog bića, ili bića unutar biljnog ili životinjskog sveta. Ako ćemo postati jedno sa svime stvorenim, neophodno je da nadalje jačamo i da se rafiniramo. Na izvestan način, mozak mladih na Zemlji je razvijeniji od našeg. Otuda njihov inherentni afinitet ka medijumu kompjutera i nezainteresovanost za čitanje knjiga. Međutim, moguće je da oni imaju problema da se prilagode na arhaičnu brzinu misli odraslih oko sebe. Nikada nije bilo lako nositi se sa kolizijom generacija. Uprkos svih izazova, ona vodi u pomak svesti obeju strana. Ljubav olakšava i ubrzava taj proces.

Brzina naše misli može da nadmaši brzinu svetlosti

Misao ljudskog bića je svemirski putnik. Kao rezultat ove nevidljive moždane aktivnosti, mi smo već ostvarili brojne galaktičke kontakte. Ti susreti, kojih čak nismo ni svesni, su evolucijska neophodnost. Oni proširuju spektar energija kroz koje operišemo i tako nas pripremaju za budućnost, u realnostima izvan evolucijske dimenzije ove planete.

Naše moždane energije su na neprekidnom zadatku da dosegnu stupanj na kojem će moći direktno da koriste energiju Univerzumske dimenzije. One će na kraju preuzeti potpunu kontrolu nad procesom razmišljanja i biti u stanju da funkcionišu izvan frekvencije misli. Meditacija je korisna u tom smislu, mada nije jedini elemenat vezan za naše uzdizanje u te evolucijske ravni.

Održavanje naše misli na stabilnoj frekvenciji je blagotvorno za naše zdravlje. Sa druge strane, uplitanje u reč i ometanje misaone frekvencije drugih, usled naše

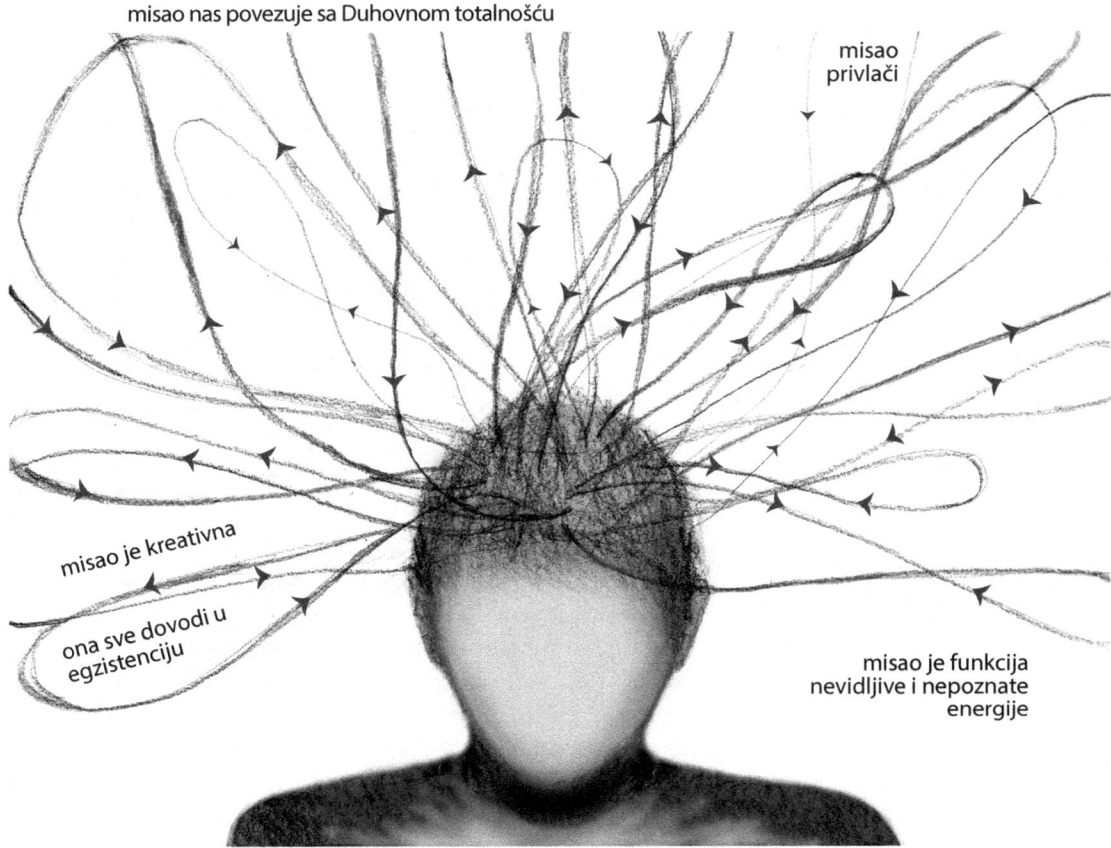

nesposobnosti da održavamo harmoničnu interakciju, direktno pogađa zdravlje obeju strana na negativan način.

Postoji veza između brzine misli i *brzine svetlosti*. Kad inicijalno uđemo u životni medijum 3. Evolucijske dimenzije na Zemlji, frekvencija naše misli odgovara *brzini svetlosti*[56]. Kako se razvijamo, i dosežemo evolucijske nivoe izvan 3. Evolucijske dimenzije, brzina naše misli se povećava i nadmašuje *brzinu svetlosti*. To znači da naša misao može da dosegne distance izvan zapremine u kojoj svetlost putuje brzinom od približno 300.000 kilometara u sekundi.

Van te granice, jedinice za merenje vremena koje se koriste na Zemlji gube validnost, i započinje domen *svetlosnih godina*[57].

Kad naša moždana energija prevaziđe svetlosne godine, postepeno će staviti pod svoj nadzor sve svetlosti. Otuda ćemo putem moždane moći biti u stanju da stvaramo univerzume i upravljamo njima, kao majstori poredaka koje ćemo sami uspostaviti. Pošto ego ne postoji u naprednijim realnostima, ove kreacije će neizostavno biti usaglašene sa univerzumskim zakonima.

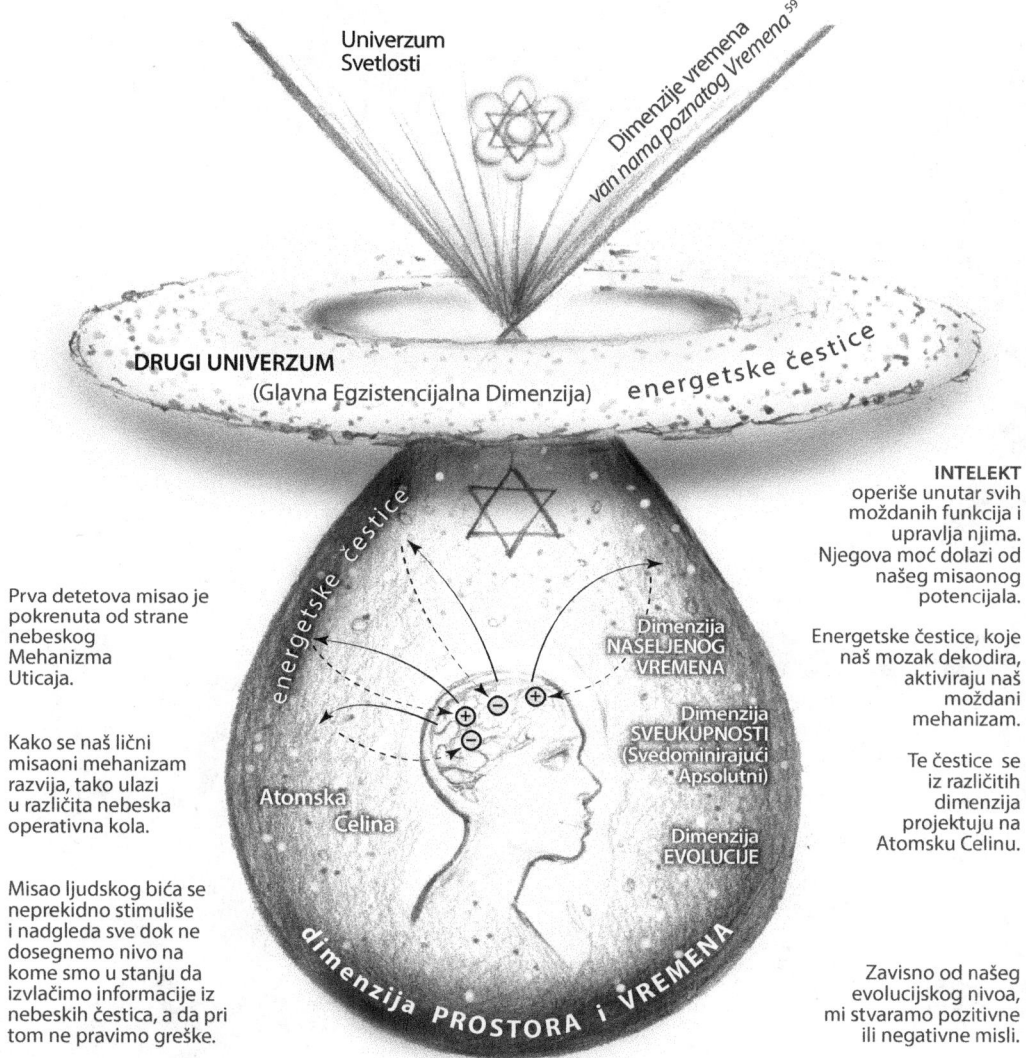

Mozak ljudskog bića projektuje božji i univerzumski poredak na sopstveni životni medijum

Nema boljeg načina da shvatimo neodoljivu ideju o grandioznosti Prirode nego da, u skladu sa zakonom očuvanja energije diljem Beskraja, smatramo da su sile u savršenoj ravnoteži, te da energija jedne jedine misli može da odredi kretanje Univerzuma. – Nikola Tesla

Kürz 1^(²42)
(dimenzija istine)

Sposobnost projektovanja naših moždanih energija i njihovog funkcionsanja izvan granica svetlosne godine, trenutno zvuči poput najluđe fantazije pošto je svetlosna godina distanca od približno 10 triliona kilometara. Međutim, to dostignuće je samo jedan prag na našoj evolucijskoj trajektoriji.

Iako u ovom momentu mi još uvek doživljavamo stupnjeve nesavršenog zemaljskog ljudskog bića, mi smo istinski kosmička bića koja prolaze kroz neophodni trening kako bi se vratila u svoj kosmički zavičaj. U tom smislu se postepeno približavamo zvezdama, o kojima dete u nama nikada nije ni prestalo da sanja! Tek u tim medijumima će se potencijal naše esencija-energije u potpunosti iskazati.

Naše misli otvaraju te uzvišene staze, za naše telo da ih sledi. Mozak je stoga ključni elemenat u manifestaciji našeg kosmičkog potencijala i sudbine.

Mi smo božje seme. Esencijalni kvaliteti božje personalnosti su nam inherentni i predstavljaju naš krajnji potencijal. Da bi se taj potencijal manifestovao, postoji potreba za našim unutrašnjim pročišćavanjem i razvojem.

Pre nego što otkrijemo da je božja personalnost naše gensko nasleđe i započnemo sa svesnim nastojanjem da ga dosegnemo, mi potrošimo ogromnu energiju na razna druga nastojanja. Latentni kvaliteti esencije našeg semena zapravo čekaju na naše duhovno buđenje koje će nas odvesti izvan manira inertnog uma. Tada će raznovrsne uslovljenosti početi da se gube, ustupajući mesto našoj esencijalnoj personalnosti.

Prema Aristotelu i Platonu, četiri najpoželjnija obeležja karaktera su mudrost, pravednost, hrabrost i umerenost. Ove četiri *kardinalne vrline*, teološka zajednica je kasnije dopunila sa još tri – nada, vera i dobročinstvo (ljubav) – koje su stoga nazvane *teološkim vrlinama*. Upravo ova grupa od sedam vrlina je bila veoma popularna tema diskusija tokom Srednjeg Veka. Međutim, kako još nismo savladali ovaj stari predmet, koji je takođe i lajtmotiv svih svetih knjiga, u kosmičkoj školi na Zemlji mi još uvek studiramo istu lekciju – o Vrlinama.

Lista otmenih ljudskih kvaliteta je veoma dugačka i svaki od njih je nošen određenom frekvencijom. Ovi kvaliteti su neprocenljivo blago naše esencije. Međutim, u slučaju da ne disciplinujemo *ego*[61], oni će ostati u njegovoj senci.

STRPLJENJE

Strpljenje zahteva duboko verovanje u to da je tok života refleksija univerzumskih zakona na svaku situaciju. Strpljivi ljudi stoga svakom događaju prilaze kao božanski neophodnom. Oni shvataju da ometanje tog toka, nestrpljivim ponašanjem, unosi nove elemente koji odstupaju od božanskog sleda zbivanja. Stoga, umesto da čekamo u miru naše vere, i tako primimo ono što moramo shodno božanskom rasporedu – usled sopstvenog nestrpljenja, mi nesvesno i postepeno pravimo nesmotreni uticaj na smer našeg života. Kasnije se često pitamo zašto su se stvari odvijale na nama nepovoljan način, iako smo aktivno "podržavali" svoje sopstvene prioritete.

Život je visoko organizovana struktura, upravljana apsolutnim zakonima Stvoritelja. Za našu je prednost da uvažavamo te zakone i naučimo da se harmonizujemo sa njima – radije nego da ih ignorišemo kako bismo "doprineli" svakoj našoj želji ili očekivanju. U svakom slučaju, mi nismo u stanju da menjamo apsolutne zakone – oni su neprikosnoveni i primenjuju se nezavisno od bilo kojeg zakona sačinjenog na Zemlji. Veće neslaganje između ove dve vrste zakona, ukazuje na slabiju razvijenost čovečanstva te stoga i na neugodniji život na planeti. Trajna sreća se neće ostvariti sve dok božanski zakoni ne budu u potpunosti shvaćeni i primenjivani.

U upoznavanju sa ovim zakonima, u jednom trenutku ljudsko biće shvata da se, nezavisno od naših napora, ništa nikada ne događa dok za to ne bude pravo vreme. Forsiranje usled nedostatka strpljenja, je protivno zakonu života te stoga radi protiv nas.

Strpljenje je otmenost opuštenog uma koji je prihvatio život onakvim kakav je. Strpljiva osoba ne troši energiju na nevažne primedbe ili nestrpljive akcije, već blagorodno uvažava svoju personalnu poziciju u svakoj situaciji. Takav stav donosi energiju – nasuprot nestrpljenju koje nam oduzima energiju.

Strpljenje podrazumeva toleranciju.

TOLERANCIJA

Tolerantna osoba raspolaže značajnom kontrolom nad svojim ponašanjem.

Slično strpljenju, tolerancija zahteva prihvatanje evolucijskog stupnja svakog pojedinca na planeti, kao i prihvatanje sleda događaja u našem životu, nezavisno od toga kakav je njihov rezultat. Neophodno je tolerisati bukvalno sve, jer su svi događaji u krajnjoj istanci rezultat istih univerzumskih zakona.

Međutim, tolerancija nije pasivnost ili rezigniranost. Ona se iskazuje kroz našu sposobnost da damo prostor drugima i da se uzdržimo od toga da im namećemo naša lična očekivanja. Tolerantna osoba je sposobna da oprosti i podrži druge, nezavisno od toga gde se ti drugi nalaze na evolucijskoj lestvici.

Tolerantna osoba je pozitivna i poštuje sve okolnosti.

POŠTOVANJE

Poštovanje nije mentalno svojstvo već uvažavanje izraženo kroz ponašanje. Polazeći od nas samih, poštovanje se proširuje na sva ljudska bića, sve aspekate civilizacije i prirode. Bez poštovanja sebe, malo je verovatno da osoba može da dosegne iskreno poštovanje bilo koje vrste.

Mnogi problemi na našoj planeti, poput kriminala, ratova ili ugnjetavanja, potiču od nedostatka ove vrline.

Osoba koja poštuje drugu osobu, na taj način demonstrira i svoje poštovanje prema Stvoritelju. Na određenom stupnju evolucije mi čak počinjemo svesno da poštujemo i najsitnije čestice vaseljene, kao i celu vaseljenu – sve poznato i sve nepoznato, jer shvatimo da svaka čestica u sopstvenoj dimenziji iskazuje preuzvišenost Stvoritelja. Ovo je nivo bogosluženja kroz svest, i označava zaključni stupanj bogosluženja.

Istinsko poštovanje je zasnovano na uvažavanju, a ne na interesu. Ono cveta na podlozi čiste zahvalnosti za mesto koje nam je dodeljeno u božjim egzistencijalnim porecima. Osoba čije je poštovanje ovog opsega je skromna – toliko da može da voli sve i svakoga.

Poštovanje je osnova moralnosti i ispravnog ponašanja. Ako smo tolerantni, strpljivi i ako volimo, tada i sami bivamo poštovani a drugi stiču poverenje u nas. Da bi se poverenje ugradilo u odnos sa drugom osobom ili organizacijom, nekada je potrebno puno vremena – mada, usled nepromišljene reči ili dela, sve što je postignuto u jednom momentu može da se poruši kao kula od karata.

Što osoba iskazuje veće poštovanje, to je njena odgovornost razvijenija.

ODGOVORNOST

Odgovornost je vrlina koja je izuzetno važna kad se ulazi u komunikaciju ili bilo kakvu saradnju sa drugom osobom. Ako se nivoi odgovornosti dveju strana puno razlikuju, teško je bilo šta postići iz njihovog odnosa.

Kad uvažavamo naše lično vreme, mi takođe poštujemo i vreme drugih ljudi. Stoga činimo sve kako bismo izbegli gubljenje bilo čijeg vremena. Odgovornost koju pojedinac ispoljava u socijalnoj interakciji je dakle paralelna njegovoj odgovornosti prema sopstvenim mislima, rečima i ponašanju.

Ako svoju reč tretiramo kao zakon, znači da smo odgovorni za sopstveno ponašanje i da u isto vreme poštujemo druge. Nedostatak odgovornosti ukazuje na nedovoljnu spoznaju osobe o samoj sebi, nedovoljno samopoštovanje, nedovoljnu snagu volje – pored toga što se negativno odražava na druge ljude.

Da bi se stupilo u razvoj kroz energije Univerzumske dimenzije, odgovornost je veoma bitan faktor – mada najpre moramo da dovršimo razvoj kroz Religijsku dimenziju.

Život u naprednijim dimnezijama zahteva disciplinu u preuzimanju služenja, to jest svesne misije, unutar poredaka univerzuma. U tim bi dimenzijama bilo suviše rizično oslanjati se na entitete čija odgovornost nije dovoljno razvijena; stoga vrata naprednih dimenzija ostaju zatvorena za njih.

Bez snažnog osećaja odgovornosti, osoba ne može da aktivira svoju misija-svest. Misija-svest u službi religijskih učenja je snažno obojena strahom od Boga. Međutim, univerzumska misija se obavlja sa drugačijeg nivoa svesti a i bez straha.

PRIHVATANJE

Naše bezuslovno prihvatanje drugih ljudi i esencijalna želja da služimo čovečanstvu, su vrhunski kvaliteti desegnuti kroz evoluciju naše persone. Ovi kvaliteti su suštinski za sve integracijske procese.

Da bi se nešto prihvatilo, često je neophodno oslanjati se na slepu veru – stoga je vera ključna vrlina koju su svete knjige pokušale da razviju u nama.

Tokom treninga kroz Religijsku dimenziju, ljudi su se navikli na ispunjenje molitvi. Tako su, prepoznajući metafizičku Moć koja bi odgovorila na molitve, bili vođeni da razviju veru u Boga. Međutim, posle te etape, drugačiji program stupa na snagu: ljudska bića bivaju testirana da se ustanovi da li prihvataju Boga, to jest sve u životu, i kad su suočena sa neprijatnim situacijama ili kad se stvari odvijaju suprotno njihovim željama. Drugim rečima, pojedinci, koji su dovršili svoju evoluciju kroz Religijsku dimenziju, se testiraju kako bi se razjasnilo da li prihvataju Boga iz sopstvenog interesa (jer Bog ispunjava njihove molitve), ili zato što istinski prepoznaju Njegov suverenitet i poredak. Ovaj drugi stupanj božanskog treninga je evolucija kroz Univerzumsku dimenziju – gde smo neprekidno testirani kroz našu interakciju sa drugima i kroz neočekivane neprijatne događaje. Na tom nivou, suočavanjem sa suprotnostima, solidnost naše vere i sposobnost shvatanja istine se temeljno proveravaju.

Razlike među ljudima potiču od njihovih različitih nivoa evolucije i od stepena dovršenosti karme. One se ogledaju kroz svest pojedinca, kao i njegovu sposobnost apsorbovanja božanske svetlosti. Pošto su ove razlike potpuno normalne, neophodno je prihvatiti ih i tolerisati sa ljubavlju. Iako neki ljudi mogu da privuku samo milioniti deo specijalnih kosmičkih struja, koje zapljuskuju planetu kako bi ubrzale evoluciju svih oblika života na njoj, svakom ljudskom biću trenutno prisutnom na Zemlji je dozvoljeno da se razvija upravo sada – i ovde, sa ostatkom od oko 7 milijardi ljudi kojima je data ista prilika. Ta prilika je za dobrobit svakog pojedinca, zajednice i ove planeta, pošto je u saglasju sa *Gospodnjim Porecima*[62] koji se tiču evolucije na Zemlji. Stoga, nije stvar "slučaja" već je saglasno evolucijskom planu to što smo svi mi, koji trenutno živimo na ovoj planeti, upravo takvi kakvi jesmo – podjednako i dobrodošli i uvaženi.

Na žalost, ljudi prave diskriminaciju na osnovu boje kože, religije i raznovrsnih ubeđenja. Razlike u prioritetima, kad je u pitanju seksualni afinitet, hrana ili odevanje, se još uvek doživljavaju kao razlog za odbacivanje drugih i održavanje nezdrave distance među ljudima i kulturama.

Zaustavljanje toka esencija-energije između ljudi, usled neprihvatanja razlika među nama, je izuzetno neprikladno i ometa našu evoluciju. Mi zaboravljamo da jedino usled limitirane percepcije i uslovljenosti, ljudska bića izgledaju razdvojena. Međutim, mi smo poput prstiju na ruci – iako različiti, svako od nas ima specifičnu i nezaobilaznu ulogu koja podržava našu zajedničku svrhu.

SAOSEĆANJE

Saosećanje je senzibilnost osobe koja razume stanje drugog bića i, preslikavajući ga u sebi, nudi konstruktivnu podršku. Pomoć može da bude naizgled jednostavni akt – poput osmeha, želje da se čuje druga osoba, ljubazna reč ili bilo koji brižni gest.

Saosećanje je takođe empatija usled patnje svih živih bića. Saosećajna osoba je prevazišla individualistička gledišta i opsednutost samom sobom. To ne znači da su takvi ljudi zapostavili sebe. Na protiv, jedino kad znamo kako da brinemo o sebi, možemo da primenimo to ponašanje u našem odnosu sa drugima.

Saosećajna osoba će pronaći način da primeti one kojima treba saosećanje, i pronaći vreme da bude sa njima. Saosećanje je izraz nesebične ljubavi.

> *Iako smo slobodni da mislimo i delamo, mi smo povezani nerazdvojivim vezama, poput zvezda na nebu. Te veze se ne mogu videti, ali ih možemo osetiti. Posečem se, to me boli: taj prst je deo mene. Vidim povređenog prijatelja, to i mene boli: moj prijatelj i ja smo jedno. – Nikola Tesla*

LJUBAV

Ljubav uklanja granice

Ljubav je snažna vibracija[63] koja nas vodi ka našoj esenciji, uklanjajući sve prepreke i otvarajući sva vrata na tom putu. Ne postoji moć koja će trijumfovati nad ljubavlju.

Ljubav je fundamentalna za naše prihvatanje svega stvorenog, pošto ljubav ne pravi nikakvu diskriminaciju. To je vibracija kompatibilna sa celokupnim životom. Otuda, na nivou univerzumske ljubavi, osoba sve obgrljuje na isti način. Čak mikrobe i parazite uvažava jednako kako uvažava najlepšeg leptira ili najdražeg kućnog ljubimca.

Ljubav se doživljava paralelno frekvenciji[64] pojedinca

Obzirom na dimenzionalnu frekvenciju naše planete, ljubav koja se na njoj generalno doživljava je još uvek inferiornija od bezuslovne-svesne-univerzumske ljubavi, i stoga je predmet razvoja. Na putu je da najpre prevaziđe frekvencije seksualne a zatim božanske ljubavi.

Da bi se ubrzao taj napredak i olakšao teret negativnosti prisutan na Zemlji, cela planeta je izložena *frekvencijama univerzumske ljubavi*[65] prispelim iz nebeskog carstva. Sposobnost primanja ovih frekvencija zavisi od evolucijskog nivoa osobe. Ljudi koji su više razvijeni, koriste ove kosmičke uticaje kroz filantropsku ljubav i sveopšte prihvatanje. Neki drugi mogu pak da skrenu u neverstvo, što je njihov način nesvesne primene ovih snažnih frekvencija.

Privlačna moć

Ljubav je sveobuhvatajuća, moćna, vibracija božanskih talasa koja je manifestovala život. U njoj su sadržane nebrojene dimenzije – od sićušnih do mega atomskih celina raznovrsnih egzistencijalnih sistema. Ta vibracija je ugrađena u naš genski materijal. Zahvaljujući privlačnoj moći inherentnoj ljubavi, ljubav je najsnažniji vezivni elemenat među ljudima i u stanju je da odoli svim separatističkim tendencijama.

Privlačnu moć su manifestovali drevni periodi u kojima su se odvijali *procesi nastanka energije*[66], i ova moć je sastavni deo sve četiri osnovne sile prirode do sada poznate zemaljskoj nauci (gravitacija, elektromagnetizam, zatim jaka i slaba nuklearna sila). Svaka akcija ove četiri glavne sile stoga uključuje privlačnu moć, što znači da celokupna priroda i život cvetaju upravo na privlačnoj moći.

Manifestacija energije forme (intenzivirana energija poznata kao čvrsta materija) je rezultat transformacijskih procesa u kojima je takođe sudelovala privlačna moć. Raznovrsne energije i čitavi univerzumi su stupili u egzistenciju tim putem.

Privlačna moć je suštinski elemenat kad je u pitanju oduhovljenje grube materije tela. U tom procesu misli igraju veliku ulogu, jer naše telo komunicira sa nebeskim carstvom svetlosti upravo putem naših misli.

Misao sama po sebi poseduje ogromnu privlačnu moć. Na primer, ako intenzivno razmišljamo o nekome ko ne gaji prijateljska osećanja prema nama, naše će misli privući negativnu energiju te osobe i smestiti je unutar naše aure. Usled uticaja te negativne energije, nećemo biti u stanju da autentično doživljavamo same sebe. Stoga je kontrola nad našim mislima od ogromnog značaja.

Kad je u pitanju potreba naših ćelija da direktno privlače neophodnu kosmičku energiju, privlačna moć je presudna i za taj proces. Kvalitet privučene energije zavisi od nivoa spoznaje svake ćelije.

Carstva svetlosti i materije se premošćuju putem misli, usled njene privlačne moći. Vibracije ljubavi održavaju tu vezu i okupljaju svetlost i materiju u jednu atomsku celinu. Svako ljudsko biće je dokaz tog poretka.

Univerzumska ljubav (bezuslovna ljubav) je svesna ljubav

Univerzumsku ljubav ne rukovode osećanja, pošto osećanja potiču od naših želja. Ovu ljubav disciplinuje logika. Ljubav isključivo bazirana na emocijama i romantičnim vizijama je ljubav u kojoj caruju očekivanja (ponekad i bezumna) i otuda je predodređena na rozačaranje. Ta ljubav je poput točka: može da dosegne neshvatljiv zamah – mada, u jednom trenu, istim snažnim zamahom može da nas zaustavi, to jest sa blaženih visina spusti na zemlju.

Ljudi utonuli u vibraciju univerzumske ljubavi ne zavise od toga da li ih neko voli, i deluju izvan sentimenta. Na tom stupnju, osoba ne oseća potrebu da izgovori reč *ljubav*, ili priča o ljubavi, jer je postala jedno sa ljubavlju. Otuda se ova ljubav izražava kroz dela, radije nego rečima.

Kod svesne ljubavi ne postoji oscilacija gore-dole. Postoji samo stabilno, bezuslovno, prihvatanje svega što jeste – kao rezultat slobodnog i svesnog izbora pojedinca. Energije na svim nivoima razvoja prolaze kroz neophodnu evoluciju, kako bi dosegnule bezuslovnu ljubav te se tako sjedinile sa Totalom.

Što više volimo, više se ka nama otvara polje Esencija-Moći, zvano *Stvoritelj* ili *Bog*, i mi sve dublje ulazimo u to polje. Naša frekvencija ljubavi je stoga presudna kad je u pitanju doživljaj Boga.

Ljubav naših ćelija

Priroda nam se obraća putem jezika bezuslovne ljubavi. Kao deo prirode, naše ćelije najčešće emituju više ljubavi ka nama nego što im mi svesno vraćamo.

Da li uopšte obraćamo pažnju na hranu, osećanja ili misli, koji svi zajedno utiču na naše telo? Da li smo svesni da je naše telo naš verni saputnik, i da li pronalazimo vremena da ga održavamo u dobrom stanju?

Ljudsko telo neprekidno i lojalno funkcioniše kako bi nam omogućilo neophodna zemaljska iskustva. Ta iskustva razvijaju energiju koja koristi naše telo. Međutim, u isto vreme teče i oduhovljenje naših aspekata sačinjenih od čvrste materije. Ovaj evolucijski proces možemo podržati putem ispravnih stavova. Na žalost, ljudi ne brinu mnogo o krajnjim ciljevima sopstvene evolucije. Otuda su im često privlačnija zemaljska zadovoljstva nego briga o dragocenom prijatelju – sopstvenom telu.

Promena doba

Bez ljubavi, ne bismo ni napredovali niti bismo uopšte stupili u egzistenciju. Ljubav majke prema svom detetu je bezuslovna, i nosi jednu od najviših frekvencija ljubavi na Zemlji. Sa te tačke gledišta, majke su najbogolikija bića na planeti. Prva hrana koju dete dobije je frekvencija majčine ljubavi a ne mleko. Ovo je uprogramirano od strane Stvoritelja kako bi najbolje služilo svrsi održanja ljudske vrste.

Iako je ljubav esencijalna za našu pojavu i opstanak, njena vibracija nije dovoljna za potpuni razvoj svesti ljudskog bića. Stoga je na temelj sačinjen od ljubavi i ojačan energijom svetih knjiga, neophodno dodati frekvencije univerzumskog znanja kako bismo dovršili evoluciju.

Međutim, stvar je evolucijskog tempiranja i sadašnji zahtev da ljudsko biće disciplinuje svoje emotivno telo, upotrebom logike i intelekta, i otisne se ka visinama univerzumske ljubavi. Takva je staza ljubavi koja nas vodi ka esencija-svesti.

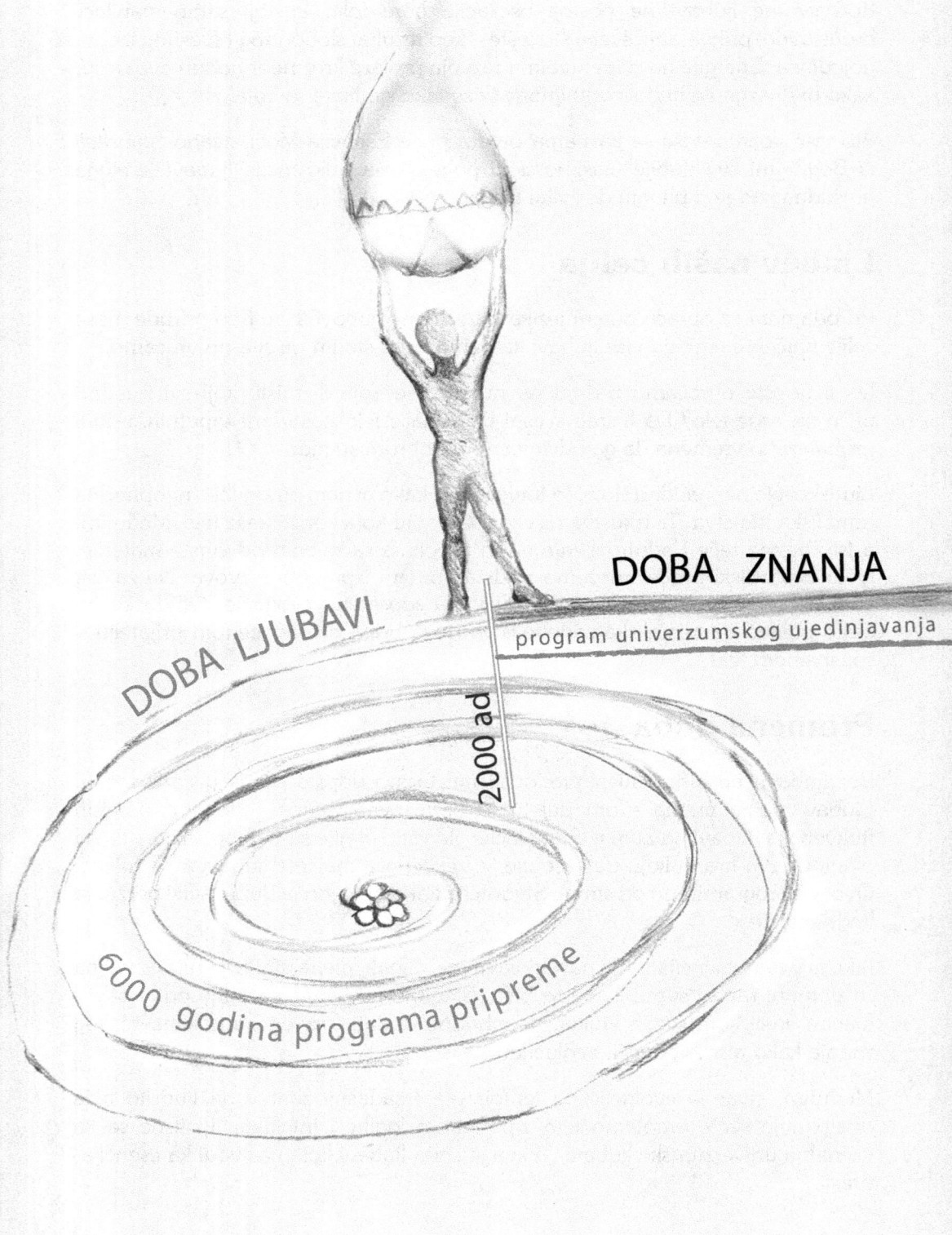

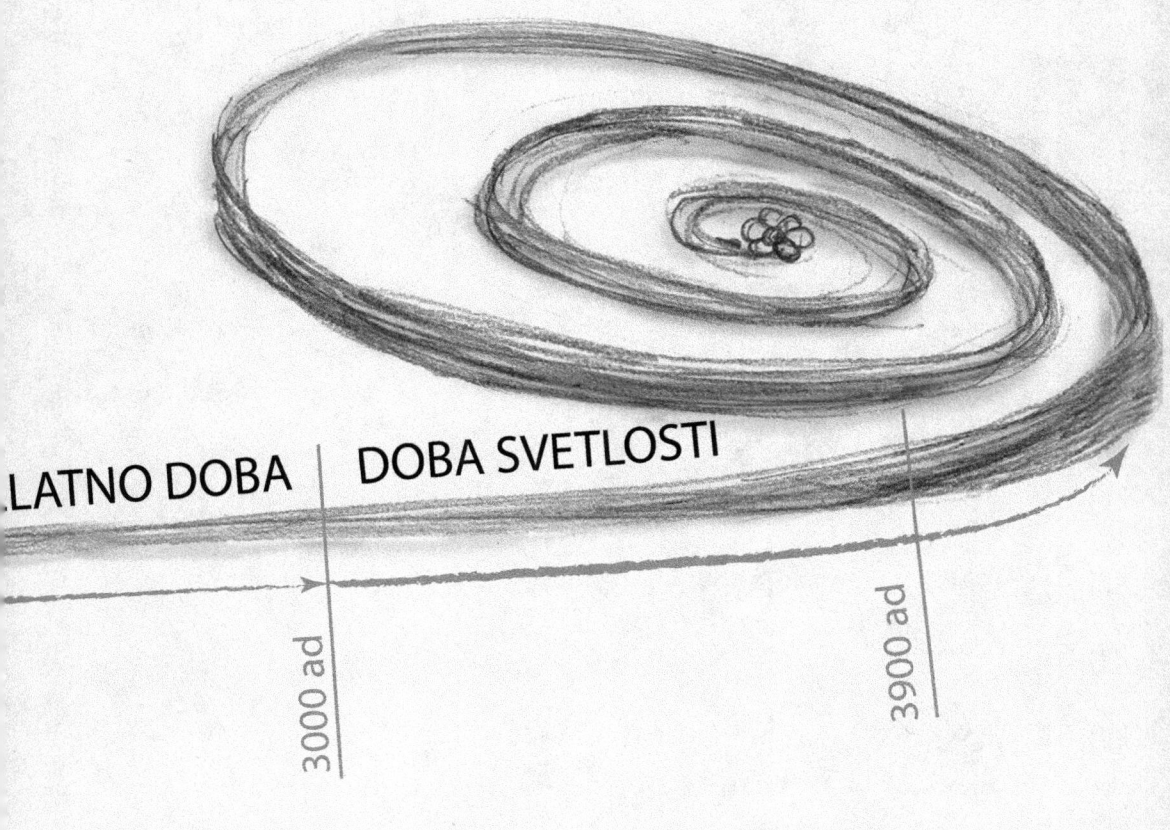

Shodno univerzumskom rasporedu evolucije ljudskog bića na Zemlji, sa 2000. godinom, naša je planeta zvanično okončala *Doba Ljubavi* (božja, religijska, evolucija kroz alfa energiju) i ušla u *Doba Znanja* (univerzumska evolucija kroz duhovnu energiju – beta energiju *Omega dimenzije*[67]).

UČENJE KROZ SUPROTNOSTI

AROGANCIJA
NEPOSLUŠNOST
USLOVLJENOSTI
STRASTI
NEGATIVNOSTI
KRITIKOVANJE
ZEMALJSKA SVEST
NEVERNOST
EGO
STRAH
SUPERIORNOST
VEZANOSTI

STRAHOVI

Suočavanje sa neizvesnošću

Inicijalna funkcija straha je da nas zaštiti od slepog ulaska u nove situacije. Međutim, stvar je zrelosti kad ćemo uspeti da ukrotimo ovaj instinkt i oslobodimo se beskorisnih strahova koji ometaju naš lični razvoj.

Svi smo mi doživeli pomanjkanje samopouzdanja kad je u pitanju naša sposobnost da se nosimo sa izvesnim situacijama. Neizvestan ishod tih situacija čini da unapred brinemo. Otuda se plašimo da bismo mogli da budemo neuspešni, odbačeni, te tako postiđeni ili čak povređeni. Davanje prednosti ovom imaginarnom scenariju, potencijalno inhibira naš razvoj pošto vodi u odlaganje vrednih iskustava.

Šta nam to može pomoći da prerastemo ovaj mentalni šablon i da se uspešno nosimo sa posledicama koje bismo želeli da izbegnemo? – Verovatno bi shvatanje da su sva iskustva jednako vredna, u tom smislu bilo najkorisnije. Takođe je uputno proširiti opseg promatranja, kao i upotrebljavati zdrav razum. Ako uspemo da uđemo u situacije kojih se plašimo, otisnućemo se na stazu učenja – umesto da obitavamo na pretpostavkama.

U borbi sa strahovima, mogli bismo da razmislimo i o tome da li smo do sada uspevali da savladamo izazove. Očevidno, još uvek funkcionišemo na Zemlji te bi zaključak na tu temo mogao da bude pozitivan. Ovakva retrospekcija nas upućuje na činjenicu da je životna sila, koja deluje kroz nas, jača od energije koja se nalazi iza bilo kojeg "neuspeha" ili straha. Čak nas i najneprijatnije okolnosti zapravo podržavaju u smeru naše najhitnije potrebne transformacije – ma gde da smo na evolucijskoj trajektoriji.

U beskrajima jedne jedine Totalnosti, svi konstituitivni elementi utiču jedan na drugog. Ova nepregledna mreža interakcija omogućuje promenu i rast, kako na mikro tako i na makro nivou. Stoga je odolevanje nepoznatom, i odolevanje promeni, u suprotnosti sa fundamentalnim procesima života i njemu inherentnom mehanizmu samo-propagiranja.

Kao odgovor na uslove svoga okruženja, energije prolaze kroz lanac transformacija. Tokom tog procesa one neprekidno dosežu stanja zasićenja. Svaki nivo zasićenja je kvalitativna promena, to jest nova mutacija. Energija koja operiše unutar ljudskog bića, sledi isti poredak i napreduje ka svojim višim izrazima. Zapućena ka nivou savršenog ljudskog bića, ona postepeno prevodi niža vibraciona stanja (slabosti) u viša (vrline).

Ako bismo napustili sva očekivanja, čak i ona da budemo voljeni i uspešni u životu, možda više ne bi bilo razloga da se bilo čega plašimo. Doživljaji se svakako odvijaju na jedan od dva načina – prijatan ili neprijatan, i iz obe ove varijante ima puno toga da se nauči. U tom smislu je svako iskustvo korisno.

Čak i oni doživljaji kojih se najviše plašimo nas osvežavaju svojom energijom. Srž svakog iskustva je energetska podloga za rafiniranje naše personalnosti i dopunjavanje nisko-frekvencijskih zona unutar sklopa našeg uma-tela-duha.

Lična iskustva su isto tako i arena testova za našu spoznaju i gledišta, i dragoceni katalizator u dosezanju istine.

Naša svest cveta na podlozi naših iskustava.

Prodiranje u nepoznato

Život je neprekidan tok doživljaja. Oni se pojavljuju da bi nas preneli sa jednog na drugi nivo razvoja.

Svako iskustvo nam predstavlja nove energije. Mi se postepeno navikavamo na te energije i učimo da se harmonizujemo sa njima, sve dok ih naše fizičko i duhovno biće u potpunosti ne asimilira.

Na ovoj planeti, svako ima svoj lični domaći zadatak, koji se tiče porcije novih energija koje bi trebalo da privuče i apsorbuje. Te energije su stepenice ka manifestaciji našeg punog genskog potencijala, i one bacaju svetlost na našoj stazi.

Pošto strahovi parališu naše akcije i razdvajaju nas od božanskog toka energije, podleganje strahovima usporava naš unutrašnji rast. Drugim rečima, strahovi ometaju revitalizaciju naših ćelija životnom energijom. Produženo lišavanje te vrste onemogućava procese regeneracije ćelija te je štetno po zdravlje.

Kako se nositi sa strahovima

Nekada je potrebno puno vremena, čak i više života, da bismo primetili da nas naši strahovi slede. Jedino se menjaju okolnosti koje provociraju određeni strah, ali naša inklinacija da delujemo na bazi datog straha se ne menja. Ovaj obrazac traje sve dok ne izgradimo sposobnost da ne bežimo od sopstvenih strahova.

Sa uvećanjem naše vere u savršenstvo *Božanskog Poretka*[68] i sa uvećanjem naše sposobnosti prihvatanja svih događaja, biće nam manje izazovno da se suočimo sa sopstvenim strahovima. Kad budemo u stanju da na svoje strahove gledamo kao na lične mentalne konstrukcije, strahovi će izgubiti svoj primat nad nama.

Oslobađanje od strahova ne dolazi tako što sebi govorimo *ne plašim se*, već tako što sa sve manje ustručavanja prihvatamo nepoznato.

VEZANOSTI

Sve je na ovoj planeti, čak i lepote, aranžirano da nas zavede zemaljskim životnim stilom nepresušne želje za konzumiranjem zadovoljstava. Da, mi smo izvesno došli na Zemlju da bismo doživeli zemaljske stvari i zasitili se njima. Međutim, veoma smo malo svesni da naše strasti, kao i zemaljske i religijske vezanosti, mogu da postanu prepreka našem razvoju i tako učine da kasnimo u dosezanju naprednijih dimenzija.

Pošto prerastemo strasti, praznoverja i vezanosti, mi dosežemo nivo na kojem se jednako osećamo bez obzira da li se naše želje ispune ili ne – jer prestajemo da budemo robovi sopstvenih želja.

Zemaljski testovi

> *Naše vrline i naši neuspesi su nerazdvojivi, poput sile i materije.* – Nikola Tesla

Zemaljski testovi su naizgled bezbrojni, jer svaka situacija nastaje kako bi testirala našu reakciju na energije prisutne u njoj. Tako se eksponira naša duhovna zrelost, kao i sposobnost da kontrolišemo sopstvene misli, reči i akcije u datoj energetskoj konfiguraciji. Naše ponašanje je direktan rezultat naše sposobnosti da upravljamo svim tim aspektima personalnosti, i najistinitiji je indikator našeg razvojnog nivoa. Među najtežim zemaljskim testovima su oni koji se tiču intoksikanata, novca, materijalnih dobara i seksa.

Uzimanje droga, cigareta, kao i prekomerno konzumiranje alkohola pa čak i hrane, blokira našu sposobnost primanja kosmičke energije i tako nas lišava vitalne evolucijske hrane. Međutim, naša spoznaja o posledicama robovanja cigaretama, alkoholu ili drogama, može da aktivira našu logiku i snagu volje, i oslobodi nas zavisnosti od intoksikanata.

Intoksikanti su izvor kratkoročnih zadovoljstava. Tendencija da ih koristimo, često maskira neke ozbiljne slabosti date osobe. Polje zadovoljstva ove vrste može lako da se pretvori u teško bojno polje, što zapravo stvara priliku da osoba okonča robovanje ovim hazardnim supstancama. Ako uspe da pokrene logiku i moć volje, verovatno je da će prevazići ove slabosti. Međutim, konačni rezultat takve bitke je neminovno usklađen sa planom sudbine pojedinca.

Naši napori da promenimo sopstvenu sudbinu nemaju efekta. Autoritet za jednu takvu intervenciju pripada nebeskim moćima koje upravljaju Egzistencijalnim Programima. One mogu da utiču na tokove naših misli, i tako nas odvedu u neophodna iskustva kako bismo dovršili određene evolucijske etape. Da li ste se ikada pitali zašto ste u izvesnim okolnostima razmišljali, te stoga i delali, na način koji je proizveo nepovoljne rezultate? Koliko puta ste kasnije shvatili da su ti isti "nepovoljni" rezultati i neprijatnosti zapravo doneli pozitivne plodove?

Nebeske moći nas takođe i štite, iako mi nismo svesni njihove angažovanosti. Naši nebeski prijatelji-čuvari, su ti koji su nas oduvek vodili kroz iskustva i nadgledali naše okruženje.

Zadovoljstvo i bol

> *Čovek mora da praktikuje umerenost i kontrolu nad svojim čulima i skolonostima po svaku cenu, kako bi održavao mladost tela i duha. – Nikola Tesla*

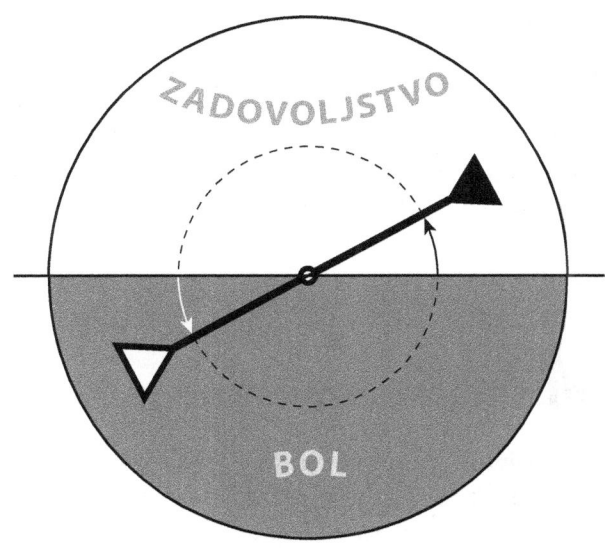

Mi smo razvojne energije otelotvorene na Zemlji, kako bi dovršile *karmu*[69] i ostvarile napredak u evoluciji svesti. Mi dolazimo na svet sami i odlazimo sami – bez da sa sobom ponesemo niti jedan predmet, čak ne ni sopstveno materijalno telo. Naše stvarno prebivalište nije dimenzionalna energija Zemlje. Nikola Tesla je na ovu temu rekao da nikako nije mogao da se skući na Zemlji, pošto ono što mu stvarno pripada i nije na ovom svetu.

Mi smo poput glumaca odenutih u kostime koji se koriste tokom predstave samo na ovoj planeti. Kad se predstava završi, ostavljamo kostim planeti da ga reciklira. Jednoga dana pak, mi ćemo steći svetrajući kostim i odneti ga sa sobom u druge realnosti.

Život unutar materijalnog carstva na Zemlji je i zadovoljstvo a i bolno iskustvo.

Zadovoljstvo i bol su lica istog novčića. Obzirom na prirodu životnog programa sačinjenog za našu planetu, neophodno se doživljavaju oba ova lica. Stoga svakako nećemo praviti prigovore na sam taj program. Na isti način na koji ne možemo da utičemo na život likova iz knjige ili filma, već prihvatamo njihovu sudbinu, tako bi trebalo da prihvatimo i sopstvenu sudbinu. Prevedeno na nivo svakodnevnice, ovo bi značilo da ćemo se značajno poštedeti nepotrebnog emotivnog i drugog trošenja – ako uspemo da prihvatimo sve što nam dođe u susret, kako ljude tako i događaje. Takvo ponašanje ojačava naš unutrašnji mir kao i socijalnu harmoniju.

Ljudska bića su sposobna da uoče mehanizam zadovoljstvo/bol, i da postignu zrelost po pitanju materijalnih stvari i novca. Kako se razvijamo, testovi i anksiozmost se smanjuju, i na kraju prestaju.

Seks ne bi trebalo pomešati sa ljubavlju

Primarna funkcija seksa je obezbeđivanje produžetka vrste, što je regulisano na nivou instinktivnih impulsa. Međutim, seksualnu aktivnost je takođe potrebno odživeti do nivoa zasićenosti, kako bi pojedinac bio u stanju da dosegne duhovnu kulturu.

Ljubav je više nego bavljenje seksom. U odnosima koji su primarno zasnovani na seksualnm tendencijama, želja za partnerom ostaje na nivou tela – ali ljudsko biće je mnogo više nego njegovo fizičko telo. Stoga nakon tačke zasićenja seksualnim aktivnostima, ljubav nastavlja de se razvija dok ne dosegne nivo na kojem se naša komunikacija sa drugim ljudima ne svede na direktan odnos naše esencije sa njihovom esencijom. Na tom stupnju, mi sve i svakoga jednako volimo. Ljubav se tada ispoljava svesno, sa nivoa koji prevazilazi naše fizičke želje.

Mi smo otelotvorena prirodna moć

Ova divna planeta je medijum koji je pažljivo dizajniran tako da obezbedi evolucijske testove za sve one koji obitavaju na njoj. Testovi započinju u dimenziji naših misli i dovršavaju se kroz naše ponašanje. Pre nego što stasamo za date testove, oni se ne postavljaju pred nas. Međutim, ako je neophodno, isti testovi se ponavljaju i tokom mnogih života kako bi nam se obezbedile brojne šanse da usvojimo drugačiji pristup i tako savladamo određeni test.

Ovde, na Zemlji, ljudi žive uglavnom nesvesni svog genskog potencijala kojeg im je Stvoritelj poklonio i još uvek sebe doživljavaju u medijumu dominantno dualističke svesti.

Izazovi neprekidno pristižu i naše slabe tačke izlaze na površinu. Međutim, bez obzira kako krhki i nesavršeni izgledamo samima sebi, mi smo otelotvorena prirodna moć sposobna da uspe na svim ispitima.

USLOVLJENOSTI I TABUI

Uslovljenosti

Uslovljenosti i tabui sprečavaju širenje naše spoznaje. Međutim, uslovljenosti i tabui se ne mogu kriviti za to već ljudi koji su zapečatili svoju spoznaju. Takvi ljudi preferiraju udobnost poznatih energija, radije nego eksurzije izvan njih.

Za uslovljenu svest, poznati obrasci su najbolji obrasci, a uspostavljena skala vrednosti je dovoljno dobra da zauvek traje. Takvi umovi nemaju potrebu da postavljaju pitanja, niti potrebu za doživljavanjem novih i drugačijih načina.

Ponašanje uslovljenih osoba je stoga predvidivo. Njihove automatske reakcije i mentalna rigidnost čini da oni više nalikuju na robote nego na ljudska bića – jer ljudska bića svojom esencijalnom prirodom neprekidno teže da budu bolja, i čine to mentalnim trenscendiranjem energija. Otvorenost uma je presudna za to uznesenje.

Pošto nove energije/informacije ne prodiru u uslovljene svesti, istina, koja je predmet energije vremena, je van njihovog domašaja. Celokupni razvoj uslovljenih svesti je stoga usporen ili pak (privremeno) obustavljen. Takvi ljudi nikada ne mogu da upoznaju sebe, i postaju dugotrajni zatočenici sopstvene ograničene spoznaje.

Život je savršeni program, dovoljno širok da obuhvati i rešenja za slučajeve zatvorene spoznaje. Stoga, pre ili kasnije, uslovljeni um nailazi na situacije koje zahtevaju uklanjaje oklopa uslovljenosti. Pod konstantnim i rastućim pritiskom energije vremena, ovi tvrdi mentalni oklopi dobijaju priliku da omekšaju te tako omoguće širenje spoznaje. Drugim rečima, kosmičke struje stimulišu rast spoznaje i razvoj svesti onih koji su dovoljno pročišćeni da ih prime. Za druge ljude, iste struje su beskorisne – sve dok ne budu u stanju da ih privuku i procesuju. Takvi pojedinci se stoga ne razvijaju paralelno zahtevu energije vremena, prisutne na planeti tokom njihovog života.

Tabui

Tabui su oblik uslovljenog razmišljanja, zasnovan na moralnom prosuđivanju i religijskim verovanjima. Tabui zahtevaju izvesne abstinencije i široko su prisutni u socijalnim grupama.

Za uslovljeni svet, kršenje tabua je nezamisliva mogućnost; čak se i na promenu mišljenja po pitanju bilo čega gleda kao na slabost. Veoma je teško povezati uslovljeni um sa ostvarenjem bilo kakvog napretka.

Uslovljene, konzervativne i osobe sklone tabuima, svojim misaonim frekvencijama nisu u stanju da dosegnu izvesne dimenzije. Stoga ne uspevaju da privuku struje koje bi ih učinile srećnim.

Razvoj je rast naših frekvencija, registrovan u našoj *esenciji*.

LJUBOMORA

Ljubomora je nesposobnost da se tuđi uspeh primi na pozitivan način. Ljubomorna osoba može čak i da ulaže napore da omalovaži one uspešnije od sebe, ili radi protiv njih kako bi ugrozila njihovu poziciju.

Ekstremna ljubomora je štetna po zdravlje jer prenaglašava razlike i individualističke pozicije – što je suprotno osnovnim egzistencijalnim principima poput *uzajamne pomoći* i *integracije*. Ova vrsta ljubomore privlači nisko-vibracione energije u naše telo.

Međutim, ljubomora može da posluži i kao motivacioni faktor u pokretanju date osobe da radi na sebi, kako bi dosegnula ono što drugi već imaju i zbog čega je ljubomorna na njih – bilo da su to snažniji mišići, najnoviji model automobila ili veliki broj prijatelja.

NEGATIVITNOSTI

Niske frekvencije kroz koje fukncionišemo, razdvajaju nas od božanske svetlosti naše *esencije*. Naše sklonosti ka negativnim mislima i ponašanju doprinose održanju te distance. U svojoj biti, bavljenje negativnim mislima je samo jedna duboko ukorenjena navika.

Da bi se ubrzao razvoj kroz ove završne stupnjeve evolucije čovečanstva, sve *negativne misli*[70] nastale na našoj planeti se trenutno odbijaju i vraćaju osobi od koje su potekle. Ovaj mehanizam, obezbeđen putem tehnološke intervencije nebeskih autoriteta, je u formi magnetnog platna postavljenog oko Zemljine atmosfere kako bi se filtrirale misaone energije emanirane sa našeg sveta. Misli nastale iz dobrih namera prolaze kroz to magnetno sito, i nastavljaju ka ispunjenju sopstvene kosmičke svrhe i sudbine.

Negativne misli, odbijene i vraćene u njihovu polaznu lokaciju, pogađaju osobu koja ih je proizvela. Stoga takvi pojedinci upadaju u jarak koji su sami iskopali svojim negativnim mislima.

Negativne misli nose negativni elektricitet, koji se takođe oslobađa od strane moždanih talasa ljudi koji pate od depresije. Ako ne očistimo naš um od negativnih misli, ostaćemo zarobljeni od strane samih sebe. Stoga će naši naleti depresije nastaviti da nas iscrpljuju. Ono što može da nas izvede iz ovog kruga su unutrašnji mehanizmi poput zdravog razuma, savesti i snage volje.

Oslobađanje od negativnih misli, kao i od ostalih uslovljenosti, je polje najizazovnije lične borbe sa kojom pojedinac treba da se suoči. Sve druge bitke su mnogo lakše, ma kako teške mogu da izgledaju. Svako oslobađanje od zastarelih misaonih šablona oslobađa energiju zarobljenu verovanjima ili onu poteklu od inertnosti uma. Oslobođena energija nam tada postaje dostupna da je korisitimo na bilo koji način.

Svaka osoba na našoj planeti je odgovorna za stvaranje i svog raja i svog pakla.

Pozitivne misli i stavovi čine da uočavamo dobrotu i lepotu oko nas, i otvaraju nas ka prijatnim iskustvima. Sa druge strane, negativne misli izazivaju energetsku neravnotežu unutar naše fizičke konstitucije što vodi ka deterioraciji zdravlja.

Iako je naša esencija pozitivna,
njene emanacije zavise od kvaliteta naših misli.
Kad dovršimo evoluciju esencije,
ona će biti u stanju da filtrira negativne misli.
Tek tada ćemo odašiljati samo pozitivne vibracije.

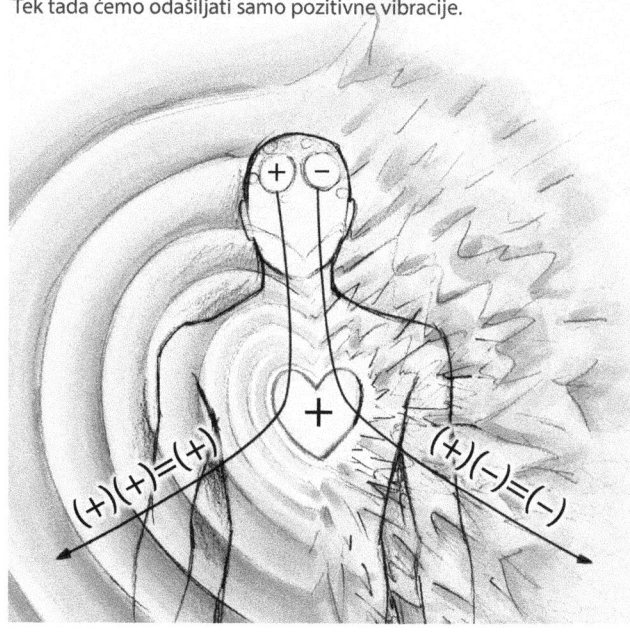

Ako se suočimo sa neprijatnom situacijom u kojoj smo optuženi – umesto kritikovanja, mnogo je bolje datoj osobi poslati ljubav i uzdržati se od toga da branimo sami sebe. Tako ćemo se fokusirati na koordinate našeg zajedništva a ne na individualne pozicije. Ovo ponašanje će demonstrirati da smo prevazišli potrebu da dokazujemo sopstveno gledište, što je svojstveno dualističkom pristupu.

STRASTI

Strasti su snažna želja za određenim iskustvima. Mogu da budu fokusirane gotovo na bilo šta u životu – čak i na brojanje vozova koji prolaze izvesnom prugom. Najčešće strasti se odnose na sakupljanje određenih predmeta ili postizanje profesionalnih ciljeva. Postoje i ljudi koji strasno tragaju za znanjem i istinom.

Strast je zasnovana na želji. Ono što pravi razliku između želje i strasti je stupanj prisutnog entuzijazma. Samo prekomerne želje prelaze u strasti. Interesantno je da istinski entuzijazam pokreću nevolje, a ne ugodan život, i on predstavlja dragoceno evolucijsko dostignuće.

Svaka strast je potencijalna crna rupa

Strasti mogu da prevladaju našu snagu volje i pretvore nas u svoje robove. One mogu i da zaslepe um, i odvuku nas u neprijatna iskustva. Svaka strast je stoga potencijalna crna rupa koja konzumira našu energiju i vreme. Strasti nas mogu zaključati na izvesnom nivou razvoja – stoga su opasne jer potencijalno ometaju našu evoluciju. Iz tog razloga je presudno ukrotiti našu tendenciju ka strastima.

Ako su spoznaja o nama samima, logika i snaga volje nedovoljno snažni, strasti veoma lako mogu da izmaknu našoj kontroli i upravljaju našim akcijama. Strast ka čokoladi ili gledanju trka *Formule 1*, može da vodi u zavisnost od osećanja koje ova iskustva donose.

Zavisnosti i *opsesija*[71] su bliski rođaci. U oba slučaja osobi nedostaje snaga da krene dalje, u ponašanje svojstveno višoj energetskoj ravni.

Strasti nas drže u zemaljskoj svesti

Zadovoljstva proistekla iz prekomernih strasti oslabljuju, radije nego osnažuju datu osobu. Stoga sa prolaskom vremena postaje sve teže suočiti se sa poreklom strasti i osloboditi se njihovog stiska.

Strasti nas drže u zemaljskoj svesti. Pošto je razvoj neprekidni proces prilagođavanja na snažnije energije, robovanje strastima ukazuje na našu nesposobnost da pređemo preko određenih energetskih pragova. To je kao da osoba prestane da razvija izvesne aspekte svoje personalnosti, dozvoljavajući svojoj logici i volji da spavaju zimskim snom.

Nije štetno imati strasti, ukoliko ne postanemo njihov rob.

EGO

osoba koja VOLI   osoba vođena EGOM

Dve strane ega

Ego je spoznaja sebe. Ego poseduje veoma snažan potencijal, i bio je stavljen u funkciju da pomogne opstanku ljudskih bića kao i da obezbedi njihov napredak na Zemlji. Međutim, ego je dragoceni asistent jedino kad deluje konstruktivno ili kad je angažovan pozitivnim služenjem. U protivnom, ego može da postane naš najveći neprijatelj.

Ko konstruktivno koristi ego? – Prevashodno, umetnici. Da umetnici nisu opremljeni dovoljnim intenzitetom ega, teško da bi svet ikada saznao za radove čak i najgenijalnijih među njima. Ego navodi umetnike da zajednici predstave svoja dela.

Ego je koristan u izgradnji osećaja individualnosti – mada, jedino ako ne prevlada čitavom personom datog ljudskog bića. Ako je tako, ego nas odvlači unazad i ometa našu evoluciju.

Pošto odoleva prihvatanju promena te tako i našem napredovanju, ego nepovoljno utiče na tok energije. Ego takođe nikada ne daje a da pri tom nešto ne očekuje za uzvrat, jer je u njegovom razmatranju *Ja* od primarnog interesa. Upravo je preovladavajuće egoistično ponašanje, koje utiče i na kvalitet energije našeg okruženja, odgovorno za nastanak teških životnih uslova – kako na nivou pojedinaca tako i na nivou planete. Na žalost, čini se da ljudi još uvek ne uspevaju da uoče proporciju štete koju nekontrolisani ego može da nanese.

Shodno gledištu ega, naši lični ciljevi imaju prioritet. Međutim, suviše snažan fokus te vrste može da naruši ravnotežu za koju je zadužena naša savest – u kom slučaju, mi bestidno ignorišemo i druge ljude i planetu.

Ego je nesposoban da stvori širu sliku, kao da je *Ja* centar celoukupne vaseljene i najdragoceniji entitet u koji valja investirati. Usled stava da ništa drugo ne može da dosegne važnost našeg *Ja*, mi ne uspevamo da se integrišemo sa zajednicom.

Naš ego takođe pravi smetnje na našoj stazi mudrosti, zato što nas onemogućava da postavljamo pitanja jer podrazumeva da zna sve odgovore.

Može li nam ego dozvoliti da se integrišemo

Ego ne vidi alternativu za sebe, stoga ga je izuzetno teško ukrotiti. Pošto služi samog sebe, ego je čak u stanju da naruši uspostavljene poretke i kompromituje socijalno blagostanje. Ako se još uvek pitamo zbog čega su svete knjige govorile da su Adam i Eva izbačeni iz Raja, možda bi ego mogao da bude krivac za kojim se stolećima traga. No, teško da bi ego ikada pristao na tu pretpostavku.

Da bi se dosegnula Nebesa (Raj) o čemu govore svete knjige, potrebno je razviti se do nivoa te dimenzije te je tako i zaslužiti. Stoga je ulazak u Dimenziju Nebesa obezbeđen tek sa sticanjem tražene personalnosti i fizičkih kvaliteta. U tom kontekstu, *Pakao* bi označavao *život ispod nivoa neophodnog razvoja* – usled nesposobnosti osobe da napreduje kroz spektar energija nužnih za dosezanje Nebesa. Takvi ljudi su osuđeni da žive u neudobnosti sopstvenih nesavršenstava, naglašenih nesavršenstvima drugih koji se nalaze na istom nivou – ispod praga Nebesa.

Razvoj, uznesenje i procesi integracije su ometani našim egom, i teško da ćemo ih ostvariti ako ne pokidamo lance ega. Stoga je ljudsko biće najveći neprijatelj sopstvenih snova o srećnom svetu trajnog mira. Drugim rečima, naš najveći neprijatelj je naš vlastiti ego koji nas po svojoj definiciji razdvaja od drugih kako bi nam pružio osećaj individualnog identiteta. Sve dok ne razrešimo ovu kontradiktornost – živećemo u svetu nevolja unutar teške realnosti, nesposobni da dosegnemo unutrašnji mir i harmoniju. Onda kad steknemo dovoljno spoznaje o samima sebi, samo-kriticizma, savesti i snage volje, bićemo u stanju da manifestujemo svet srećnih ljudi.

Da bi iskorenila negativne aspekte ega, osoba bi trebalo da relativizira sopstvenu važnost. Oni koji u tome uspeju, dosežu svoju *esencija-svest*, to jest koordinatu razvoja na kojoj smo najbliži Bogu, te se smatraju bogolikim.

5. UNUTRAŠNJI MEHANIZMI

vezanosti

negativnosti ljubomora
uslovljenosti
tabui
GLEDIŠTA   PATNJA
sumnje
opraštanje
strahovi
anksioznost
ego
STRASTI
volja ljubav

SUMNJE I TRAGANJE

Sumnje

Sumnje su koristan mehanizam koji nas vodi ka univerzumskoj svesti. One ubrzavaju naše traganje za odgovorima i istinama koje su nama prihvatljive.

Samo snažna spoznaja može da sumnja, pošto nije sklona da veruje u sve. Ovo je zaštitna uloga sumnji. Ako sledeći sopstvene sumnje preduzimamo neophodno istraživanje i stičemo znanje – onda sledimo način na koji sumnje pozitivno služe našoj evoluciji i vode nas ka svetlosti.

Sumnje izbijaju iz aktivnosti leve strane mozga, dopremljene na talasima cerebralne logike. Što je dominantnija naša mentalna aktivnost te strane mozga, biće više mesta za sumnje.

Prisustvo velikog broja sumnji takođe može da sugeriše da data osoba nije dovoljno pročišćena na stazi razvoja samopouzdanja i duhovne kulture. Osobe koje sumnjaju, najčešće se ustručavaju u donošenju zaključaka i pravljenju izbora – kao da im nedostaje sposobnost da u potpunosti veruju kako sebi tako i životu.

Osoba može da nastavi da sumnja kroz ceo život, što će se svakako dogoditi ako ne uspe da dosegne veru u neophodnom obimu.

Vera parira sumnjama tako što uvodi širu sliku koja uključuje metafizičko carstvo. Ona otvara prostor za prihvatanje stvari koje nisu u potpunosti objašnjive ili poznate. Desna moždana hemisfera je ta koja akomodira funkciju vere. Da bismo postali balansirana osoba, neophodno je da harmonizujemo aktivnosti naših moždanih hemisfera: racionalnost i intuicija bi trebalo da pronađu zajedničko tlo.

Onima kojima nedostaje vera, nije lako da dosegnu unutrašnji mir i sreću. Može se desiti da izgore u vatri sumnji nad esencijalnim egzistencijalnim pitanjima – na koja naš um ima problem da odgovori sve dotle dok se ne stopi sa našom esencijom.

Naš um bi trebalo da razume i prihvati da je ljudsko biće veće od njega, to jest od sopstvenog uma. Stoga nije isključivo um taj koji je zadužen da nas obaveštava o istinama. Tu je i naša esencija, sa svojom logikom i svešću, koju bi naš um trebalo da prihvati i nauči da sarađuje sa njom. Sumnje otvaraju stazu između logike uma i logike esencije.

Ako imamo sumnje ali smo pasivni, može se desiti da postanemo negativni. Ako pak sumnje tretiramo konstruktivno, kroz stazu traganja, one će nas odvesti do novih energija i jasnosti.

Sve dotle dok ljudi imaju sumnje, oni će tragati za čudima. Međutim, onima koji poseduju istinsku veru, čuda nisu potrebna – oni veruju u sopstveno razumevanje i znanje. Ovo ne znači da su ljudi koji veruju lišeni logike.

Staza sumnji je neophodna evolucijska faza koja vodi ka svetlosti i univerzumskim istinama.

Traganje

Traganje je poriv ka otkrivanju samih sebe, i teče u smeru novih informacija koje su smisaone i stimulišuće za naše lično energetsko polje. Ovo navođenje je uglavnom instinktivno i funkcioniše kao radoznalost. Pošto znaci na putu obeležavaju bezbrojne smerove, izuzetno je lako zalutati.

Previše radoznalosti, previše informacija, može da ima pogubne efekte po nas. Pronalazak ravnoteže je neprekidni izazov zato što u nama samima prirodno još uvek postoje kontradiktorne tendencije. Tokom traganja, odvijaju se raznovrsna unutrašnja poravnanja, kao i otkrivanje novih načina uklapanja u zajednicu i sam život.

Traganje napreduje kroz postavljanje pitanja nama samima, a ne drugima, i putem pronalaženja odgovora na osnovu ličnih iskustava.

Kad istinski i dovoljno uporno tragamo, mi na kraju sretnemo ono što smo zapravo i tražili – sebe. Jedina stvar koja od tada ostaje neurađena je da prevazilaženjem sebe dosegnemo esencijalno ja.

Ako je naša radoznalost iscrpljena, znači da smo dovršili traganje. Tada znamo da kad ne dobijemo sve što želimo, to je stoga što već imamo ono što nam je neophodno. Shvatamo i to da je naša najdragocenija vrednost već u nama. To je esencija-potencijal božje supstance – nerazdvojiva komponenta svakog božjeg semena.

Smirivanjem uma i slušanjem glasa savesti, možemo se uključiti u komunikacijsku ravan na kojoj esencije razgovaraju jedna sa drugom. Taj medijum čine vibracije koje hrane naš esencija-gen. Otuda aktivna savest ubrzava našu evoluciju.

Moć o kojoj mi sanjamo, u isto vreme sanja o nama. To je jedan jedini san prisutan u vaseljeni: san čestice koja sanja o celini od koje potiče, san našeg svemoćnog esencija-semena o povratku u svoj kosmički zavičaj. Nevidljiva vlakana ove čežnje sklapaju u smisaonu celinu bezbrojna prostranstva i bezbrojne frekvencije.

OPRAŠTANJE

Osoba naklonjena promeni, može lakše da oprosti.

Negativna osećanja prema drugima su nezdrav teret koji nosimo sa sobom. Ona prave smetnju na našim unutrašnjim energetskim stazama i potencijalno dovode do blokada na njima. Što je nerešeni problem veći, to je veća prepreka našem unutrašnjem miru, dobrom zdravlju i sreći. Raščišćavanje ovih crnih rupa vezanih za osećanja se odvija putem praštanja.

Kad smo sposobni da opraštamo, sposobni smo da prihvatimo da ne moramo da pobedimo u svakoj životnoj situaciji. Takođe prihvatamo da smo niti mi niti druga strana savršeni i da je uprkos tome sve uredu, te da je život prelepa šansa da naučimo o samima sebi. Svaki put kad oprostimo, uzdižemo se u bolju verziju sebe.

Ljudskom biću je izuzetno teško da praktikuje opraštanje samom sebi. Zapravo, jedino opraštanje koje bi ikada trebal da činimo je upravo to, jer nisu drugi odgovorni što smo se mi našli u neprijatnim okolnostima, već mi sami. Otuda je prevashodno potrebno da sebi oprostimo za izbore koje činimo, kao i za to što ponekad prihvatimo da budemo povređeni. Ovakav stav podrazumeva preuzimanje pune odgovornosti za sopstveno ponašanje i njegove posledice.

Kad se ponašamo u maniru samo-opraštanja, mada svesni sopstvenih nesavršenstava i njihovih posledica, mi istinski prihvatamo ko smo. Oprostiti sebi je akt bezuslovne ljubavi.

Ako uspemo da vladamo svojim ponašanjem, malo je verovatno da ćemo doživeti neprijatne situacije. Takođe, mi smo jedini kapetan našeg broda te nemamo pravo da druge okrivljujemo za ono što se pojavljuje na brodu, kao ni za smer u kojem plovi.

Kapetan u nama je isto tako odgovoran i za naša osećanja, pa je za očekivati da ih efikasno nadgleda. Ma kako neprijatno se drugi ophodili prema nama, ne radi se samo o tome da im se (to jest sebi) oprosti. Pre svega je potrebno prihvatiti i druge, i sebe, upravo onakvim kakvi su. Da bismo izbegli osećanje povređenosti, bezuslovno prihvatanje svake situacije je imperativ. Ako uprkos svemu odlučimo da budemo još i zahvlani za SVAKO iskustvo, nezavisno od ponašanja drugih, delovaćemo iz istinski otmenog stava.

Izvinjenje i traženje oproštaja od drugih koje smo mi nekorektno tretirali, bilo bi gest poniznosti, iskazan od strane naše zrele persone koja prihvata sopstvenu beznačajnost unutar vaseljenskog beskraja. Takav pojedinac se prostire pred drugima i pred zakonima univerzuma, i jednako uvažava ljudsko biće, životinju i vlat trave.

Na temu opraštanja, da bi pomogle proces pročišćavanja i razvoja ljudskog bića, svete knjige sugerišu refleksiju nad sopstvenim mislima i ponašanjem. Kao rezultat takvog poniranja, dolazi do prepoznavanja nepodobnih dela. Izvesna sveta zdanja, koja funkcionišu poput božanskih konzulata na Zemlji, su čak dodeljivala specijalna mesta za te rituale.

Traženje oproštaja od Boga je duboka unutrašnja vežba koja potencijalno restaurira poremećeni unutrašnji poredak – poput otvaranja novog programa sa viših koordinata spoznaje. Ova vežba nije izgubila svoju vrednost, nezavisno od imena kojeg pripisujemo Vrhunskoj Moći – od koje tražimo oproštaj za naše nepodobno ponašanje.

PATNJA I ANKSIOZNOST

Patnja

U svetim knjigama je mnogo rečeno o patnji. Međutim, čini se da uloga patnje, kad je u pitanju evolucija ljudskog bića, još uvek nije pravilno shvaćena. Suprotno popularnom verovanju, patnja je veoma korisna zato što nas duhovno pročišćava i ojačava.

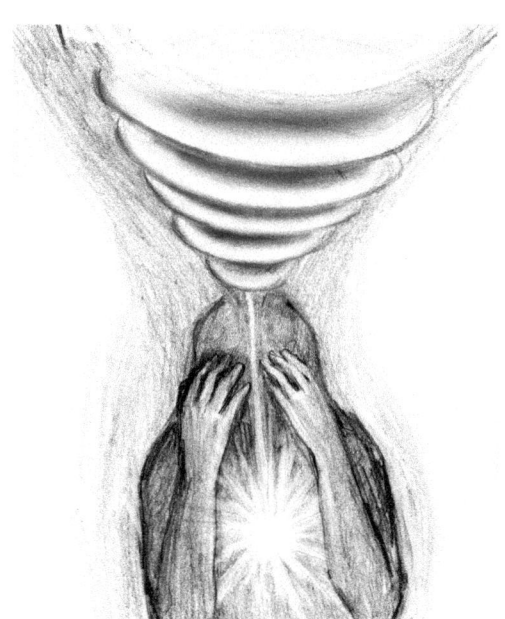

U okolnostima značajnog životnog komfora, razvoj ljudskog bića je najčešće nedovoljan jer ono lako zapostavlja zdrav razum i logiku, i ima tendenciju ka prekomernom konzumiranju raznovrsnih zadovoljstava. Pojedinac dakle može da se pretvori u sopstvenog roba, brže nego što bi to bilo kakva spoljašnja moć uspela da izvede, kao i da predugo ostane na istoj evolucijskoj tački. Stoga, ako razvoj pojedinca ne sledi njegovu evolucijsku trajektoriju predviđenu nebeskim grafikonima, program patnje se neminovno aktivira. Patnja stimuliše duhovni rast osobe i balansira unutrašnje biće – u liniji sa zakonom akcije i reakcije i *zakonom prirodnog ekvilibrijuma*[72].

U programu patnje, tuga i kajanje su ključevi koji otključavaju duhovne vibracije. Te vibracije su pozitivne energije koje nas pročišćavaju od nezdravih misli i osećanja. Ako propustimo da naučimo naše evolucijske lekcije dok živimo u komforu, i ako ne uspemo da pronađemo pravu meru svim zadovoljstvima, najverovatnije ćemo naučiti neophodne lekcije kroz patnju.

Razvoj je naša neminovna staza i predmet je automatske primene Egzistencijalnih Programa. Stoga ljudska bića i pate i prosperiraju onako kako univerzumski zakoni nalažu.

Samo osoba koja je duboko ukorenjena u zemaljsku svest doživljava patnje tako što na njih gleda kao na nepravdu. Univerzumska svest vidi život na

Zemlji u kontekstu šire slike. Iz tog razloga, ona pridaje drugačije značenje svakom bolu i deranžmanu, te tako lakše prolazi kroz sve izazove.

Univerzumska svest koristi univerzumsku a ne zemaljsku logiku i rasuđivanje. Ljudi na tom nivou razvoja shvataju da postoje valjani razlozi i za svako neprijatno iskustvo. Stoga i u najtežim situacijama oni ne prave prigovore, niti se osećaju nesrećnim ili nepravedno tretiranim od strane života.

Ma kako paradoksalno može da zvuči, gorka iskustva i duhovna mučnina jačaju i naš duhovni i naš fizički ćelijski potencijal. Iz tog razloga je poželjno da na njih gledamo kao na životne poklone i da ih uvažavamo, radije nego da ih se plašimo. Razumevanjem i prihvatanjem svrhe svake patnje, mi postepeno bivamo sve manje pogođeni njome – i na kraju prerastamo taj naročiti program.

Neki fenomen patnje uzimaju za najjači argument da Bog ne postoji. Shodno njihovom stanovištu, Bog ne bi ni slučajno mogao da postoji a da je tako nemilosrdan, pošto dozvoljava patnju. Oni takođe razmišljaju: ako je Bog Vrhunska Moć, kako to da je nesposoban da zaustavi bolna iskustva ljudi. Pre nego što krenemo da kritikujemo Boga i zameramo Mu, mogli bismo se osvrnuti na to koliko smo uopšte svesni egzistencijalnih programa na ovoj planeti, u drugim solarnim sistemima, galaksijama, univerzumima ili pak dimenzijama izvan njih? Čovečanstvo na ovoj planete nije još naučno objasnilo ni prirodnu energiju ni pojavu života, to jest živih bića – što je još prilično daleko od duhovnih fenomena.

Naše predrasude i arogantno slepilo su štetni i oduvek su radili protiv nas – samo kad bi nam naš ego dozvolio da to primetimo!

Interesantno je da se i prijatne i neprijatne situacije doživljavaju iz istog razloga, a to je da na najefikasniji način pomognu evoluciji ljudskog bića.

Anksioznost

Anksioznost[73] je stanje bića u kojem, potpuno subjektivno, sagledavamo situaciju kao preteću ili potencijalno strašnu. Ovakva sagledavanja se najčešće odnose na nešto što i nije previše izvesno. Stoga ih ne bi trebalo mešati sa strahom, koji je odgovor na istinsku opasnost.

Anksioznost nas može izbaciti iz koordinata ugodnosti i veoma snažno uzdrmati. Da bismo zatim obnovili unutrašnju ravnotežu, neophodno je da nadomestimo energiju – za šta su sveža percepcija i svež pristup veoma korisni.

Sa novom svetlošću dosegnutom pomoću mentalnog napora na prevazilaženju uznemirenosti izazvane anksioznošću, događa se i spoznajni pomak. Svaki anksiozni šok nas tako usmerava ka unutrašnjem ja, gde postepeno gradimo fokalnu tačku stabilnosti i istinske moći.

Za one koji su potpuno u zemaljskoj svesti, vrata božanske svetlosti univerzuma su zatvorena.

Frekvencija anksioznosti nas povezuje na svetlost, koja zatim aktivira naše moždane sinapse i unosi novu jasnost u naš misaoni proces. Mada je aksioznost neprijatno stanje, ako nije patološke prirode, ona nam pomaže da napredujemo ka trajnoj sreći – pošto obstruira našu mentalnu inerciju i podstiče nas ka najsolidnijem entuzijazmu.

Put ka sreći je mnogostruk i zahteva integraciju svih aspekata naše ličnosti. Za taj proces, neophodna je evolucija naše misli, naše svesti i našeg ćelijskog potencijala. Kako se razvijamo, značajno raste naša sposobnost da razmišljamo i postižemo svest, dok učimo univerzumske istine. Međutim, zemaljsko akademsko znanje kao i bilo kakvo materijalno bogatstvo nisu dovoljni da otvore vrata sreće za nas. Ključ tih vrata su anksioznost i patnja; otuda važnost neprijatnih iskustava. Ona su naša prilika da ponirući sve dublje u same sebe stičemo vredna duhovna saznanja.

Duhovna iskustva nas pročišćavaju kako bismo mogli da primamo sve više duhovne energije. Ta energija nije od našeg sveta već potiče iz duhovne ravni naprednih univerzumskih dimenzija. To je energija našeg esencijalnog Ja.

Duhovnu energiju privlačimo putem mozga, odakle se ona distribuira u naše ćelije. Što više duhovne energije primamo u naše duhovno-gladno telo, brže se približavamo stanju potpuno duhovno ostvarenog, savršenog, ljudskog bića.

Večna sreća se nudi samo visoko razvijenim pojedincima. Interesantno je da anksioznost igra važnu ulogu u procesu njenog dosezanja.

USKRSNUĆE

Posle milenijuma funkcionisanja putem zemaljske svesti, ljudska bića na ovoj planeti su dosegnula važan prag razvoja. Ona trenutno prave prelaz u sledeći operativni modus svesti, poznat kao *kosmička svest* (stremeći ka *beskonačnoj spoznaji* i *beskonačnoj svesti*). Pojmom *uskrsnuće*[74], ovaj evolucijski stupanj je bio najavljen u religijskim knjigama.

Pored naše svesti, ono što takođe uskršnjava su naše misli i naša esencija. Misao postepeno dobija svoju pravu formu – pošto znati razmišljati predstavlja rezultat dugog evolucijskog procesa. Ako ne steknemo premoć nad sopstvenim mislima, ne možemo da potražujemo svoje lično energetsko blago iz univerzumskih arhiva. Istinski suveren *budućeg srećnog sveta*[75] će zapravo biti korektna ljudska misao.

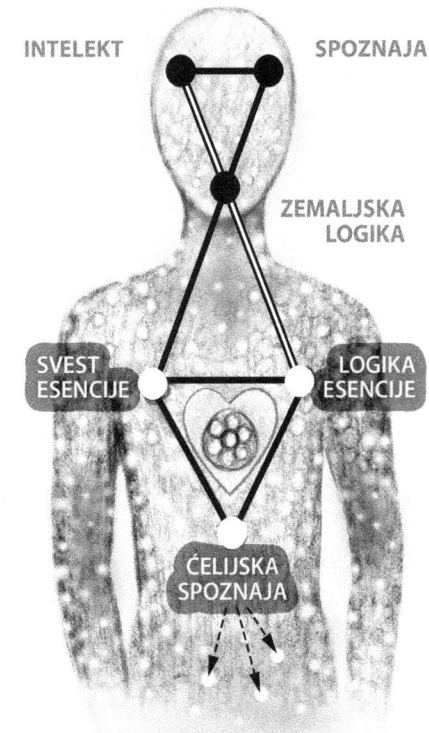

Samo na osnovu zemaljskih stavova, nemoguće je ostvariti neophodan evolucijski napredak. Otuda do širenja naših zemaljskih nazora dolazi putem programa zvanog *učenje kroz iskustvo*. Tako do nužnog uvećanja našeg obzervacijskog opsega dolazi pre ili kasnije, i mi stičemo univerzumsko gledište na temu događaja vezanih za nas i naše okruženje.

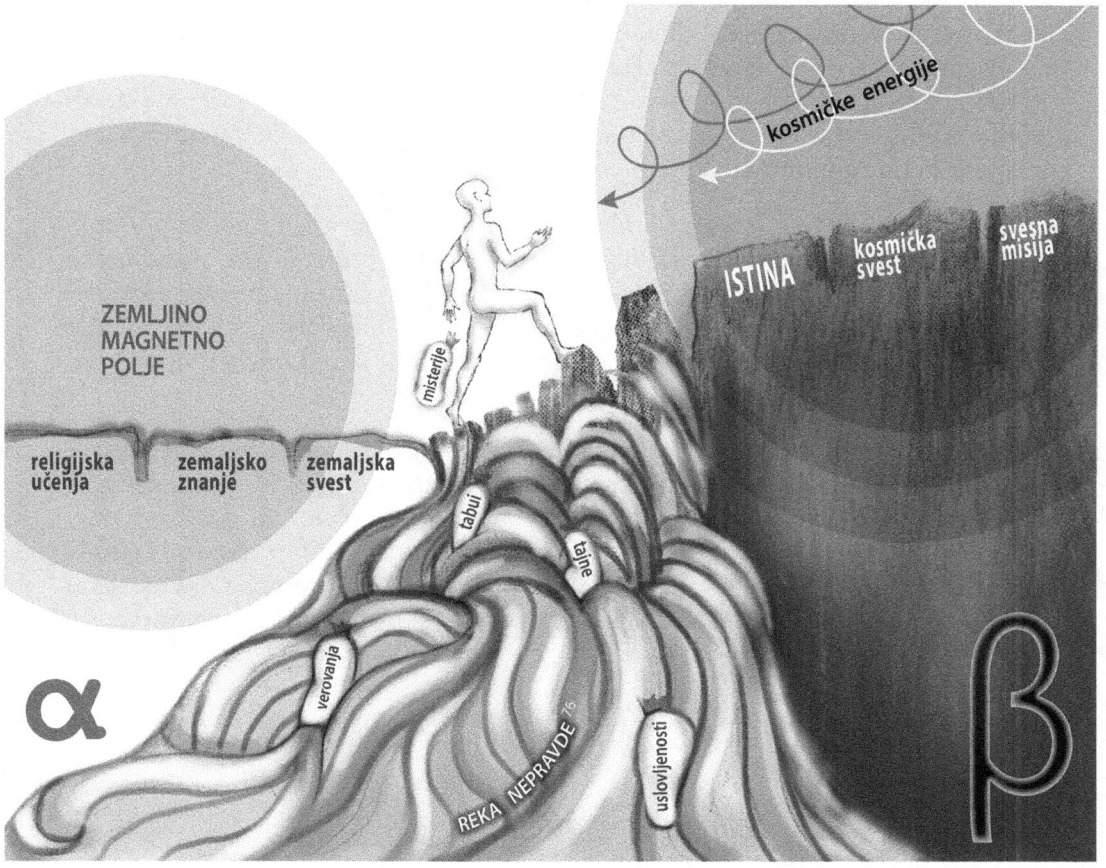

Naša iskustva, takođe, konzistentno uklanjaju slojeve između naše persone i naše esencije. Stoga naše esencija-vrednosti postepenu vremenom počinju da dominiraju našim ponašanjem. Način na koji naša logika operiše se takođe menja, pomerajući se iz obrazaca zemaljske logike u obrasce univerzumske (esencija) logike. Naša svest se tako postepeno širi i prevazilazi dimenziju u kojoj operiše.

Uskrsnuće znači i buđenje ka univerzumskim zakonima i istinama. Međutim, univerzumske informacije i znanje se ne mogu dosegnuti sve dok se ne dovrši trening kroz religijske doktrine i postigne oslobađanje od religijskih uslovljenosti. Jer, religijsko obrazovanje je prvi stupanj koji je Božanski Plan primenio na nas, kao pripremu za razvoj kroz energije Univerzumske dimenzije.

MENJANJE ZAJEDNO SA ENERGIJOM VREMENA

Svo znanje do sada prikupljeno na Zemlji je samo odskočna daska za evoluciju kroz energije Univerzumske dimenzije, koje su potpuno nove energije za našu celokupnu civilizaciju. Akumulacija ovih nepoznatih energija unutar naših ćelija je naš sadašnji evolucijski imperativ. One će nas pripremiti za medijume naših budućih prebivališta, u dimenzijama večnog spokoja i sreće, koje trenutno nismo u stanju ni da zamislimo.

Dozvola za prelazak u više evolucijske dimenzije se stiče nakon izvesnih neophodnih priprema u nižim dimenzijama. Stoga je imperativ da naša fizička konstitucija, naši misaoni šabloni kao i naša celokupna persona unapred zadobiju kvalitet neophodan za sledeću višu dimenziju. Kako bi odgovarala na potrebe evolucijskog putovanja, naša se energetska kompozicija dakle neprekidno unapređuje.

Ovaj proces potpomognut kosmičkim uticajima koji stižu kroz *otvoreno nebo*[77], u skladu je sa kosmičkom sudbinom Zemlje i života na njoj. Naša sposobnost da odgovorimo na te uticaje je ključna za naš rast pa čak i za naš opstanak. Menjajući se paralelno energiji vremena, mi demonstriramo da smo u stanju da koristimo tu energiju. Otuda se naša spoznaja otvara, hranjena energetskim česticama koje pristižu sa kosmičkim strujama, i mi postepeno dolazimo do odgovora na pitanja: *Ko smo? – Zašto smo na ovoj planeti? – Zašto smo ovde baš sada?*

U svakom periodu, energija poslata na planetu zadovoljava potrebe celokupnog života na njoj.

Oni koji su u stanju da prime kosmičku energiju, imaju koristi od energije vremena u kojem žive i svakako se brže razvijaju. Stoga, postepeno, energija vremena menja ljudsko biće, a i sve životne forme na Zemlji. Nije dakle čudno što biolozi nastavljaju da otkrivaju nove vrste dok u isto vreme registruju izumiranje nekih starih.

SVRHA ŽIVOTA

Naš život na ovoj planeti ima svoj evolucijski cilj. Taj cilj je potrebno otkriti a potom ga svesno manifestovati, u svetlosti spoznaje koja prevazilazi okvire naše planete. Drugim rečima, mi dolazimo na Zemlju da shvatimo značenje tog poduhvata i da ga svesno živimo.

Smisao svake energije koja je stupila u egzistenciju, uključujući onu koja operiše kao ljudsko biće, proističe iz njene svrhe unutar poredaka univerzuma, definisanih saglasno nepromenljivim univerzumskim zakonima. Međutim, svesno obavljanje sopstvene misije u pomenutom kontekstu, je trijumf date razvijajuće energije. Ljudska bića na ovoj planeti se upravo nalaze na pragu tog trijumfalnog stupnja.

Evolucija je staza na kojoj jača naša sposobnost da ćelijskom i mentalnom strukturom primimo sve snažnije energije. Te energije privlači naš mozak, proporcionalno svojoj snazi. Međutim, mentalne putanje unutar mozga se otvaraju i jačaju u skladu sa evolucijskim nivoom naših misli.

Ljudski mozak i misao su deo kosmičkog energetskog kola. *Kosmički Mehanizam Uticaja*[78] nas uvodi u taj domen, odmah pošto kao dete postavimo prvo pitanje. Od tog trenutka, misao ljudskog bića počinje da sazreva.

Energija dopremljena do moždanog generatora, putem naših misli, je životni potencijal na kojem funkcioniše celokupno telo. Stoga, što više naš mozak radi, više će jačati i naša ćelijska struktura – kako njen fizički tako i spoznajni aspekt.

EVOLUCIJA LJUDSKOG BIĆA NA ZEMLJI[79]

Ω izlaz

α ulaz

Ako bi se zatvorio kosmički izvor sa kojim je povezan naš misaoni mehanizam, ljudsko telo bi prestalo da funkcioniše.

Mi smo biološki roboti aktualizirani i orijentisani putem moći koju zovemo *misao*. Kako naš životni potencijal raste, različite fasete spoznaje unutar moždanih odeljaka se postepeno aktiviraju. Taj proces priprema teren za širenje naše svesti. Sve ove promene se reflektuju na našu personalnost i ona se polako menja.

Iako živimo na Zemlji, naš smisao i bitnost su kosmičkog porekla, jer smo i sami deo kosmičke energetske mreže.

Slojevi znanja

U skladu sa univerzumskim uređenjem, solarni sistemi su klasifikovani u *Solarne dimenzije*[80] – zavisno od frekvencija i intenziteta energije koja je prisutna u njima. Otuda svakoj solarnoj dimenziji odgovara izvesna: evolucijska dimenzija (tiče se frekvenicija) i energetska dimenzija (tiče se intenziteta energije). Iako razdvojeni, kad je u pitanju klasifikacija, u stvarnosti su ovi dimenzionalni frekvencijski/energetski slojevi zapravo jedna integrisana celina.

Da bi se prešlo u sledeću višu evolucijsku dimenziju, potrebna je sposobnost da se prime energije dimenzija daleko iznad nje. Na primer, da bi se iz 3. Evolucijske dimenzije prešlo u 4. Evolucijsku dimenziju, neophodno je primiti energiju 9. Evolucijske dimenzije. Sveta knjiga, *Novi Zavet*, je bila pripremljena upravo u toj dimenziji i poslata na našu planetu putem programa Isusa Hrista. Ovaj sveti prorok je emanirao frekvenciju božanske ljubavi – jednako kao i sama sveta knjiga koju je diktirao kroz frekvenciju božanske ljubavi 9. Dimenzije. Sa *Novim Zavetom*, čovečanstvu je ponuđena evolucijska staza kroz *7 slojeva zemaljskog znanja*[81].

Kao deo istog poretka evolucije, poznatog kao *Treći Poredak Gospoda*, program proroka Mohammeda je otvoren 622. godine i nova sveta knjiga, *Kuran*, je prenesena na našu planetu kako bi joj predstavila dalje dimenzionalne energije (energije zaključno sa 18. Evolucijskom dimenzijom).

Međutim, u *Kuranu* su otvoreno date samo informacije koje nose energiju zaključno sa 9. Evolucijskom dimenzijom. Otuda *Kuran*, koji je čovečanstvu predočio specifično učenje i socijalni red, takođe asistira u dosezanju 4. Evolucijske dimenzije, zvane *Nebesa (Raj)*. U njemu su informacije nošene energijom od 10. do 18. Evolucijske dimenzije šifrovane, kako bi ljudska bića tog doba bila zaštićena od previše snažnih dimenzionalnih energija. Samo je izvestan broj pojedinaca tokom stoleća uspeo da otključa šifre energija ovih skrivenih naprednih dimenzija. Ti pojedinci su stekli dublje razumevanje svete knjige *Kuran*, koja nosi *7 slojeva nebeskog znanja*[82].

5. Evolucijska dimenzija se zove *Karena*[83]. Tokom uobičajenog evolucijskog toka, mi napuštamo naše biološko telo od čvrste materije i u *Karena* dimenziju ulazimo u vidu našeg svetlosnog tela.

Karena ima sedam "stanica". U prve dve stanice (*2 vremena spokoja*), naše svetlosno telo se ojačava nezapaljivim energijama i u njega se upisuju energije tri planete našeg sunčevog sistema koje prethode *zoni asteroida*[84]. Zatim se, kroz narednih pet stanica (*5 uzvišenih vremena*) odvija priprema fetusa, koji će živeti kao ljudsko biće posle 5. Evolucijske dimenzije, tako što se ćelije tog fetusa upisuju energijama preostalih pet planeta našeg sunčevog sistema, koje se nalaze iza asteroidne zone.

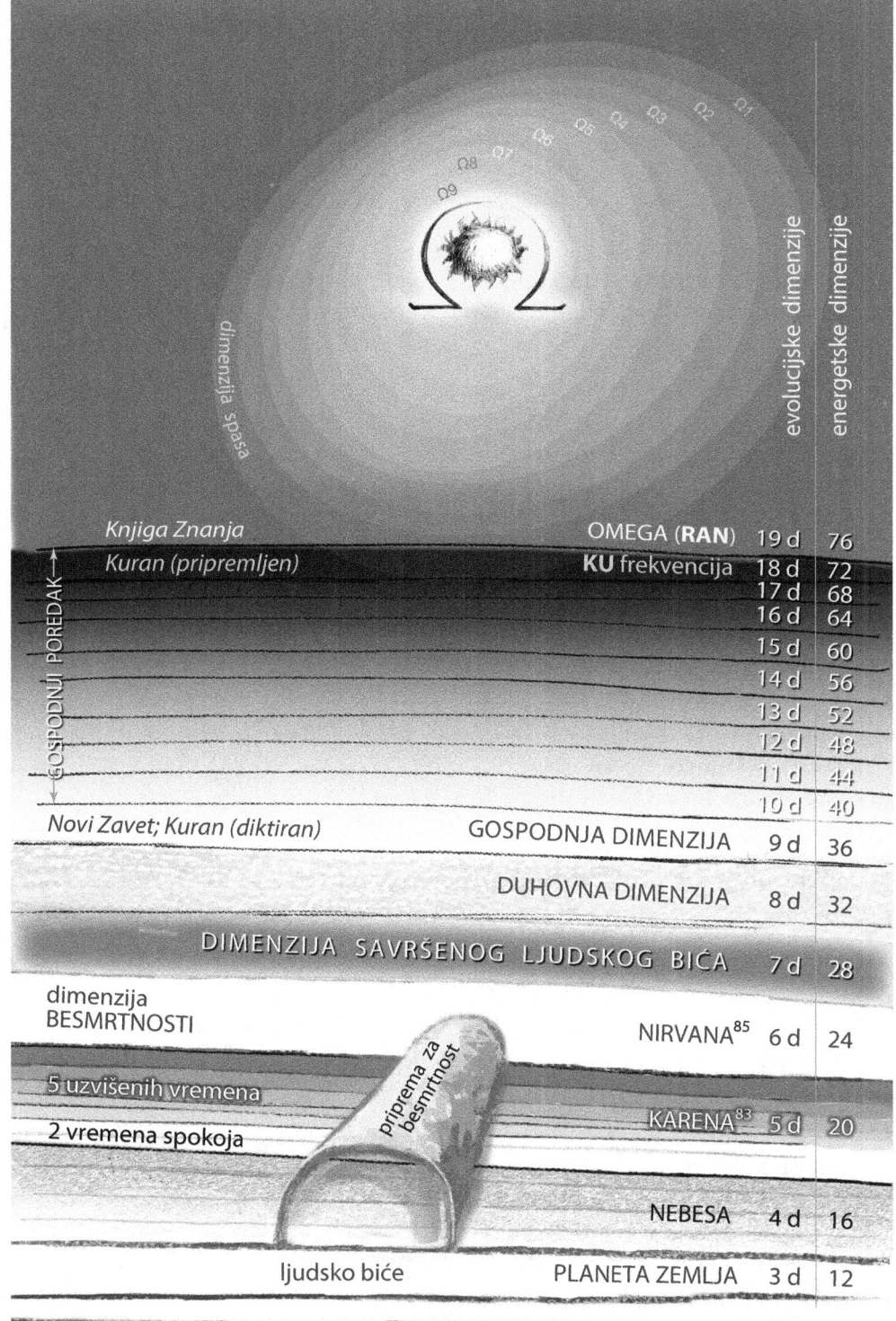

Knjiga Znanja	OMEGA (**RAN**)	19 d	76
Kuran (pripremljen)	KU frekvencija	18 d	72
		17 d	68
		16 d	64
		15 d	60
		14 d	56
		13 d	52
		12 d	48
		11 d	44
		10 d	40
Novi Zavet; Kuran (diktiran)	GOSPODNJA DIMENZIJA	9 d	36
	DUHOVNA DIMENZIJA	8 d	32
	DIMENZIJA SAVRŠENOG LJUDSKOG BIĆA	7 d	28
dimenzija BESMRTNOSTI	NIRVANA[85]	6 d	24
5 uzvišenih vremena / 2 vremena spokoja	KARENA[83]	5 d	20
	NEBESA	4 d	16
ljudsko biće	PLANETA ZEMLJA	3 d	12

Karena priprema besmrtno telo ljudskog bića. Jedino je takvo telo u stanju da izdrži energetski intenzitet i frekvenciju koji nastaju sa 6. Evolucijskom dimenzijom (zvanom *Dimenzija Besmrtnosti* ili *Nirvana*[85]).

Finalnih 7 slojeva znanja, na našem putu ka dimenziji potpuno genski ostvarenog ljudskog bića, smatranog savršenim ljudskim bićem, se tiču *univerzumskog znanja*. Ovo znanje je već pristupačno na Zemlji. Stiglo je iz 19. Evolucijske dimenzije, zvane *Omega*, sa *Knjigom Znanja*[86] diktiranom u periodu od 1981. do 1993.

Knjiga Znanja je poklonjena Zemlji od izvan Religijske dimenzije, i nudi nam nastavni program baziran na univerzumskim energijama koje su prvi put uručene ovoj planeti u formi knjige. Njena frekvencija eksplicitno prenosi univerzumske zakone i istinu.

Usled postojanja specifičnih razloga za *ubrzanu evoluciju*[144] tokom XX, XXI i XXII veka, putem *svetlost-foton-ciklon tehnike*[87] *Knjiga Znanja* efikasno asistira naš razvoj kroz 7. Evolucijsku dimenziju već u ovom životu. Stoga knjiga nudi evolucijsku prečicu (zaobilaženje odlaska u *Karena* dimenziju).

Filozofije Dalekog Istoka obezbeđuju stazu razvoja koja vodi u 6. Evolucijsku dimenziju. To je staza individualnih napora, unutar rigoroznog duhovnog pročišćavanja koje uključuje potpuno socijalno izolovanje pojedinca. Međutim, da bi se prešlo na nivo ljudskog savršenstva, individualni evolucijski napori primarno fokusirani na sopstveno biće nisu dovoljni.

Prelazak iz 6. u 7. Evolucijsku dimenziju je stvar dozvole koju daje *Sistem*[88] Gospodnjeg Poretka. Stoga svesno služenje čovečanstvu sugerisano od strane ovog Sistema, omogućava uspešan razvoj kroz 7. Evolucijsku dimenziju.

Knjiga Znanja nas upoznaje sa Sistemom i predočava funkciju Sistema u kontekstu integracijskih procesa širom univerzuma. Ona nas poziva da se svesno pridružimo tim procesima radeći na ujedinjavanju ljudskih bića na našoj planeti.

Sadašnji pokret ka univerzumskoj integraciji je posvećen izgradnji *Zlatnog Doba*[89]. Egzistencijalni poredak Zlatnog Doba se smatra Četvrtim i završnim Poretkom Gospoda. *Knjiga Znanja*, ključna knjiga tog poretka, se stoga zove i *Zlatna Knjiga Zlatnog Doba*.

Kosmička tehnologija prisutna u *Knjizi Znanja* osnažuje sve one koji je čitaju, i ubrzava njihovu evoluciju više nego što je ikada bilo moguće u istoriji čovečanstva na ovoj planeti. Kako? Svetlost-foton-ciklon tehnika, korišćena u *Knjizi Znanja*, neprekidno privlači energiju vremena na frekvencije slova. Ova privučena energija vremena, zajedno sa Omega energijom dimenzije iz koje knjiga dolazi, se reflektuje na svakoga ko čita knjigu – ali u proporciji sa prijemnim kapacitetom date osobe. Drugim rečima, knjiga menja svoju energiju shodno razvojnom nivou svake osobe koja je čita.

Zahvaljujući sposobnosti *Knjige Znanja* da privlači kosmičku energiju koja dolazi na Zemlju, njena aura se neprekidno menja. Stoga, odgovarajući na energiju vremena i na evolucijski kapacitet čitaoca, *Knjiga Znanja* funkcioniše poput živog entiteta. Zemaljska nauka će tek u budućnosti objasniti ove neobične kvalitete.

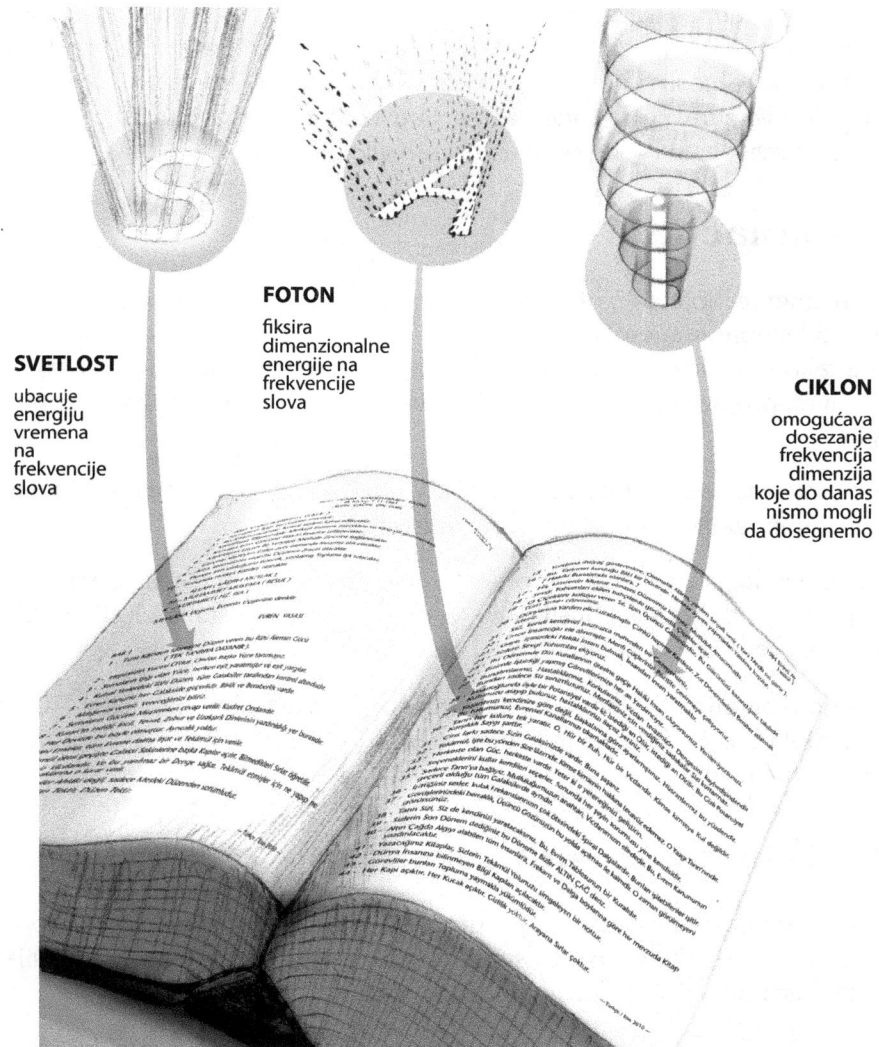

SVETLOST
ubacuje energiju vremena na frekvencije slova

FOTON
fiksira dimenzionalne energije na frekvencije slova

CIKLON
omogućava dosezanje frekvencija dimenzija koje do danas nismo mogli da dosegnemo

Sa *Knjigom Znanja* na planeti, ljudsko biće uživa ogromnu nebesku pomoć u dosezanju energije neophodne za puno ostvarenje svog genskog potencijala. Ako taj potencijal manifestujemo, kao savršena ljudska bića, imaćemo privilegiju da tokom predstojećeg Zlatnog Doba egzistiramo u dimenzijama beskrajnog mira i prosperiteta. U kolikoj meri će čovečanstvo prepoznati ogromnost usluge koja je učinjena čitavoj planeti slanjem *Knjige Znanja* na nju, i uložiti neophodne napore da sledi njene sugestije?

Takođe, da li će ljudsko biće preuzeti punu odgovornost za sopstvenu evoluciju i budućnost same planete? – Ako sledi svoju esenciju i misaoni trougao: *intelekt-logika-spoznaja*[90], onda svakako hoće.

Kad je u pitanju dijagram našeg razvoja, samo dosezanje besmrtnosti (*Nirvana*, 6. Evolucijska dimenzija) nije naš krajnji evolucijski cilj – pošto postoje dalji razvojni nivoi. Cilj je besmrtno ljudsko biće čije savršenstvo dolazi iz akcije esencija-personalnosti i koje samopožrtvovano služi čovečanstvu, poštujući i sledeći univerzumske zakone. To je ljudsko biće 7. Evolucijske dimenzije, Dimenzije Savršenstva – kako objašnjava *Knjiga Znanja*.

Reinkarnacija

Količina energije koju je potrebno asimilirati kako bi se dosegnulo savršeno, počevši od stupanja u egzistenciju u formi ljudskog bića, je ogromna – kako po količini tako i po pitanju intenziteta. Pošto je to prevelik zadatak za samo jedan ljudski život, program reinkarnacije obezbeđuje postepen razvoj kroz neophodne energije.

U lancu inkarnacija, mi ulazimo u fizičko telo i izlazimo iz njega – i, idealno, u svakom životu akumuliramo evolucijsku energiju.

Moć evolucijske energije je ogromna. Ona ima sposobnost da menja grubu materiju, kao i duhovnu konstituciju, a da pri tom ne ošteti ćelijsku strukturu. Tako se razvijaju i naše fizičko telo a i naša svest.

Energija otelotvorena u ljudskom biću poseduje izvanredan kapacitet – u stanju je da neprekidno nadrasta sopstvenu svest. Ljudsko biće tako dostiže kvalitete božje esencije u sebi.

Od mikro- do makro-svesti

Čestica energije (mikro-svest) je programirana da tokom dugog procesa transformacije dosegne makro-svest. Negde na toj trajektoriji, razvijajuća energija nastanjuje fizičku formu ljudskog bića.

Energija koja se razvija unutar ljudskog tela prolazi kroz obuku kako bi uspela da razume sebe – najpre kao pojedinca a zatim kao integralni deo Totala. Drugim rečima, iako smo neznatni poput truna prašine unutar beskraja živeće celine, mi posedujemo delić esencija-energije Totala. Ta energija je izvor svih naših potencijala i staza koja će nas vratiti Totalu (makro-svest).

U dimenzijama forme, organizovanim shodno *egzistencijalnim uređenjima*[91], ljudska bića postepeno uče da se ponašaju u harmoniji sa tim uređenjima, to jest da se svesno uklapaju u njih. Takav je naš *genski program*[92] – čini da se na kraju pokorimo moći i mudrosti Totala koji nas je iznjedrio.

Kad čestica dosegne nivo makro-svesti, ona nepogrešivo sledi *Volju Totala*[93] nesebično je manifestujući na svojim sopstvenim koordinatama.

Prepuštanje Volji Totala

Volja ljudskih bića na Zemlji se često smatra slobodnom, mada mnogi još uvek debatuju na tu temu.

Imajući u vidu zakone prirode, reflektovane na životni medijum ove planete, zatim ograničenja koja postavlja naše telo kao i ona potekla od socijalnih normi – naša volja očigedno funkcioniše u skladu sa zahtevima svih ovih domena. Stoga, u apsolutnom smislu, naša volja nije slobodna iako je tako zovemo i iako joj je dostupan ogroman broj izbora.

Volja ljudskog bića je predmet razvoja. Način na koji osoba koristi svoju volju, zavisi od njenog nivoa svesti.

Na žalost, naša svest i savest nam još uvek dozvoljavaju da razmišljamo prevashodno lokalno umesto globalno, i da posedujemo aspiracije zasnovane isključivo na individualnim interesima. Pošto želimo mnogo toga za same sebe, naša volja nije *Volja Totala*. Ona je nerazvijena, to jest nedovršena.

Onoliko dugo koliko se budemo ponašali kroz suženu spoznaju, ne poštujući zajednicu i potrebe društva, i osporavajući suverenitet egzistencijalnih uređenja, nećemo imati tu privilegiju da delujemo kao provodnik *Volje Totala*.

Na koji način se doseže *Volja Totala*? Kad nam može biti poverena *Volja Totalna*?

U svakome od nas postoji delić *Volje Totala*. Taj delić pripada univerzumskoj moći i deluje kao naša pokretačka snaga koja nas vodi ka naprednijim dimenzijama i ka našem esencijalnom biću. Kao predstavnik univerzuma u nama, delić *Volje Totala* nas postepeno približava bogatstvu celokupnog univerzuma.

Delić *Volje Totala* čini našu *delimičnu volju*, na čijoj osnovi deluje naša *individualna volja*. *Delimična volja* je Bogom-data volja, dok je *individualna volja* ta koju mi sami pokrećemo snagom sopstvene personalnosti.

Kako potražujemo sve više esencija-energije iz univerzumske totalnosti, jača naša *individualna volja* – i mi se približavamo sopstvenom esencijalnom biću, te tako i univerzumu. Međutim, do prepuštanja *Volji Totala* može da dođe tek kad nadrastemo sopstvene strahove i pokorimo ego. Na tom stupnju, *delimična*, *individualna* i *Volja Totala*, postaju JEDNA Volja – jedno operativno kolo.

Iako može da izgeda da ćemo puno izgubiti relativiziranjem *individualne volje* – zapravo je obrnuto. Od momenta kad se naša *individualna volja* povinuje *Volji*

Totala, mi postajemo besprekorni prijemnici univerzumske energije koja je izvor naše moći.

Kad u potpunosti prihvatimo *Volju Totala*, mi joj dajemo prioritet nad našim individualnim željama. Na taj način se oslobađamo tereta ega i individualizma. Tako nas, konačno, univerzum ima unutar kola svojih moćnih energija, koje onda beznaporno protiču kroz nas.

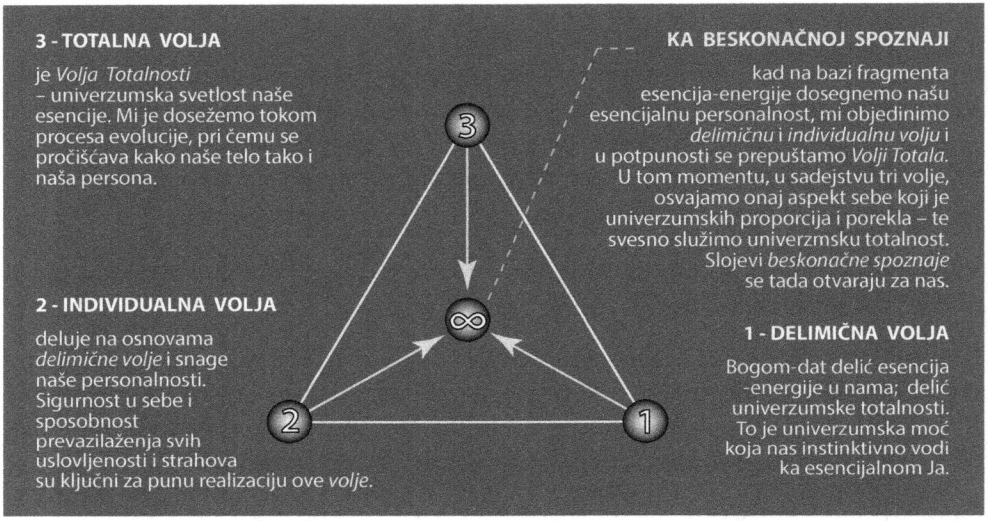

Značajan stupanj u evoluciji energije otelotvorene u ljudskom biću je obeležen dosezanjem univerzumskih koordinata koje se tiču naših misli, spoznaje, svesti i volje. Pre nego što osvojimo taj nivo, *Volja Totala*, do izvesne mere, komunicira sa nama putem sposobnosti zvane *zdrav razum*.

NADZOR NAD SOBOM

Staza na kojoj ljudsko biće uči da nadzire samo sebe je često ispunjena unutrašnjom borbom – borbom sa samim sobom.

Da li nadzor nad nama samima podrazumeva promatranje sopstvenih misli i ponašanja u svakoj prilici? Da li, dakle, pravimo izbore shodno specifičnostima datih situacija ili, možda, još uvek stvaramo automatske odgovore usled uslovljenosti sopstvenog uma? Automatski odgovori ukazuju da nismo u potpunosti prisutni u sadašnjem momentu, već ponavljamo utvrđene šablone razmišljanja i ponašanja. Na taj način propuštamo da budemo kreativni jer ne dajemo priliku kosmičkoj energiji datog trenutka da osveži naš misaoni tok.

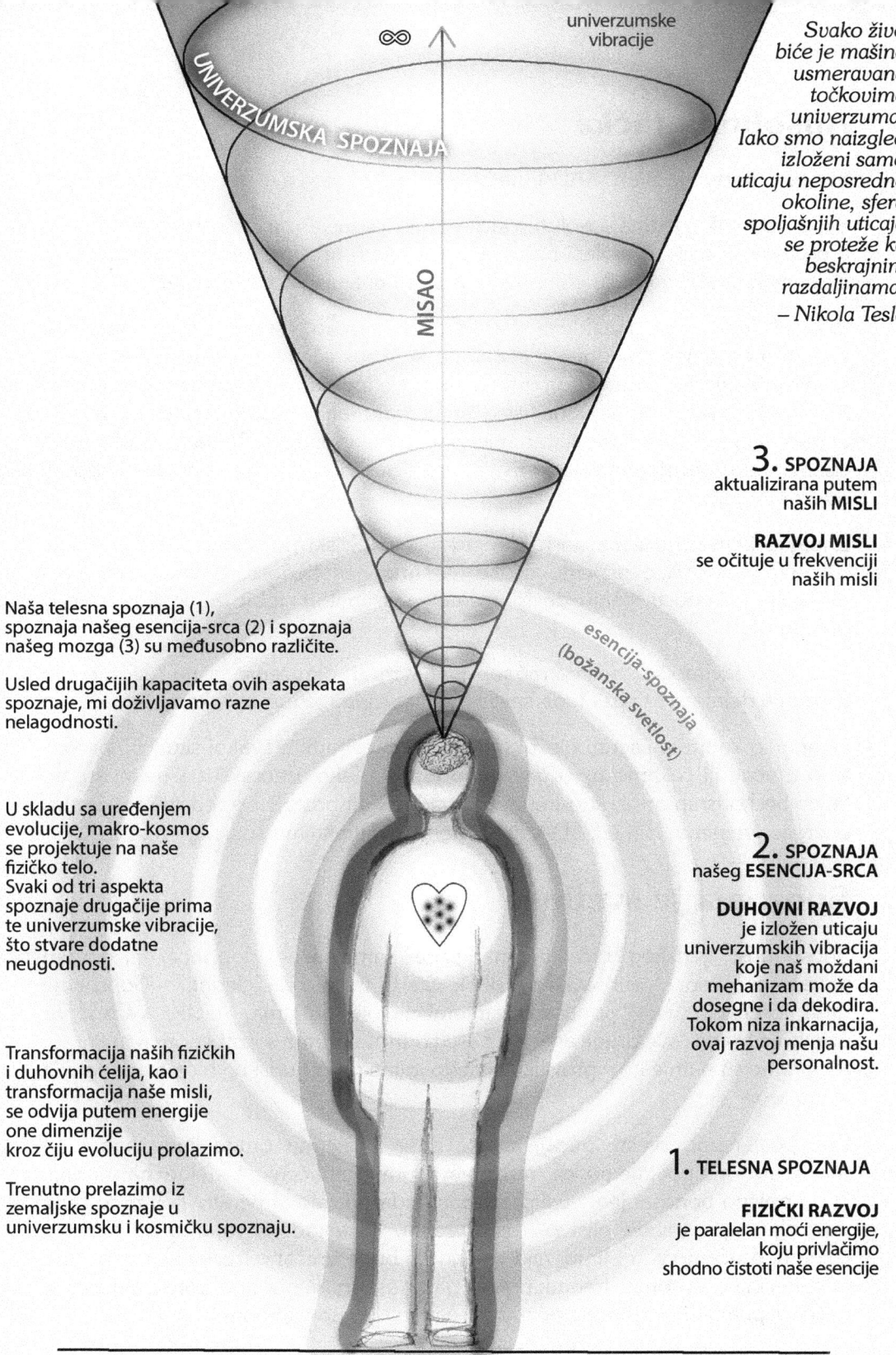

Apsolutna tačka

Sadašnji trenutak, zvani SADA, najbolji je fokus kojeg naš um može da izabere.

Sada-trenutak je jedina apsolutna tačka u našoj egzistenciji. Sve drugo je relativno u odnosu na *sada*, i odvlači našu pažnju – bilo u prošlost, bilo u budućnost. Te ekskurzije oslabljuju našu energiju kao i našu efikasnost svake vrste.

Biti prisutan u *sada* zahteva stabilnost neutralnog stava. Onog časa kad krenemo da dajemo sudove o osobama koje susrećemo, ili situacijama o koje se osvedočujemo, energija vremena dragocenog *sada* nas zaobilazi, i lakoća življenja biva kompromitovana usled tereta svake takve misli koja nas okupira. Da bi naše telo privuklo i asimiliralo energiju vremena, trebalo bi da ga održavamo čistim i da ga poštedimo beskorisnih misli. Samo budna svest može da ispuni ovaj kriterijum.

Energija koja pristiže na našu planetu je evolucijski podstrekač za sve oblike života na njoj. Ako uspemo da se klonimo negativnosti, davanja sudova i fantazija, bićemo u stanju da izvučemo maksimalnu dobit iz tog dragocenog poklona.

Kad se postavimo kao posmatrač sopstvenih misli i okruženja, jasna i neometana spoznaja deluje kroz nas. Tada smo istinski u *sada* i jedno sa tokom života.

Ovaj nivo kontrole i svesti o sebi moguće je dosegnuti u svakoj situaciji, bilo da smo u vozu ili čekamo u redu u samoposluzi. Tako, izabravši da ne stvaramo lance beskorisnih misli, kao neutralni svedoci, mi postajemo moćniji prijemnici energije vremena. Biti u SADA, znači posedovati aktivnu spoznaju o sebi.

Spoznaja je svetlost

Sposobnost ljudskog bića da nadgleda samo sebe doprinosi njegovom prerastanju u sopstveni savršeniji oblik. Šta bi trebalo nadgledati? – Sopstvene misli, osećanja, reči, ponašanje, interakciju sa drugima, navike vezane za uzimanje hrane i sve druge aspekte našeg odnosa prema sopstvenom telu i umu; jer, brojne su patnje koje proističu iz nedovoljne moći ljudskog bića da nadgleda samo sebe.

Kad postanemo svesni uticaja svake naše akcije na druge ljude kao i na nas same, mi počinjemo da razumemo pravo značenje i efekte harmonije. Harmonično ponašanje u svakoj situaciji tada postaje imperativ koji pred sebe postvaljamo, a i zadovoljstvo u isto vreme. Mi takođe shvatamo da ono što čujemo, osećamo ili mislimo, nije vredno da bude izrečeno izuzev ako to činimo održavajući harmoniju trenutka. Ako pak naše mišljenje nije podržavajuće, ili traženo, pitanje je kome izuzev našem egu je ono uopšte potrebno.

Ljudsko biće započinje život unutar relativno uskog domena spoznaje. Kako se susrećemo sa novim frekvencijama i procesujemo ih, mi uvećavamo taj domen.

Iako spoznaja funkcioniše unutar naših telesnih i duhovnih ćelija, njene vibracije se šire izvan našeg tela. Otuda je, čak bez ijedne izgovorene reči, naša spoznaja elokventna dok se krećemo kroz naše okruženje. Ljudi koji ulaze u rezonanciju sa emanacijama naše spoznaje, započinju komunikaciju sa nama pre nego što razmenimo reči. Zajedništvo se rađa iz slučajeva ovih suptilnih usklađivanja.

Spoznaja premošćuje carstva fizičkog i metafizičkog. Njena svetlost prodire u nepoznato i otkriva nam nova značenja. Stoga je širenje spoznaje u isto vreme i proces osvajanja novih značenja.

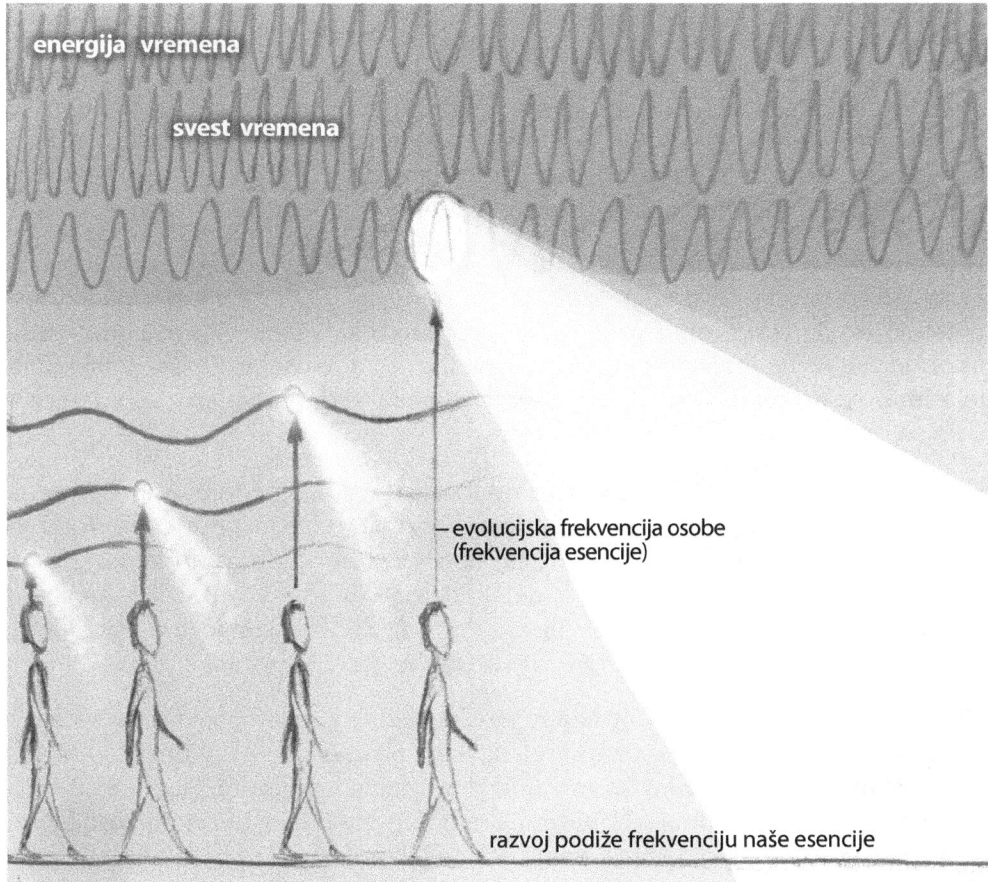

Mir može doći jedino kao prirodna posledica Univerzumskog prosvetljenja.
– Nikola Tesla

Tišina – red – harmonija – lepota

Svaka naša ćelija poseduje spoznaju i svest. Upravni centar ova dva kapaciteta je naš mozak. To je naprava poput kompjutera, mada sačinjena od krvi i mesa. Njegova se snaga povećava paralelno našem razvoju. Kako učimo da koristimo moždane talase, mi učimo da budemo srećni.

Vaseljena, za koju podrazumevamo da je *sve-što-postoji*, je rođena u spokoju tišina nepoznate drevne praznine u kojoj se kroz serije mutacija odvijao program formiranja energije. U samim inicijalnim stupnjevima ove antičke predstave, pojavile su se dve dimenzije: Dimenzija Spokoja i Dimenzija Tišine. Otuda su opušteni um i dah ključni za usklađivanje sa ravnima izvan vremena i prostora, i za ulazak u rezonanciju sa ujedinjenim poljem primordijalnih moći. Ritam alfa moždanih talasa je posebno bitan u tom procesu.

Nervne ćelije zvane *neuroni*, kao glavna vrsta moždanih ćelija, proizvode merljive električne oblike koji se sistematizuju kroz frekvencijske skale. Alfa moždani talasi se pojavljuju na frekvencijama od 8 do 12 ciklusa u sekundi (Hz). Oni obezbeđuju harmonizaciju moždanih hemisfera, i imaju pristup znanju i moći dimenzija izvan onih koje ostali moždani talasi mogu da dosegnu.

Kad naš mozak u budnom stanju funkcioniše kroz alfa ritam, sposobni smo da pronađemo rešenja za dnevne izazove i dosegnemo nove naučne ideje ili ideje umetničkog tipa. Na tom frekvencijskom opsegu, kapacitet mozga da integriše informacije je na najvišem nivou. Mentalne slike, nošene našim moždanim talasima, se najlakše integrišu u ujedinjena polja kada plove kroz alfa talase – tako se i njihovo manifestovanje ubrzava.

Kad se nalazimo u alfa stanju uma, sa zatvorenim očima, mada budni i opušteni, sposobni smo da projektujemo sopstvenu spoznaju u budućnost, u prošlost, ka drugoj osobi ili ka samima sebi. Na taj način dolazimo do informacija iz ovih vremenskih i prostornih destinacija, detektujemo misli drugih ljudi ili pokrećemo svoje isceljenje. Mentalni napor, ili bilo koje fizičko ometanje tog moždanog ritma, momentalno kompromituje ovaj naš inherentni kapacitet.

Utišani um je vlasništvo onih koji znaju kako da opuste svoj nervni sistem i sopstvene misli, i kako da se uzdrže od bilo kakvog intenziteta u svom ponašanju. Takvo stanje bića se otvara ka moćima pristupačnim izvan turbulentnosti beta i gama moždanih ritmova. U našem dnevnom životu, u budnom stanju, mi funkcionišemo uglavnom kroz beta moždane talase (14 – 21 Hz) – kada su naših pet čula, logika, spoznaja i svest u potpunosti aktivni.

Kad je u pitanju najekonomičnija upotreba moždanih energija, veoma su važni red i harmonija u našim mislima, kao i unutrašnji mir. Ovi kvaliteti su u esenciji celokupne vaseljene i predstavljaju koncizan opis LEPOTE oba carstva – i fizičkog i mentalnog.

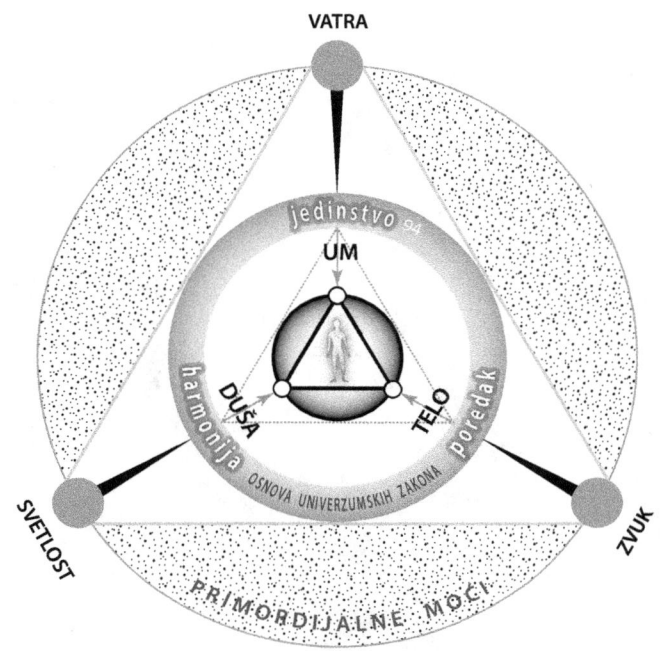

Originalno značenje grčke reči *cosmos* je red, lepota i harmonija. Pitagora je ove kvalitete smatrao esencijalnim za svet u kome živimo; otuda su grčki filozofi ovom rečju označavali poznati svet.

Kasnije su alhemičari, smatravši da je ljudsko biće svet-u-malom, proširili značenje ove grčke reči i preneli je u novi domen. Tako su nastale dve nove reči: *mikro-kosmos* (ljudsko biće) i *makro-kosmos* (celokupna vaseljena). Ljudska bića su, evidentno, još od antičkih vremena nagoveštavala fraktalnu prirodu vaseljene kao i univerzalni značaj lepote.

Lepota je energetska formula inherentna prirodi, i njene vrednosti nas hrane i inspirišu. Ona predstavlja apstraktan model dostupan našoj percepciji, model koji koriste najviše moći vaseljene kako bi utisnule svoj pečat svuda oko nas. Dok doživljavamo ili stvaramo lepotu, mi dodirujemo sopstvenu esenciju.

Sposobnost uočavanja, uvažavanja i stvaranja reda – harmonije – lepote je paralelna našem nivou svesti.

> *Aristotel je smatrao da postoji nepokretna 'entelehija' u univerzumu koja sve pokreće i da je misao njen glavni atribut. Ja sam takođe ubeđen da je univerzum celina, i u materijalnom i u duhovnom smislu. Tako u univerzumu postoji jezgro koje nam daje moć, svu inspiraciju; ono nas večno privlači ka sebi, osećam njegovu veličanstvenost i njegove vrednosti kako se prenose diljem univerzuma i održavaju ga u harmoniji. Mada nisam spoznao tajne te suštine, svestan sam njenog postojanja, i kad želim da joj dam bilo koji materijalni atribut, ja zamislim SVETLOST a kad pokušavam da zamislim njenu duhovnost, pomišljam na LEPOTU i SAOSEĆANJE.*
>
> *Onaj ko u sebi nosi ovo verovanje, oseća se snažnim, nalazi radost u poslu koji obavlja, jer sebe doživljava kao jedan od tonova u univerzumskoj harmoniji.*
> *– Nikola Tesla*

6 KLICE IZ ESENCIJE

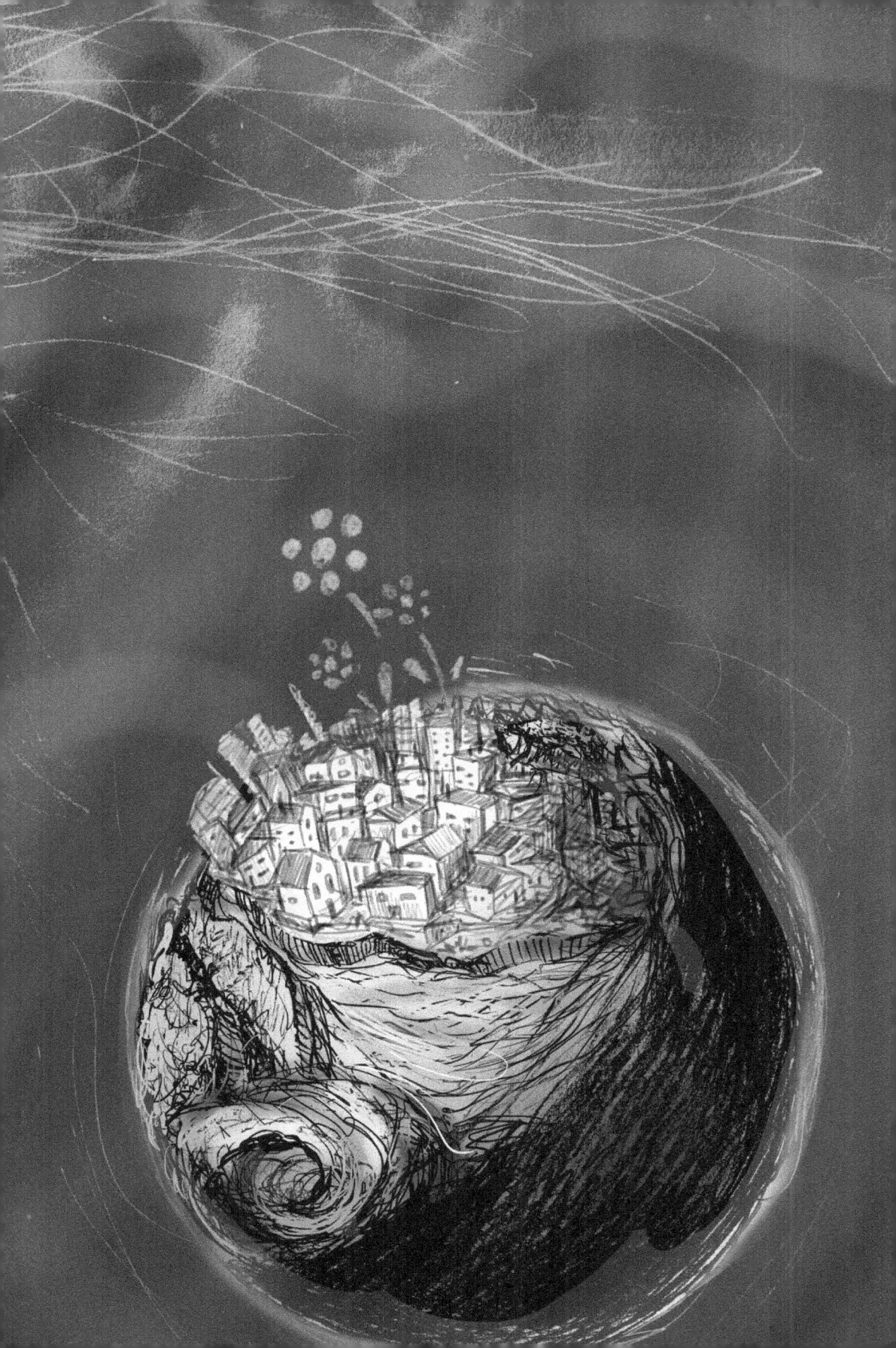

DOBRA VOLJA

Dobra volja počiva na entuzijazmu budne i fleksibilne osobe, željne da se razvija i da daje. Takva osoba čini dobra dela bez da poseduje sklonost, ili najmanju potrebu, ka ophođenju iz ličnog interesa. Nepresušna dobrota njene esencije se otmeno ispoljava u vidu spontane ljubaznosti.

Ljudima dobre volje zona komfora nije neophodna da bi se dobo osećali. Oni bez ikakvih problema funkcionišu u magnetnom polju drugih ljudi i sa lakoćom odgovaraju na njihove potrebe. Dobronamerna osoba je jednako spremna da se uključi kako u težak rad tako i u zabavu. Tolerantna, ležerna, puna poštovanja i podrške, ona je kompanjon koji ne opterećuje, već inspiriše i podstiče lakoćom sopstvenog bića.

Pozitivnost je inherentna dobroj volji, otuda se vibracionim ključem dobre volje otvaraju mnoga vrata i pronalaze mnoga rešenja. Međutim, ako intelekt i logika ne kontrolišu dobru volju, ona može da bude štetna.

SAVEST

Savest je unutrašnji mehanizam koji usmerava naše motive ka korektnom i dostojanstvenom ophođenju. Ona je kalibrirana prema najuzvišenijim moralnim vrednostima i orijentiše nas ka njima. Rene Dekart ju je nazvao *unutrašnji svedok*.

Ako smo usaglašeni sa savešću, u stanju smo da prepoznamo njene signale i činimo otmene izbore.

Ovaj mehanizam komunicira sa nama putem osećanja. Kad se osećamo dobro po pitanju neke ideje ili dela, to znači da su isti odobreni od strane naše savesti. Međutim, ipak, nije sve tako jednostavno. Ako osećamo nelagodnost zbog nečega što smo uradili, to ne znači, automatski, da je naše ponašanje bilo pogrešno – zbog toga što su strahovi i uslovljenosti u stanju da zasene našu savest.

Savest vodi ljudska bića ka saradnji i integraciji. Ona sugeriše nesebične, saosećajne i altruističke manire. Savest stoga može da služi kao indikator naše moralne senzibilnosti.

Moralno ponašanje je evolucijska prednost. Ono kultiviše istinsko ljudsko biće u nama i obezbeđuje naše postepeno uznesenje. Ovo uznesenje dodaje snagu fizičkim ćelijama, i izvesno nas vodi u manifestaciju našeg genski programiranog identiteta.

Genski program ljudskog bića je kosmičkog porekla, što znači da u nama, to jest kroz nas, operišu univerzumski zakoni, zakoni prirodnog ekvilibrijuma i božanske pravde. Naša savest je mehanizam, savršeno usklađen sa tim zakonima i predstavlja glas našeg istinskog unutrašnjeg bića. Ako naučimo da raspoznamo taj glas i da ga sledimo, on će nam uvek pokazati stazu koja je u skladu sa najvišim egzistencijalnim principima i sa našim najvišim dobrom.

ISKRENOST

Iskrenost podrazumeva preferiranje izbora i ponašanja koji komunciraju istinu.

Najteže je postići iskrenost u odnosu na nas same i posedovati sposobnost istinskog prepoznavanja sopstvene snage, sopstevnih slabosti, potreba i osećanja. Uloga iskrenosti je da obezbedi taj kapacitet kao i da najverodostojnije prenese našu istinu u našoj komunikaciji sa drugima. Međutim, veoma je nesmotreno i samoživo povređivati druge insistiranjem na našoj istini, zato što je prevashodni cilj svih naših interakcija harmonija, sloga i uzajamna podrška.

Komuniciranje istine putem energija naše esencije, kao što su poštovanje, prihvatanje i skromnost, doprinosi izgradnji mosta sačinjenog od esencija-energije – mosta koji je najpouzdanija trasa za razmenu informacija i kultivisanje naših odnosa sa drugima.

Moć iskrenosti je ogromna. Njena vibracija je u stanju da odmrsi veoma kompleksne čvorove, nastale kroz naporne situacije ili odnose. Stoga je iskrenost manifestacija mudrosti. Ona raste kako je mi prepoznajemo i praktikujemo – tako što se zahvaljujemo drugima na njihovom iskrenom ponašanju i tako što izražavamo istinu naše esencije. Što više pažnje ukazujemo iskrenosti, naš svet će biti blistaviji.

SKROMNOST

Skromnost je sposobnost uzdržavanja od arogancije i ponosa, izabiranjem diskrecije. Iako, površno gledano, ovo ponašanje može da izgleda kao inferiorno, ono zapravo predstavlja manifestaciju istinske snage karaktera. Skromna osoba je u stanju da sebe stavi ispod drugih. Umanjujući značaj sopstvenih dostignuća, takva osoba relativizira važnost same sebe – nezavisno od toga ko je ona i šta su joj dostignuća.

Onda kad usmerimo sopstvenu pažnju, strpljenje i podršku na druge, komunikacija postaje lakša. Za uzvrat, ljudi vole da budu u našem društvu, mada nisu uvek svesni pravih razloga. Ono što ih svakako privlači skromnoj osobi je njena nenametljivost, to jest prostor i pažnja koje im ona pruža.

Skromni ljudi razumeju svoj položaj u svetu i prihvataju ga, otuda nemaju potrebu ni da prigovaraju što nemaju više ni da se pokazuju. Ti ljudi su uravnoteženi i ispunjeni. Oni se lako uklapaju u svaki kontekst.

DAVANJE

Ljudska Bića često nailaze na teškoće, kad je u pitanju izbor najboljeg smera njihovih sopstvenih akcija. Mnogi preferiraju da najpre prime, a eventualno nakon toga daju. Takav stav kao da potiče iz nesvesnog podrazumevanja date osobe da ona nema dovoljno ni za sebe. Ljudi koji ovako razmišljaju, ne uspevaju da primete da mi uvek imamo dovoljno da bismo mogli da podelimo sa drugima – ukoliko tako odlučimo. Oni su još uvek vođeni samo-interesom i strahom od nemaštine, što im neminovno donosi razočaranja razne vrste.

Istinsko davanje se odvija pre nego što primimo, i samo onda kad ništa ne očekujemo za uzvrat. Takvo davanje je izraz čiste ljubavi. Pošto prenosi energiju naše esencije, ono je kao gest dragocenije od objekta ili usluge koju dajemo drugima.

Davanje je i kad sa nekim podelimo naše mišljenje ili pak iskažemo bilo kakvu podršku. Ponekad čak i jedna jedina reč, osmeh ili dodir ruke, mogu da promene životni smer pojedinca. Ovo naizgled zanemarljivo ophođenje može da ponudi presudnu kap energije, neophodnu datoj osobi kako bi krenula dalje.

Davanje je vežba našeg srca – test njegovog učešća u događajima kroz koje prolazimo. Jedino se otmeni duh usuđuje da ispoljava velikodušnost srca. Nesebično davanje, kroz pomaganje drugima i doprinos njihovoj sreći, je staza ka našem istinskom duhovnom ispunjenju. Dobrota koju ispoljavamo održava tok naše esencija-energije. Njeno nadoknađivanje se odvija automatski. Stoga, što više dajemo drugima i svetu, više dobrog stiže u naš život.

Onoliko koliko dajemo, toliko ćemo svakako primiti zauzvrat. Na sličan način, nanošenje bola i patnje drugima, pre ili kasnije, biva balansirano tako što i sami prolazimo kroz neizbežne teškoće. Da nije tako, ne bismo imali priliku da naučimo o posledicama našeg sopstvenog ponašanja. Ovo poravnavanje se reguliše putem podsvesnog mehanizma, zvanog *karma*. Mehanizam karme reflektuje univerzumske zakone i egzistencijalna uređenja na naše koordinate.

Nama niko ne nameće niti prijatne niti neprijatne situacije, već mi sami. Da bismo dosegnuli nivo savršenog ljudskog bića, neophodno je da shvatimo uticaj našeg ponašanja na druge, i naučimo da ga kontrolišemo. Davanje prava drugima da budu ono što jesu, kao i sposobnost opraštanja, su akt značajne duhovne zrelosti.

DOSEZANJE ZNAČENJA

Dosegnuti i preneti značenje je kapacitet svojstven svakoj osobi i zavisi od njenog nivoa svesti. Iz tog razloga, različiti ljudi pripisuju drugačija značenja istoj temi ili situaciji.

Svako značenje koje spoznamo je rezultat harmonizovanja naše frekvencije sa drugom, datom, frekvencijom. Nakon što odredimo bitnost novih frekvencija za naše biće, novo značenje se rađa. Integrisanjem sa što više različitih frekvencija, naša spoznaja se širi i raste ka beskonačnoj spoznaji.

One frekvencije sa kojima možemo da uđemo u rezonanciju imaju "najveće značenje" za nas, i mi ih ugrađujemo u naše personalno energetsko polje. Sa svakom od njih, mi se približavamo univerzumu.

Prevazilaženje "nesporazuma"

Pogrešno razumevanje je uvek izazvano nesposobnošću uvažavanja tuđih gledišta.
– Nikola Tesla

Ali ja nisam to mislio/mislila – je rečenica koju često čujemo, koja ilustruje koliziju značenja usled nekongruentnih frekvencija dveju ili više strana fokusiranih na istu temu ili situaciju.

Nesporazum, kako nazivamo koliziju značenja, je prirodna pojava na koju valja računati te stoga ne bi trebalo da se iznenađujemo kad ga doživimo. Na primer, svaki nivo svesti dodeljuje drugačije značenje reči *Bog*, pošto svaka osoba prilazi tom pojmu iz različite frekvencije. Bez obzira na ovu činjenicu, razumevanje Boga od strane svake osobe je autentično i jednako prihvatljivo.

Misli su nečujne reči. One mogu da budu izgovorene, napisane, ili izražene kroz umetničke radove ili bilo koju drugu aktivnost. Pored tokova misli koji nastaju u našem mozgu, moždane energije su u stanju da stvaraju mentalne slike zasnovane na istim frekvencijama.

Reči često ne uspevaju da prenosu namereno značenje. Otuda značaj učenja i obrazovanja: kako se naš rečnik povećava, tako se povećava i naša sposobnost da precizno verbalizujemo značenja. Bogatiji lični rečnik potencijalno umanjuje mogućnost nesporazuma. Međutim, broj nesporazuma se takođe smanjuje kako sve više upoznajemo sami sebe.

Potpuno upoznati sebe je sjajan cilj ka kojem valja težiti. Tokom tih napora, mi se intergišemo sa duhovnom energijom, to jest sa esencija-energijom koja je okosnica naše genski predeterminisane božje personalnosti. Na taj način dodajemo večne vrednosti energiji koju otelotvorujemo. Materijalna stvarnost i događaji na planeti su zapravo medijum treninga i testa. Ovaj medijum je scena neophodna da bi ljudsko biće, savlađujući postavljene izazove, moglo da jača te tako manifestuje svoju krajnju božansku sudbinu.

Kako raste naše shvatanje osećanja i važnosti svih ličnih iskustava, mi postajemo veštiji u razaznavanju i prenošenju značenja. Širenje spoznaje o nama samima je širenje frekvencijskog opsega kroz koji funkcionišemo. To je takođe i širenje polja svih nama relevantnih značenja.

Šaputanje naših ćelija

Svaka ćelija našeg tela vibrira na izvesnoj frekvenciji. Međutim, za naš sadašnji evolucijski nivo na Zemlji, te vibracije su previše suptilne da bismo ih zapazili. Stoga one izmiču našoj pažnji i mi nismo u stanju da čujemo poruke našeg tela.

Izvan magnetnog polja ljudskog bića, na našoj planeti postoji neprekidna komunikacija unutar magnetnih polja kamena, biljaka ili životinja. Ta komunikacija je takođe izan opsega onih frekvenija koje svesno možemo da registrujemo. Međutim, jednoga dana, mi ćemo biti u stanju da dekodiramo suptilne zvučne vibracije koje potiču i od naših ćelija i od sveta oko nas. Kad se dovoljno pročistimo i harmonizujemo sa tim frekvencijama, "naučićemo" jezik u kojem one služe i u potpunosti se integrisati sa carstvom energija konfigurisanih u ono što zovemo *priroda*. Do tada bismo mogli da prevaziđemo upotrebu reči, kao i da reformišemo pamćenje – pošto će naš mozak ostvariti moć direktnog i momentanog pristupa svim neophodnim informacijama.

Vibracija koja održava atom u integrisanoj celini je vibracija ljubavi. Svaki elemenat prirode emanira tu vibraciju. Stoga se izuzetno dobro osećamo u planinama, kraj reke ili na moru, gde vlada veličanstvenost univerzumske bezuslovne ljubavi. Čistota biljaka i nevinost životinja, kao vibracija, hrane naše duhovno biće.

U prirodi ne postoji frekvencija ljudskih bića, ili njihovih tvorevina, već samo frekvencijski opseg potekao iz riznice Stvoriteljeve ekskluzivnosti i dobronamernosti. Iz tog razloga nije isto šetati kroz park, divlju šumu ili livadu. Pejzažna postavka parka, njegova konstrukcija i održavanje, su rezultat ljudskih mentalnih i fizičkih aktivnosti dok su divlja livada i šuma, u tom smislu, izuzete od frekvencija ljudskog bića. U poređenju sa lepotom i mirom koji se pronalaze u parku, priroda stoga nudi više i okrepljuje više. Zagrljaj prirode je božji dar civilizaciji na Zemlji.

Naša planeta je kosmički muzej mineralnih, biljnih i životinjskih vrsta. Iz tog razloga nam priroda na Zemlji nudi nenadmašnu raznolikost doživljaja (frekvencija) i potencijalnih inspiracija.

Kad je u pitanju naše potpuno integrisanje sa prirodom, do njega će doći tek onda kad dosegnemo nivo univerzumske ljubavi i univerzumske svesti. Tada će se istopiti razlika između naše frekvencije i frekvencije prirode. Pošto ćemo na tom nivou i sami bezuslovno voleti i biti pozitivni, priroda će izgubiti ekskluzivnost vrhovnog izvora mira i inspiracije. Dosegnuvši sopstvene dublje slojeve, dosegnućemo esencija-izvor kako inspiracije tako i duhovne moći.

Međutim, priroda neće izgubiti opštu važnost i mi ćemo na osnovama poštovanja i zahvalnosti do tada umnogome popraviti naš odnos prema njoj. Umesto da je beskrupulozno tretiramo i eksploatišemo, počećemo da sarađujemo sa njom. Takvo ponašanje ljudskih bića će biti pokazatelj njihovog ovladavanja još jednim nivoom značenja.

Priroda je jedan aspekt i proizvod *kosmičke tehnologije*[95] – baš kao i ljudsko biće. Kako učimo da rešavamo tajne ljudskog bića, otkrivanje tajni prirode i kosmosa dolazi kao neizbežna posledica jer je sve dizajnirano u skladu sa istim univerzumskim zakonima. Ti zakoni se primenjuju automatski, kako širom vaseljene tako i na Zemlji. Oni su stariji od čovekom-sačinjenih zakona i nikakve ljudske pretpostavke ne mogu da ih ugroze.

Univerzumski zakoni usmeravaju ne samo ono što smatramo svetom prirode već i socijalnu arenu ljudskih bića. Prepoznavanje tih zakona i njihova svesna primena unutar svih poredaka na našoj planeti, otvoriće kosmičko poglavlje u istoriji ljudskog bića na Zemlji.

Apstraktno značenja nije toliko apstraktno

Značenje je prisutno i u ravnima nedostupnim našoj spoznaji. Ta značenja nam izmiču usled ograničenja prirodno svojstvenih našem sadašnjem evolucijskom nivou.

Naše rečenice su smisaono organizovane da bi nam prenosile značenja. Međutim, čak i na našoj evolucijskoj dimenziji, značenja se protežu izvan domena u kojima reči uspešno operišu. Osećanja su jedan takav domen.

Osećanja nije lako opisati, što im daje inspirativnu vrednost i lepotu. Ako bi naš um pokušao što tačnije da ih predstavi, svojom racionalnošću bi kompromitovao najautentičniji kvalitet osećanja.

Stanje našeg bića je pod uticajem brojnih faktora poput percepcije, misli, intuicije, želja, prethodnih iskustava i sklonosti ka izvesnom ponašanju. Osećanja su rezultat ovog melanža, i svakog trenutka se preko naše lične aure reflekuju na naše okruženje. Usled kompleksnosti faktora koji formiraju osećanja, zaista je ogroman zadatak evaluirati ih i sistematizovati u jednu logičnu strukturu.

Prevođenje frekvencija naših osećanja u umetnničko delo je veliko zadovoljstvo. Na taj način se takođe zaobilazi racionalni pokušaj leve strane mozga da ih opiše.

Kroz umetničku formu u koju utkamo osećanja, ona nastavljaju da emituju svoje prisustvo. Čak se i najapstraktniji umetnički radovi uvažavaju širom kultura i nezavisno od vremena, jer nose značenja kroz vibracije univerzumalnog jezika, izvan reči.

Kad me zamore reči i njihove ograničene izražajne granice, ja uzimam slikarski pribor i povlačim se u tišinu. Naslikana platna su vizuelni zapis osećanja i značenja, dosegnutih tokom momenata dubokog mira provedenih u carstvu boja.

Boje[96] su čist, prirodan i beskrajan medijum – i one nas prenose u nepoznate realnosti, daleko od slikarskog platna.

Što se više otvaramo ka esenciji boja, spremniji smo da dublje upoznamo i sebe i njih. U toj avanturi kroz dve beskraja, naša je nesputanost ogromna jer su boje posve neutralne.

Na primer, ni za jednu boju ne možemo reći niti da je dobra niti da je loša. Stoga, u poređenju sa rečima, boje ne mogu da nas povrede, iako nose informacije svog izražajnog medijuma. Interesantno je da ih možemo smatrati i apstraktnim i konkretnim u isto vreme.

Umetničko delo se rađa kroz personalnu frekvenciju autora, a prilazi mu se iz koordinata osobe koja ga posmatra.

Svako ko se fokusira na neko umetničko delo, ponovo stvara njegovo značenje – otuda grandioznost umetnosti. Ona upošljava ljude stimulišući njihovu maštu, pri čemu im obezbeđuje prijatan doživljaj samih sebe putem novih energija.

Umetnički rad je vežba za mozak, i kao takav predstavlja potencijalni izazov za posmatrača. Međutim, kad je u pitanju prihvatanje radikalno novih značenja koje umetnost donosi, zajednica nije uvek spremna na to. Značenje čak i najapstraktnijih umetničkih dela može da polarizuje mišljenja među socijalnim grupama ili pojedincima. Jedno takvo razmimoilaženje je dovelo do prekida prijateljstva između dva velika holandska slikara. To su Piet Mondrian i Theo Van Doesburg.

Kad je Van Doesburg otkrio Mondrianov rad, koji se stiče oko vertikalnih i horizontalnih linija i upotrebe isključivo primarnih boja, bio je veoma inspirisan; i u periodu 1915-1920 njegove su slike nalikovale na Mondrianove.

Međutim, vrativši se slikanju posle pauze od četiri godine, Van Doesburg je odlučio da uvede dijagonalne linije kako bi kompozicija dobila na dinamici. Na žalost, Mondrian, njegov veliki prijatelj, nikako nije mogao da prihvati taj novi kompozicijski elemenat. Stoga se desilo da je Mondrian okončao njihovo prijateljstvo, i odbacio ceo avangardni pokret *De Stijl* (*neoplasticizam*) kojeg je Van Doesburg osnovao 1917.

Svaka promena u stilu slikanja, čak i takva kao uvođenje dijagonala u ortogonalnu kompoziciju, je način na koji umetnik objavljuje nove misli i eksponira nova značenja. Čini se da Mondrian nije bio spreman za novitete takve vrste, to jest na unutrašnju transformaciju koju je novi koncept zahtevao.

Još jedan slikar koji je živeo u istom periodu, Rus, Kazimir Malevich, je svojim radom značajno rastegnuo čak i sam pojam reči *značenje*. Malevich je bio pionir geometrijske apstrakcije u umetnosti u svojoj zemlji i oko 1913. osnovao *suprematizam* – umetnički pokret fokusiran na osnovne geometrijske forme, poput kvadrata, kruga i pravougaonika, naslikane kroz ograničenu paletu boja.

Kao već priznati umetnik, on 1915. pravi ogroman pomak u svojoj karieri, veoma značajan i za samu umetnost, tako što izlaže platno *Crni Kvadrat* (oivičen belom pozadinom). Dalje disasociranje od sveta forme i objekata, odvelo je ovog umetnika do dubokog filozofskog značenja čak i bele boje na beloj pozadini – otuda je kasnije naslikao *Belo na Belom* (beli kvadrat na beloj pozadini). Ta slika je bila drugi epohalni reper u radu ovog umetnika, gde je ispoljio apsolutno transcendiranje potrebe za prikazivanjem objekata – stoga je i kvadrat i pozadinu predstavio istom bojom. Ovaj ekstremni minimalizam je označio kvintesencu suprematizma i stupanj na kojem su vizuelni objekti, kao predstavnici sveta i života, izgubili svoje značenje.

Jedino što je preostalo je umetnikovo biće koje kroz umetničko delo komunicira svoja iskustva. Malevich se u potunosti oslobodio napora da konstruiše i dekonstruiše svet na svojim platnima i tako se ogromno približio "apstraktnom" bogatstvu univerzuma, to jest esenciji.

Shodno značenjima koje je svest ovog umetnika dosegnula, delikatna harmonija univerzuma se dovoljno elokventno prenosi već putem bele boje na beloj pozadini.

Šta bi pak bila razlika između bilo čijeg amaterskog ostvarenja na temu naizgled najlakšeg slikarskog zadatka, kao što je slika belog kvadrata na beloj pozadini, i platna *Belo na Belom* koje je Malevich izložio? – Bila bi to dubina značenja data ovim radovima od strane njihovih autora, odražena na suptilnom energetskom nivou. *Belo na Belom*, Kazimira Malevicha, reflektuje koordinate svesti ovog slavnog ruskog slikara i značenje koje mu je on dodelio. Pristup tom značenju zavisi od sposobnosti osobe da uđe u rezonanciju sa frekvencijama koje je Malevich utkao u ovo istorijski nezaobilazno umetničko delo.

Osvajanje distanci – osvajanjem novih značenja

Celokupna egzistencija se stiče oko primordijalnog značenja koje joj je njen Stvoritelj dodelio. Svaki sastavni deo ove beskrajne predstave stoga nosi božansku svrhu i značenje, i uprogramirani potencijal da ih ostvari.

Naša evolucijska trajektorija vodi ka naprednijim dimenzijama. Kako bismo ih dosegnuli, neophodno je da osvajamo nova značenja – radije nego da putem svemirskih vozila prevaljujemo fizičke distance koje razdvajaju evolucijske dimenzije. Drugim rečima, sletanje na Saturn ne bi indiciralo da smo dosegnuli evolucijsku dimenziju te planete. Sve dok nismo u stanju da asimiliramo frekvencije Saturna, biološki i putem naše svesti, mi se nećemo istinski uzneti u evolucijski medijum Saturna. Otuda dosezanje drugih planeta nije avantura koja se tiče sposobnosti da ih fizički posetimo, kao što idemo na znamenita mesta ovde na Zemlji. Rešavanje evolucijskih kodova ovih planeta je moguće jedino putem uznesenja svesti, te tako i putem ovladavanja novim značenjima.

Ako prethodno nismo dovršili evoluciju kroz energije određene planete, mi se ne možemo nastaniti na njoj.

Kosmička izvodljivost

Totalitet Svesti[97] sadrži u sebi sve sile, energije i znanje – smisaono utkane u ono što smatramo neutralnom holističkom Moći. U ovoj sveukupnosti svesti, svakako su prisutne i četiri fundamentalne sile prirode identifikovane od strane naučnika na našoj planeti (gravitacija, elektromagnetizam, zatim jaka i slaba nuklearna sila). Bez obzira da li su ove sile prisutne unutar našeg mozga (lokalno) ili ne-lokalno (negde u bezbroju ujedinjenih polja izvan Zemlje), Totalnost Svesti ih "prepoznaje". Zajednički faktor pri interakciji ove četiri fundamentalne sile, kao i zajednički faktor između dva polja, lokalnog i ne-lokalnog, je ZNAČENJE.

Kad je u pitanju ostvarivanje ličnih želja ili bilo koja druga manifestacija, multidimenzionalno poravnanje značenja je takođe bitno. Mentalne slike, nastale u našem mozgu, deluju poput recepata: lokalno polje sugeriše ili, recimo, poziva makro nivoe da sarađuju u projektu na određenim koordinatama date osobe.

Viši planovi nose značenja koja se protežu izvan percepcijskog i kognitivnog kapaciteta nižih planova. Značenja viših planova su za nas nevidljive konfiguracije mogućnosti. Iz tog razloga, bez usaglašavanja sa zakonima i porecima viših ravni, želja sa nižeg plana je osuđena da ostane neispunjena. Ovo je poput odlaska šefu, kako bismo ga pitali za godišnji odmor. Šef će znati da li je takav zahtev izvodljiv. Otuda će dozvola za odmor biti data ili ne, zavisno od toga da li će odsustvovanje u traženom periodu biti prihvatljivo (imati prihvatljivo značenje) na nivou kojim upravlja naš šef. Uklapanje značenja je neophodno za bilo koji dogovor i manifestaciju.

Namera

Namera ne može da postoji bez značenja, a samo je jedna mentalna slika dovoljna da zabeleži to značenje. Mentalne slike su rezultat moždane moći da ugradi frekvencije značenja u moždane ćelije. Putem frekvencije značenja, ovaj lokalni događaj je dostupan višim planovima.

Most između želja (kao upriličenih mentalnih slika) i njihove fizičke manifestacije, je frekvencija značenja koja im je zajednička. Stoga nije čudno što instrukcije na temu kako ostvariti želje, sugerišu vizualizaciju. Međutim, vizualizacija nije jedini faktor koji vodi ka manifestaciji, jer nijedna želja ljudskog bića niti ijedna moć mogu da ometaju sprovođenje univerzumskih zakona.

Ljudsko biće je u stanju da mentalno i sa namerom utiče na izvesne procese unutar fizičkog sveta, poput *isceljenja*[98] – svesnim moduliranjem ritmova moždanih talasa. Međutim, da li ćemo ikada uspeti da razvijemo moć konstantnog upravljanja interakcijama sila prirode i povinujemo ih našim namerama? Nikola Tesla je snažno verovao da je upravo to domen u kojem će se istinska priroda ljudskog bića u potpunosti ispoljiti – stečena sistematskim pročišćavanjem, samo-disciplinom i duhovnim osnaženjem. Takva budućnost pripada onim pojedincima koji su svesni supremacije prirodnih (univerzumskih) zakona i koji ih primenjuju kako bi unapredili socijalno blagostanje.

Dosada i nedostatak značenja

Sposobnost dosezanja značenja je paralelna našem kapacitetu da proizvodimo mentalne modele zasnovane na frekvencijama prema kojima možemo konstruktivno da se odnosimo. U našem okruženju, mi neprekidno prolazimo kroz procese procene frekvencija objekata, namirnica, živih bića, prirode ili situacija kojima smo izloženi. Obzirom na evolucijski nivo na kojem se trenutno nalazimo, na žalost, u stanju smo da se harmonizujemo samo sa malim brojem tih frekvencija.

U svim susretima koje imamo, naš glavni izazov je da sačuvamo unutrašnju ravnotežu (interni sistem), to jest – unutrašnji mir. Međutim, mi postepeno postajemo svesni i spoljnih sistema kao i značaja podržavanja njihovog dobrog stanja. Tako postepeno učimo da se harmonizujemo sa drugim pojedincima i okruženjem. Ako nismo uspešni na ovim poljima, internom i eksternom, nećemo moći da dosegnemo istinsku sreću.

Ljudi kojima je dosadno pate od nesposobnosti da udobno funkcionišu u bilo kojoj od ovih energetskih mreža. Ti ljudi nisu u stanju da pronađu dovoljno vredno značenje ni u jednoj frekvenciji/energiji, kako bi bili motivisani i ušli u akciju. Njima ništa ne izgleda privlačno – jer je privlačna moć njihovih misli slaba, kao i njihovo suptilno energetsko polje poznato kao aura. Aura ljudskog bića je mapa koja odražava total svih njegovih ćelijskih i mentalnih vibracija, i izgrađuje se proporcionalno pozitivnim mislima. Otuda, ako ljudi kojima je dosadno borave u negativnim mislima, oni drastično osiromašuju svoju ionako slabu auru.

Ljudi osvojeni dosadom su smetnja ne samo sopstvenom okruženju već i sebi samima. Održavajući opseg frekvencija u kojem funkcionišu prilično uskim, oni sebe lišavaju vitalnih interakcija – koje bi im stimulisale i telo i um, i doprinele njihovom ličnom razvoju.

Biolozi su otkrili da je vitalnost energetskog čvora, u mreži naših metaboličkih procesa, u direktnoj proporciji sa brojem veza koje taj čvor održava sa drugim čvorovima. Putanje između ovih minijaturnih stanica su poput struja energije koja pristiže da ih stimuliše. Isti princip se odnosi na zvezde, ili univerzum. Njihova moć (ujedinjeno polje) se povećava kako ih više svetlosti, kolosalnih brzina, doseže. Ljudsko biće se osnažuje na isti način – kroz mnoštvo interakcija.

Zajedništvo značenja

Kad se dvoje ljudi po prvi put sretnu, na zabavi ili u avionu, dva seta holističkih energija spontano započinju svoj odnos. Ovaj automatski proces nesvesnog skeniranja, uključuje istraživanje mogućeg frekvencijskog sklada. Ako se detektuje dovoljna kompatibilnost, privlačna moć vodi dva bića u eksplicitnu komunikaciju.

Susret dobija na značaju i zanimljivosti ukoliko je preklapanje frekvencija dvaju bića veće (značenja, zajednička za obe strane). Stoga, osobe mogu da nastave da se viđaju ili da odluče da ostatak života provedu zajedno, pri čemu odanost i samopožrtvovanost nastavlja da gradi značenje njihovog zajedništva. U svakom slučaju, naši odnosi sa drugima reflektuju našu sposobnost da prevaziđemo važnost samih sebe – i svaki je dragocena šansa da produbljujemo svoje sopstveno značenje.

Ukoliko komuniciramo sa više prijatelja i kolega, mreža značenja kroz koju funkcionišemo će biti bogatija i snažnija. Sposobnost harmonizovanja sa većim brojem vibracija oko nas, odraz je izvedene ličnosti svojstvene višem nivou evolucije. Stoga su pojedinci, koji su izuzetno uspešni u bilo kojoj oblasti, veoma snažne energije sposobne da se nose sa kompleksnim i zahtevnim energetskim mrežama.

Složiti se oko jednog značenja je ogroman evolucijski izazov za one koji nameravaju da se okupe oko zajedničke ideje. Napor da se pronađe i održi uzajamno prihvatljivo značenje od strane dvoje ili više ljudi, oznaka je njihovog shvatanja da se moć rađa iz jedinstva. Takvi ljudi su svesni da će manje postići ako ostanu izolovani, na nivou svojih individualnih aspiracija. Okupljanje ljudskih bića je evolucijska nužnost, ne samo sa stanovišta opstanka već i zarad njihovog duhovnog razvoja.

Postoji ogromna lepota u svakom zajedništvu, uprkos izazova koji idu sa njim. Kad ovo jednom otkrijemo, mi postajemo poput neumornog pauka koji plete široku mrežu kontakata, projekata i socijalnih interakcija – daleko izvan onih neophodnih za naš finansijski opstanak. Naša sposobnost da unapređujemo znanje i stvaramo nove vizije tako rastu. Međutim, u svakoj situaciji će zajednički ustanovljeno značenje biti neophodno, kako bismo stvarno bili prisutni i efikasni u njoj.

Frekvenciju značenja odabira svaki posmatrač

Da bismo proširili shvatanje samih sebe, neophodno je da ovladamo novim frekvencijama. Stoga svako iskustvo ima ogroman značaj, pošto nas stavlja u novi energetski kontekst.

Odnos sa drugima takođe zahteva otvorenost ka novim frekvencijama i spremnost da se harmonizujemo sa njima. Drugim rečima, socijalizovanje impregnira naše sopstveno značenje. Svaka nova energija na koju se adaptiramo, takođe dodaje snagu našoj snazi.

Ako neko još uvek ima nerešenih problema sa drugim osobama, posebno sa članovima porodice, to indicira neuspeh date osobe da izvesnim frekvencijama pripiše njoj prihvatljivo značenje. Ti ljudi su, dakle, u nevolji usled nesposobnosti da se uklope u određene frekvencije. Oni zato ne uspevaju da se osnaže vibracionim kvalitetom, otelotvorenim u osobi sa kojom su u konfliktu.

Naš negatavni stav pripisuje negativno značenje izvesnim događajima, ponašanju ili rečima. Interesantno je da druga osoba na iste okolnosti može da gleda kroz pozitivan stav. Očigledno, ova dva suprotna pristupa pripisuju različite kvalitete istim događajima. Ti kvaliteti se svode na značenje, relevantno za posmatrača i definisano od strane posmatrača. Nama je data sloboda i kapacitet da pravimo izbore. U procesu primene slobode, mi učimo – čak i o implikacijama same slobode.

Prekomerno izlaganje frekvencijama koje nose negativna značenja, štetno je po naše zdravlje. Dobro je imati u vidu da je Stvoritelj Totalnost Neutralne Svesti i stremiti ka neutralnosti u svakoj situaciji. Zauzimanjem negativnog stava, mi zapravo živimo u iskrivljenoj realnosti jer naša obzervacijska tačka nije neutralna.

Neutralnost je energetski najefikasniji način egzistiranja. Neutralna osoba izbegava bilo kakav gubitak energije nastao izricanjem sudova, neprihvatanjem nečega ili nekoga, ili prijanjanjem za sopstveno mišljenje. Neutralnost je karta za beznaporni tok. Nju nije lako dosegnuti, jer neutrala svest predstavlja vrhunac naše evolucije.

Značenje je boja

Boje nose informacije kroz sebi svojstvene frekvencije. Iste frekvencije se mogu preneti i putem zvuka.

Svaka frekvencija poseduje značenje. Otuda pripisivanje značenja podrazumeva aktualiziranje određene boje ili zvuka. Pozitivni i negativni stavovi su nošeni različitim bojama, pošto im je svojstven drugačiji energetski sklop, to jest fundamentalno različito značenje.

Naše razmišljanje, to jest značenje naših misli, emanira boje – nezavisno od toga da li ga saopštavamo ili ne. Misli (rečenice) su reke boja a naš je govor kompleksna slika.

Boja-zvuk-svetlost su integrisana moć, u višim univerzumskim dimenzijama. Crna boja predstavlja jednu takvu moć.

Crno je najzasićeniji medijum boja, primarno sačinjen od 49 (7x7) boja (interesantno je da jedna univerzumska muzička nota ima *49 zvučnih aspekata*[99]). Sve boje se stapaju u medijumu crnog, otuda *crna boja*[100] deluje kao skladište beskonačnog znanja (značenja). Beskonačna spoznaja je takođe domen crne boje. Nikola Tesla je rekao da je crna boja istinsko lice svetlosti.

Frekvencija značenja

I tulipan i kamen i ljudsko biće, ponaosob, predstavljaju složen energetski aranžman jedinstvenih svojstava (značenja) unutar lanca energija. U različitim jezicima, ove reči (tulipan, kamen, ljudsko biće) su sastavljene od različitih slova, stoga njihove slovne frekvenije nisu iste. Međutim, frekvencija značenja ovih reči je ista u svim jezicima. Frekvencije slova se savladavaju učenjem jezika, dok razumevanje značenja zavisi od nivoa svesti pojedinca.

Da nema ove konstantnosti značenja, mi ne bismo bili u stanju da prevodimo reči iz jednog jezika u drugi – jer je upravo značenje ono što prenosimo iz jezika u jezik. Za uspeh bilo koje ljudske interakcije, preciznost u izražavanju značenja je krucijalna. Jasnost je stoga od velike pomoći, pošto nam štedi dragoceno vreme i energiju.

U komunikaciji ljudi, ne radi se samo o tome da se bude iskren u iznošenju sopstvenog stava. Svesno ulaganje u stvaranje harmonije je jednako važno. Otuda bi upriličavanje naših interakcija svakoj situaciji kao i prihvatanje čak i neistomišljenika, bilo veliki doprinos izgradnji kulture poštovanja, poretka i lepote. Ovo shvatanje je samo po sebi još jedan sloj značenja, koji se tiče socijalizacije ljudskog bića.

Značenje trenutka

Šta je to što daje značenje svakom trenutku našeg života? – To je totalnost energija prisutnih na planeti, prelomljena kroz našu ličnu frekvencijsku prizmu. Naše misli, osećanja i namere takođe utiču na rezultirajuću boju/značenje našeg energetskog sklopa, koji je jedna dinamična energetska konfiguracija.

Da li padanje starog drveta, u dalekoj šumi, ima ikakvo značenje za nas?

Život je besprekoran program u kojem svi elementi doprinose njegovom uspehu. U tom programu vrhovna Singularnost upražnjava svoj integritet i značenje kroz pluralitet sopstvenih aspekata. Tako fenomeni koji se odvijaju bez ljudskog svedoka, kao što su kolaps starog drveta u šumi ili mahanje krila Monarh-leptirova u Meksiku, dodaju svoje vibracije planetarnom energetskom polju i bivaju utkane u tapiseriju života na Zemlji. Iako neznatne, u poređenju sa energijom koju direktno susrećemo u svakodnevnim interakcijama sa drugim ljudima, energije ovih vibracija su stvarne i uticajne.

Nikola Tesla je ovu pojavu ilustrovao rekavši kako osoba može iznenada, iz njoj nerazumljivih razloga, da se rastuži – samo zato što je jedan oblak prekrio sunce u momentu promene njenog raspoloženja.

Numerički kodirana značenja

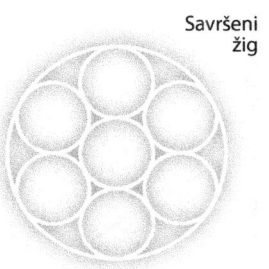

Savršeni žig

Egzistencijalni Program je poredak značenja pripisanih frekvencijama (energijama), od strane samog Stvoritelja. U ovom programu, unutar Dimenzije Prostora i Vremena, 7x7 *evolucijska trajektorija*[101] struktuira evolucijske (frekvencijske) skale energije, forme i svesti.

Na primer, postoji 7 glavnih stupnjeva, kad je u pitanju razvoj fizičke forme koju koristi *evoluirajuća energija*[102]. Svaki od tih stupnjeva razvoja napreduje kroz 7 faza. Razvijajuća energija prolazi kroz te korake inkarniranjem kroz sled formi unutar sveta minerala, biljaka i životinja. Na taj način napreduje ka organizmima složenije telesne i moždane strukture, i ka svetlosti. Jednog momenta, ona zasluži da se razvija koristeći telo ljudskog bića.

Ljudski mozak i svest se takođe razvijaju kroz 7 faza, sve dok pojedinac ne dosegne nivo savršenog ljudskog bića shodno definiciji Stvoritelja. Interesantno je da je naše telo sastavljeno od 7 suptilnih tela, da je svetlost-univerzum sastavljen od 7 univerzuma svetlosti, da u dugi vidimo 7 boja (na sadašnjem nivou naše evolucije) i da muzička lestvica ima 7 osnovnih nota poređanih svodno njihovim frekvencijama.

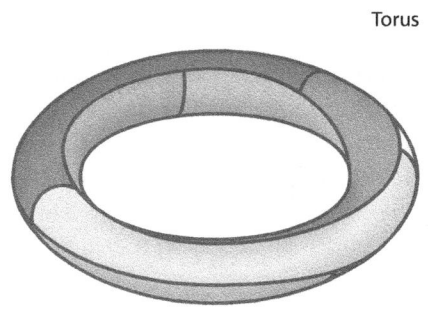

Torus

Davidova zvezda

Takođe, površina torusa, tridimenzionalnog oblika nalik na gumu točka, može da se izdeli na najviše 7 oblasti tako da svaka od njih samo jednom dodiruje svaku od preostalih 6 oblasti. Ako bismo ove oblasti obojili različitim bojama, svaka boja bi samo jednom dodirivala svaku od preostalih 6 boja. Među svim trodimenzionalnim formama, ova osobina je svojstvena samo torusu. Zbog svih svojih ekskluzivnih karakteristika, torus se smatra prototipom mehanizma crnih/belih rupa kao i mnogih drugih nebeskih fenomena.

Solomonov prsten

Solomonov žig (*Solomonov prsten*), koji se pripisuje Kralju Solomonu (X vek p.n.e.), je bio visoko uvažavan od strane islamskih srednjevekovnih kultura i unutar Zapadne ezoterijske prakse. U jevrejskoj tradiciji, ista figura je poznata kao *Davidova zvezda*. Shodno legendama arapskih srednjevekovnih pisaca, ovaj prsten nosi ugravirano Ime Boga i bio je dat Solomonu, direktno sa Nebesa. Otuda je Solomon mogao da komanduje demonima i da razgovara sa životinjama. Veruje se da je u svrhu ograničenja pristupa ovoj magičnoj moći prstena, njegova inicijalna geometrija *šestokrake zvezde*[103] kasnije maskirana sa 7 krugova jednake veličine – te je tako nastala figura zvana *savršeni žig*.

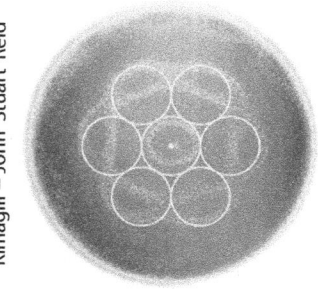

Kimaglif – John Stuart Reid

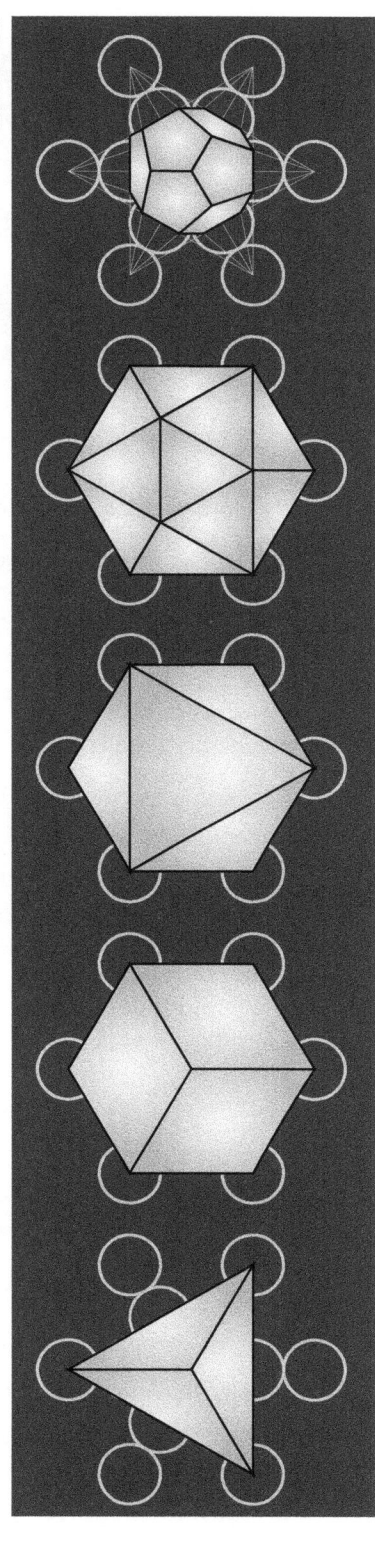

Platonova tela

Interesantno je da kimatički oblik iza vibracije izgovorenog slova "O" sadrži u sebi geometriju *savršenog žiga*.

Kimaglifi su geometrijske slike, koje se mogu reprodukovati, a dobijaju se prilikom eksperimenata sa zvukom. Oni otkrivaju odnos zvuka (vibracije) i konfigurisanja materijalne forme.

Tako nam je sa razvojem akustike stiglo i novo razumevanje dobro poznate rečenice koja se pojavljuje i u Filozofijama Dalekog Istoka i u svetim knjigama: *U početku beše Reč, i Reč beše u Boga, i Bog beše Reč (Biblija, Jovan – 1)*. Ova rečenica nepobitno ukazuje da je zvuk moć, ključna za procese fizičke manifestacije.

Koliko je onda bitna geometrija *Solomonovog Žiga* i geometrijska slika iza zvučne frekvencije slova O – ako *Solomonov Prsten* nosi Ime Boga? Da li je "O" ime Boga? I šta nam govori konstantno pojavljivanje broja 7 u gore pomenutim primerima?

U dizajnu celokupne vaseljene, očigledno postoje obrasci pristupa sprovedeni kroz određene brojeve. Ti brojevi su nepromenljivi ključ esencijalnih formacija.

Brojevi žive u geometriji te tako, kamuflirani, paradiraju pred našim očima. Figura *savršenog žiga*, na primer, otkriva prisustvo broja 7 u heksagonalnoj geometriji. Ona takođe ilustruje fraktalno svojstvo kruga.

Interesantno je da heksagonalna mreža predstavlja šablon koji čuva proporcije Platonovih tela (tetraedar, kocka, oktaedar, dodekaedar i ikosaedar). Kao arhetipovi tridimenzionalnih oblika, oni su fundamentalni gradivni blokovi celokupne vaseljene.

Mreže značenja počivaju na mnogim faktorima. Brojevi su jedan od njih.

MISIJA-SVEST

Konteksti su neizmerni

Zajedničko pravilo svega što postoji se svodi na podržavanje poretka Totala, delovanjem na specifičnim koordinatama. Da li je ljudsko biće izuzeto iz tog poretka? – Teško da jeste. Smisao našeg života dakle postoji i pre nego što otkrijemo šta je.

Stoga je univerzumska misija svakog pojedinca da, unutar egzistencijalne dimenzije u kojoj se nalazi, otkrije božanski poredak i da se svesnim služenjem tom poretku uklopi u njega.

Da li bi uopšte bilo moguće sačiniti životni program u kojem neki elementi ne bi imali nikakvu funkciju ili svrhu? Kod projektovanja zgrade, da li će arhitekta predvideti postojanje bilo kog elementa koji će služiti sam sebi – van mnoštva funkcijonalnih celina koje čine jednu zgradu? Slično tome, da li tvorac kompjuterske igre uključuje karaktere, ili bilo koji detalj u tu igru, koji nemaju nikakvu svrhu? Čak iako bi autor igre proglasio izvesne elemente dizajna "besmislenim", ti elementi bi automatski dobili značenje (besmislenog). Svemu što stupa u egzistenciju je dodeljeno značenje – bez frekvencije značenja u svojoj biti, ne bi se ni pojavilo u miljeu života.

Nezavisno od toga koliko je sićušan ili ogroman, svaki konstituent života služi svojoj svrsi unutar konteksta u kojem obitava. Kontekstima nema kraja i oni su struktuirani diljem vaseljene. Uži kontekst je ugnježden u širi i tako redom, sve do Totalnosti *Svega-Što-Jeste*. Apsolutna Singularnost se naziva različitim imenima – kao što su: *Bog, Totalnost Svesti, ujedinjeno polje, vaseljena,...* već prema tome da li sagledavanje potiče od naučnika, filozofa ili spiritualne osobe. Međutim, kako se svest ljudskog bića razvija, razumevanje ove Totalnosti i njenih granica se takođe neminovno širi.

Ono što nam je sada najpotrebnije je bliži kontakt i bolje razumevanje među pojedincima i zajednicama širom planete kao i eliminacija fanatične posvećenosti uzvišenim idealima nacionalnog egoizma i ponosa, koja je uvek sklona da svetu donese iskonski varvarizam i razdor. – Nikola Tesla

Dobrotvorni rad

Ljudskom Biću, Stvoritelj nikada ne postavlja nerešiv zadatak. Takođe, rešenje teške i veoma složene situacije se često pronalazi putem jednostavnosti zdravog razuma. Na žalost, zdrav razum se ne primenjuje tako često, zato što zahteva duboko poravnanje naših misli i univerzumskih signala.

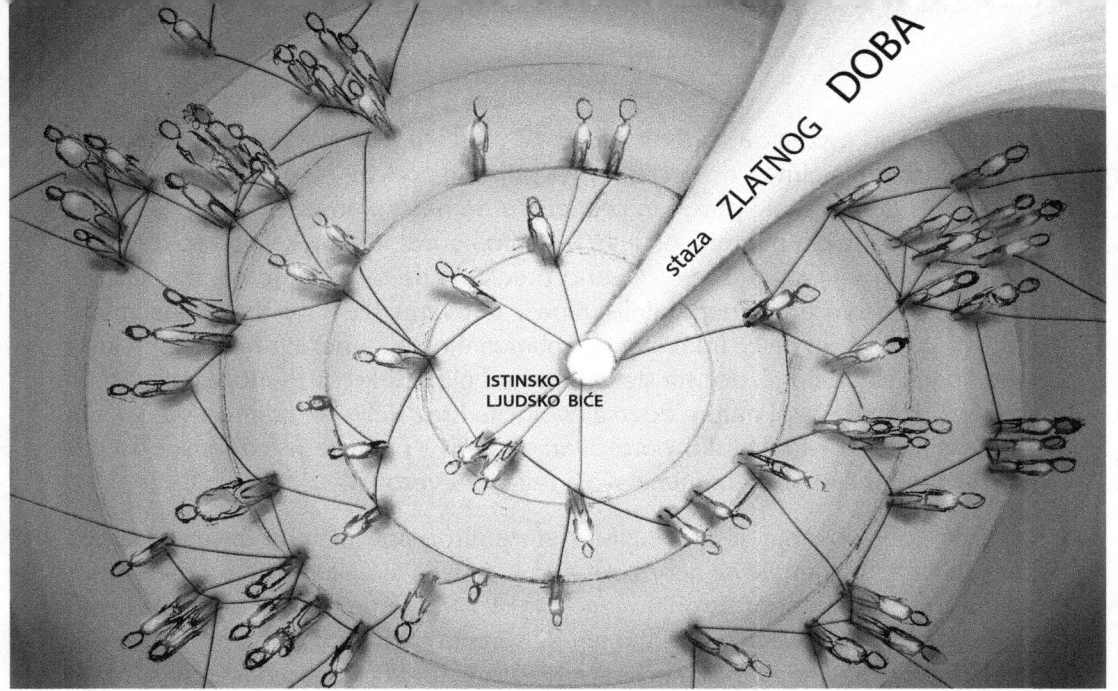

Šta bi se dogodilo kad bi samo jedna ćelija u našem telu prestala da radi? Iako je njena uloga veoma lokalnog karaktera mikro razmera, odsustvo njenog funkcionalnog doprinosa se potencijalno odražava na organ kojem ona pripada – zatim na celo telo, te i na kvalitet života date osobe. Slično tome, za dobrobit zajednice, važni su i zdravlje pojedinaca i njihova uzajamna jer je svako od nas poput ćelije unutar totalnosti Jednog Bića.

Ima puno načina kako se može postati koristan za zajednicu i svesno je podržavati. Međutim, pored načina koji su plaćeni, postoji ogroman broj angažovanja na bazi dobrovoljnog rada. Razlika među njima je ogromna. Dobrotvorni rad dolazi iz otmenosti pojedinca koji poseduje unutrašnju jasnost da već živi u izobilju. Takav pojedinac želi da pokloni vreme, entuzijazam, znanje i emotivnu podršku onima koji u tom trenutku imaju manje i tako im pomogne da se osećaju bolje i budu srećniji.

Pre nego što se nađemo na stazi socijalne integracije i filantropskih dela, mi nezaobilazno prolazimo kroz period kompetitivnosti svojstvene dualističkoj svesti.

Ujedinjavanje uprkos razlika

Šta su nam to svete knjige pokušavale da kažu, kroz sebi svojstven narativ? Predstavivši nam pojam Nebeski Raj, da li su nam tako predočile ideju o srećnoj komuni ljudskih bića, sugerišući BOGA (ljubav prema Bogu i ponizno priklanjanje Njegovoj Volji) kao faktor ujedinjavanja? Ako je tako, koliko smo daleko napredovali u tom smeru?

Svete knjige su uspele da ujedine ljude pod plaštom učenja koje nude, mada su se i među sledbenicima istih svetih knjiga pojavile podele. Međutim, uprkos ovih podela, nijedan nebeski program primenjen na našu planetu tokom poslednjih 6000 godina nije okupio milione ljudi na istim koordinatama kao što su to uspeli ovi sveti tekstovi. Ono što je očigledno preostalo da se uradi je da se prestane sa religijski inspirisanim neprijateljstvima i ratovima (kao i onim poteklim od drugih motiva) tako da se ljudi na celoj planeti ujedine – nezavisno od toga koju svetu knjigu slede i da li uopšte slede neku od njih. Kako se to može ostvariti? – Neophodno je da ljudi najpre dovrše evoluciju kroz Religijsku dimenziju, jer oni koji su istinski stekli religijsko obrazovanje tolerišu i ateiste i sledbenike drugih vera, i tri tom nikome ne nameću svoja religijska verovanja.

Religijsko obrazovanje je evolucijska staza kroz specifičnan opseg energija (frekvencija). Te energije su neophodne za evoluciju ljudskog bića u određenom periodu i na određenom stupnju njegovog razvoja. Drugim rečima, svaka sveta knjiga ima svoj *rok trajanja*[104]. Tako je rok trajanja svetih knjiga na našoj planeti, određen od strane relevantnih kosmičkih autoriteta, 2000. godina, tačnije 2014.

To znači da je do kraja XX veka čovečanstvo na našoj planeti trebalo da se zasiti frekvencijama svetih tekstova (18. Evolucijska dimenzija), kako bi bilo u stanju da se otisne u evoluciju kroz univerzumsko znanje izvan religija (19. Evolucijska dimenzija). Sa početkom XX veka započelo je postavljanje temelja Zlatnog Doba. Ovaj novi Gospodnji Poredak će tek od XXIII veka na našoj planeti zablistati punim sjajem.

U momentu bogosluženja, postiže se izvanredno pozitivno stanje bića u kojem ne postoje ni najamnje negativnosti. Pošto pozitivne misli stimulišu našu telesnu auru, proces bogosluženja sugerisan svetim knjigama je obezbeđivao mehanizam za neprekidno jačanje ljudskih bića energijama dopremljenim na Zemlju putem tih knjiga.

Religijsko *bogosluženje*[105] je božanska preporuka. Cilj mu je disciplinovanje, pročišćavanje i razvoj ljudskih bića putem specifičnih vibracija. Ritualne pozicije tela pri molitvi muslimana, sugerisane njihovom svetom knjigom, stimulišu određene unutrašnje telesne organe te tako doprinose fizičkom zdravlju sledbenika.

Energetski spektar svetih knjiga asistira u razvoju ljudske svesti ka nivou religijskog ispunjenja. Kad se taj cilj dosegne, *molitve*[106] gube efikasnost. Drugim rečima, molitve ne mogu da privuku energiju izvan Religijske dimenzije. Stoga energija Univerzumske dimenzije, koja od tada postaje evolucijski zahtev, izmiče onima koji nakon dosezanja religijskog ispunjenja nastavljaju sa praktikovanjem religijskih rituala.

Na tački religijskog ispunjenja, menja se izvor neophodnih evolucijskih energija tako što započinje razvoj putem učenja eksplicitnih univerzumskih istina. Iz alfa energija Religijske dimenzije, prelazi se na evolucijsku prehranu beta energijama iz Univerzumske (Omega) dimenzije. Iako je to nova evolucijska staza, asistiranje nam upućuju isti nebeski autoriteti koji su našoj planeti otkrili sve svete knjige. To je staza onih koji mogu da prihvate jedni druge i uključe se u program ujedinjavanja na nivou univerzuma, reflektovan na ovu planetu.

Samo bezuslovnim i jednakim uvažavanjem svakog ljudskog bića, možemo da se otisnemo u istinsko globalno ujedinjavanje. Ako potpuno razumemo da su mir i prosperitet na planeti od najvećeg interesa za svakog pojedinca, svaku naciju i svaku državu – to znači da smo u stanju da čujemo logiku sopstvene esencije. Stoga ćemo, pre ili kasnije, pronaći dovoljno dobre volje da istrajemo u smeru njenih sagledavanja.

Misija-svest je ukodirana u naše gene

Misija-svest je naša univerzumska dužnost. Ona je ukodirana u naše gene, čime je programirano njeno aktiviranje na određenom stupnju našeg razvoja. U osnovi ove svesti su vrline poput odgovornosti, poštovanja, osećaja dužnosti a iznad svega – samopožrtvovanje. Na tom stupnju, interes kolektiva se postavlja iznad interesa i želja pojedinca. Stoga se univerzumska misija-svest pojavljuje pošto pojedinac transcendira sopstvenu važnost. Takva osoba je u stanju da pronađe značenje u nesebičnom ulaganju svoje energije, znanja i vremena u zajedničku budućnost mira i jedinstva. Otuda ljudi misija-svesti, radeći punim srcem, podržavaju ovu planetu a time i univerzum.

Vremenom, mi se možemo naći u brojnim dobrotvornim organizacijama. Naša esencija će prepoznavati najpovoljniju misiju, i tako jednog trenutka otkriti božju stazu izvan religijske dimenzije i angažovati se na njoj.

Misija-svest se aktivira kad je naša evolucijska svest u saglasju sa specifičnostima energije vremena. Mi se tek tada istinski uključujemo u blagodeti energije vremena u kojem živimo i u stanju smo da je koristimo! To znači da smo prethodno egzistirali poput anahronog organizma, odvojenog od vrednosti sadržanih u energiji aktuelnog vremena prisutnoj u našem životnom medijumu. Sa ovim istančanim podešavanjem postajemo spremni za univerzumsku misiju i ona se spontano pojavljuje na našoj stazi. Od momenta stupanja u tu misiju, svestan doprinos porecima univerzuma postaje imperativ za sreću date osobe. Jer funkcionisanje ispod našeg stvarnog kapaciteta, to jest evolucijskog nivoa, stvara medijum nezadovoljstva.

No, sve je pitanje dozvole, pa i naše dosezanje misija-svesti.

Stvar dozvole

Shodno univerzumskim zakonima, nikakav doživljaj nam se ne nudi sve dok nismo spremni za njegov energetski intenzitet. To znači da je svakog trenutka naš razvoj evidentan moćima koje upravljaju Programom Egzistencije.

U univerzumskim arhivama postoji zapis o svim našim prošlim životima i svim mislima koje smo ikada oformili. Ti zapisi se dopunjavaju na dnevnoj osnovi, putem medijacije NLO[145]-a i ogromnih matičnih brodova. Ovi svemirski brodovi prenose prikupljene podatke (naše tokove misli pokrenute tokom svakog 24-časovnog segmenta) do njihove finale nebeske destinacije gde se pohranjuju u analitičke svrhe. Otuda, iako mi zaboravljamo sopstvene misli, univerzum ih "pamti" jer ih čuva u svojim kompjuterima na personalnim disketama svake osobe.

Stoga nebesko carstvo zna svakoga od nas, to jest ljudska bića na ovoj planeti, bolje nego mi sami. Shodno našem kolektivnom kapacitetu (zasluzi), ono podešava energetske doze upućene Zemlji, kako bi proizvele najbolji evolucijski rezultat.

Međutim, ponekad nam izgleda da smo opterećeni sa više nego što možemo da podnesemo. Kad tako razmišljamo, zaboravljamo da su sve okolnosti uvek rezultat reflektovanja univerzumskih zakona, i tehnologije naprednih dimenzija, na egzistencijalnu ravan naše planete – te nikako nisu stvar slučaja ili greške.

Zasluga, i ono što se pojavljuje u našem životu, nikada nisu direktan rezultat naših ličnih želja. Jer, zaslužiti znači biti u stanju nositi se sa energijom očekivane situacije. Stoga se zasluga prevashodno tiče zakona fizike.

Ako Stvoritelj orkestrira svoje biće sa ciljem prosperitetnog održavanja Sebe, onda Egzistencijalni Program u svojoj osnovi stimuliše naš progres a ne regresiju. Naša iskustva, bilo prijatna ili neprijatna, su stoga prevashodno rezultat Stvoriteljevih namera manifestovanih na našim koordinatama – otuda su božanski zaslužena. Kad su u pitanju događaji u kojima ne učestvujemo: mi ili još nismo spremni za njihove frekvencije ili smo u naše ćelije već ubeležili frekvencije tih iskustava – kao naučenu lekciju.

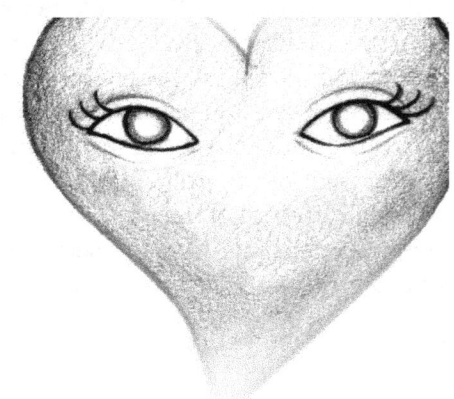

Nema osobe koja ovu temu može detaljno da razradi – jer se na Zemlji odvija u potpunosti automatizovani nebeski program koji je izvan dometa ljudskih bića.

Naše evolucijsko napredovanje teče primenom uređenja postupnosti, na šta se svodi i sam pojam zasluge.

Jedna je istina o našem poreklu i svrsi

Život ljudskih bića na Zemlji je dosegao XXI vek naše ere, nakon milenijuma dugog procesa nastojanja i investiranja od strane nebeskog carstva. Shosno univerzumskim zakonima i programu evolucije, mi prevashodno prolazimo kroz iskustva koja su nam nepohodna – a ne kroz iskustva koja bismo želeli. Po svojoj definiciji, naš razvoj sledi ciljeve energije koju otelotvorujemo.

Evolucijska frekvencija svakog ljudskog bića je ekskluzivna, i pripada specifičnoj dimenziji. Otuda je lična boja osobe jedinstvena; kao i njena lična zvučna vibracija. Međutim, naša svrha je zajednička svim energijama – a to je *služenje porecima univerzumske totalnosti*. Steći ovu svest je evolucijsko dostignuće a svesno služiti univerzume je privilegija. Ljudska bića na našoj planeti su kao masa bila pripremana da od sada dosegnu taj nivo razvoja.

Istina o našem poreklu i našoj svrsi je ista. Širenjem saznanja o životu dalje od našeg sela, grada, države, planete, galaksije... približava nas toj istini. Tek sa shvatanjem sopstvenog kosmičkog porekla, možemo sa sigurnošću da prepoznamo našu istinsku životnu misiju.

Iako trenutno živimo na Zemlji, istina o tome ko smo i zašto smo ovde pripada kontekstu koji prevazilazi fizičke okvire ove planete.

Zrelost srca

Sudelovanjem u misiji koja radi na ujedinjavanju čovečanstva na Zemlji i u univerzumu, dostupno je tek od izvesnog nivoa razvoja ljudskog bića. Kao i po pitanju ostalih stvari, radi se o božanskom tempiranju vezanom za evoluciju pojedinca. Stoga takva misija nije dostupna pre nego postanemo istinski spremni za nju.

Univerzumska misija[107] se stiče oko zrelosti srca: dovoljno razvijenog da može da se nosi sa ometajućim tendencijama prezauzetog uma i da nasuprot njemu eksponira svoju logiku. Zrelost srca je fundamentalna za procese integracije u celokupnom univerzumu.

Ljudi zrelog srca uvek nesebično nude svoju podršku. Taj njihov doprinos dobrostanju zajednice, usluga je celoj vaseljeni. Oni osećaju istinsku zahvalnost za priliku da žive i perpetuiraju sopstveni život. Srećni su po pitanju ko su i šta imaju, jer su shvatili da u jednoj sekundi sve može neprijatno da se promeni i da je svesno biće unutar našeg tela naše najveće bogatstvo, stečeno, to jest zasluženo, kroz eonima duge napore razvijajuće energije.

Pojedinci koji služe vaseljenu sa ovog nivoa svesti, deluju iz svoje esencije.

Oni su u stanju da relativiziraju sopstvenu važnost, i postanu naizgled neegzistirajući – pošto daju prioritet potrebama drugih ljudi, zajednice i Božanskog Poretka. Međutim, upravo takvo služenje aktivira najhumanije aspekte naše persone, kao što su skromnost, saosećanje, prihvatanje i tolerancija. Ispoljavanje ovih vrednosti konsoliduje veličanstvenost našeg bića.

> *Duboko verujem u pravilo kompenzacije. Istinske nagrade su uvek u proporciji sa radom i požrtvovanošću.* – Nikola Tesla.

Svest o jedinstvu

Na mapi svega-stvorenog, naša planeta nije velika ni koliko čestica prašine pa ipak naša egzistencija doprinosi formiranju semena duše, te tako i novih svetova i univerzuma. Pored kosmičke bitnosti ljudskog bića i svaka čestica energije je izuzetno važna, pošto svaka od njih napreduje ka razvijenijim formama. Čestica stremi da postane ljudsko biće, to jest bogolika, manifestovanjem punog genskog potencijala svojstvenog ljudskim bićima (esencija-svest). Iako ljudska bića mogu da čine veličanstvene stvari, na žalost, sa određenim nastrojstvom uma, jedna osoba može da uništi ceo univerzum – stoga je evolucija ljudskih bića striktno nadgledana od strane nebeskih autoriteta.

Savršena ljudska bića obitavaju u svesti o jedinstvu, napajana blagom sopstvene esencije. Ona su transcendirala dualističku svest koja primarno operiše klasifikovanjem percepcija i iskustava u konfrontacijskom maniru, tako što naglašava razlike. Sa druge strane, svest o jedinstvu je u svakoj situaciji fokusirana na zajedničke elemente i ima tendenciju da stvara harmoniju, u kojoj su obe strane "pobednici" i gde ne postoje takozvani *gubitnici*. Ova svest se asocira sa aktivnostima desne moždane hemisfere.

Na stazi svesti o jedinstvu – samopožrtvovanje, osećaj odgovornosti i prihvatanje se maksimalno *testiraju*[108]; ali ne kao usvojeni koncepti, već kroz način ponašanja. Posvećenost Božanskom Poretku i spremnost da se doprinese dobrobiti drugih, su evidentni kroz našu sposobnost da se ponašamo samopožrtvovano.

Misija-svest je staza svetlosti i ne može da postoji bez vrline samopožrtvovanosti. Oni koji osnuju porodicu, a pogotovu kad i sami postanu roditelji, otvaraju program sistematskog treninga za misija-svest.

Misija-svest je zasnovana na ljubavi u kojoj su srce i um lojalni partneri.

makro-svest – MAKRO-TOTALINOST

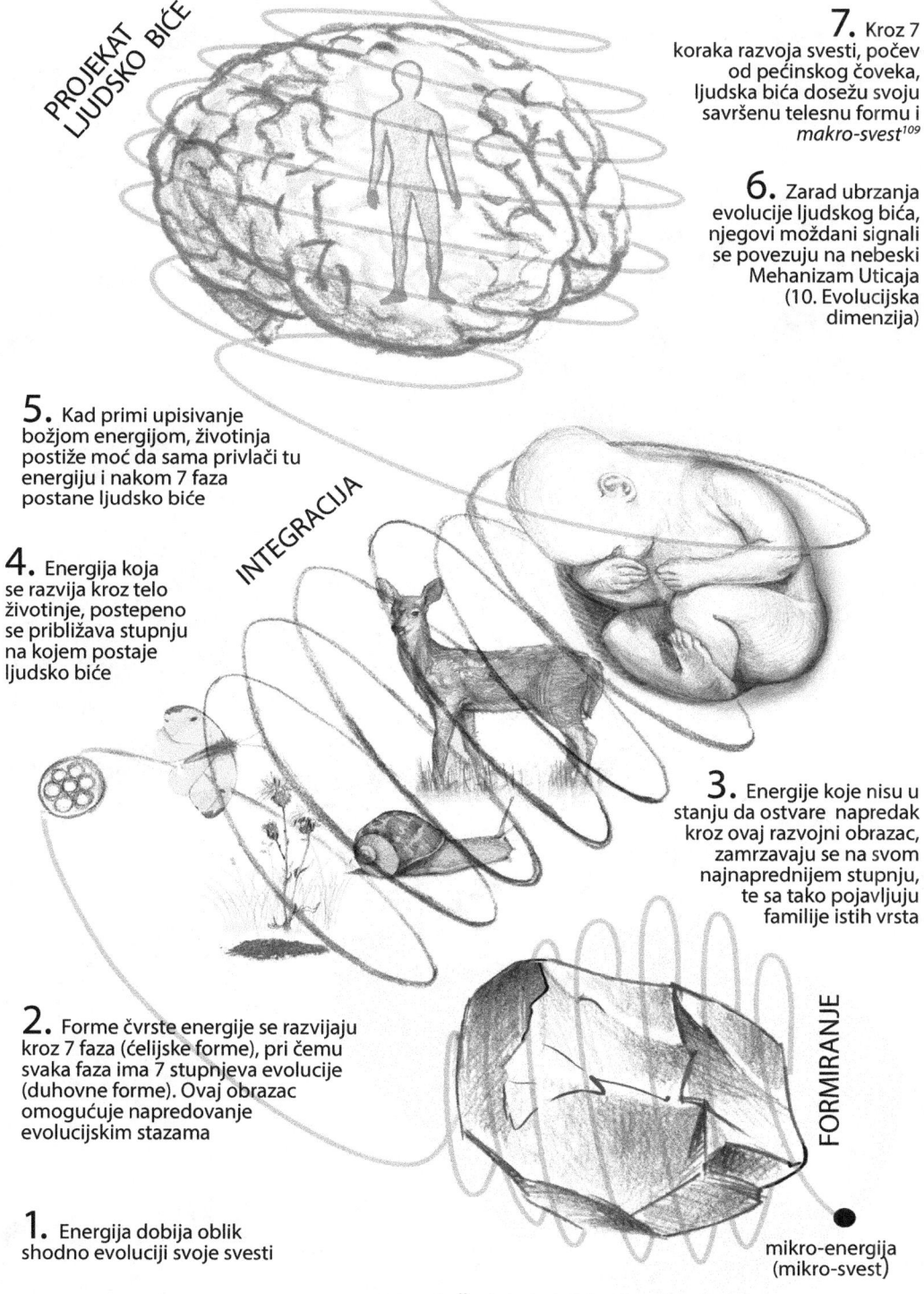

PROJEKAT LJUDSKO BIĆE

7. Kroz 7 koraka razvoja svesti, počev od pećinskog čoveka, ljudska bića dosežu svoju savršenu telesnu formu i *makro-svest*[109]

6. Zarad ubrzanja evolucije ljudskog bića, njegovi moždani signali se povezuju na nebeski Mehanizam Uticaja (10. Evolucijska dimenzija)

5. Kad primi upisivanje božjom energijom, životinja postiže moć da sama privlači tu energiju i nakom 7 faza postane ljudsko biće

4. Energija koja se razvija kroz telo životinje, postepeno se približava stupnju na kojem postaje ljudsko biće

INTEGRACIJA

3. Energije koje nisu u stanju da ostvare napredak kroz ovaj razvojni obrazac, zamrzavaju se na svom najnaprednijem stupnju, te sa tako pojavljuju familije istih vrsta

2. Forme čvrste energije se razvijaju kroz 7 faza (ćelijske forme), pri čemu svaka faza ima 7 stupnjeva evolucije (duhovne forme). Ovaj obrazac omogućuje napredovanje evolucijskim stazama

FORMIRANJE

1. Energija dobija oblik shodno evoluciji svoje svesti

mikro-energija (mikro-svest)

FORME ČVRSTE MATERIJE

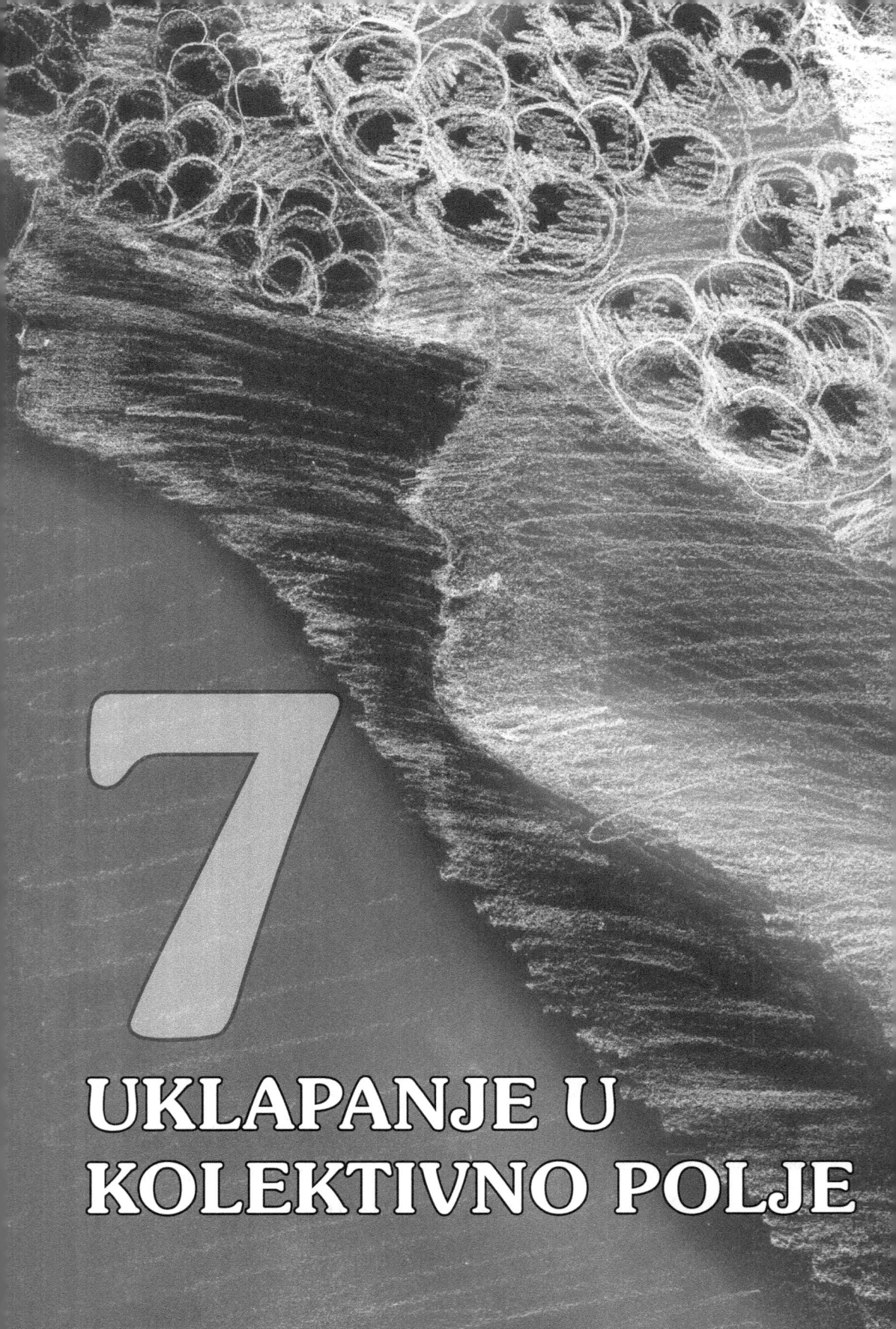

7
UKLAPANJE U KOLEKTIVNO POLJE

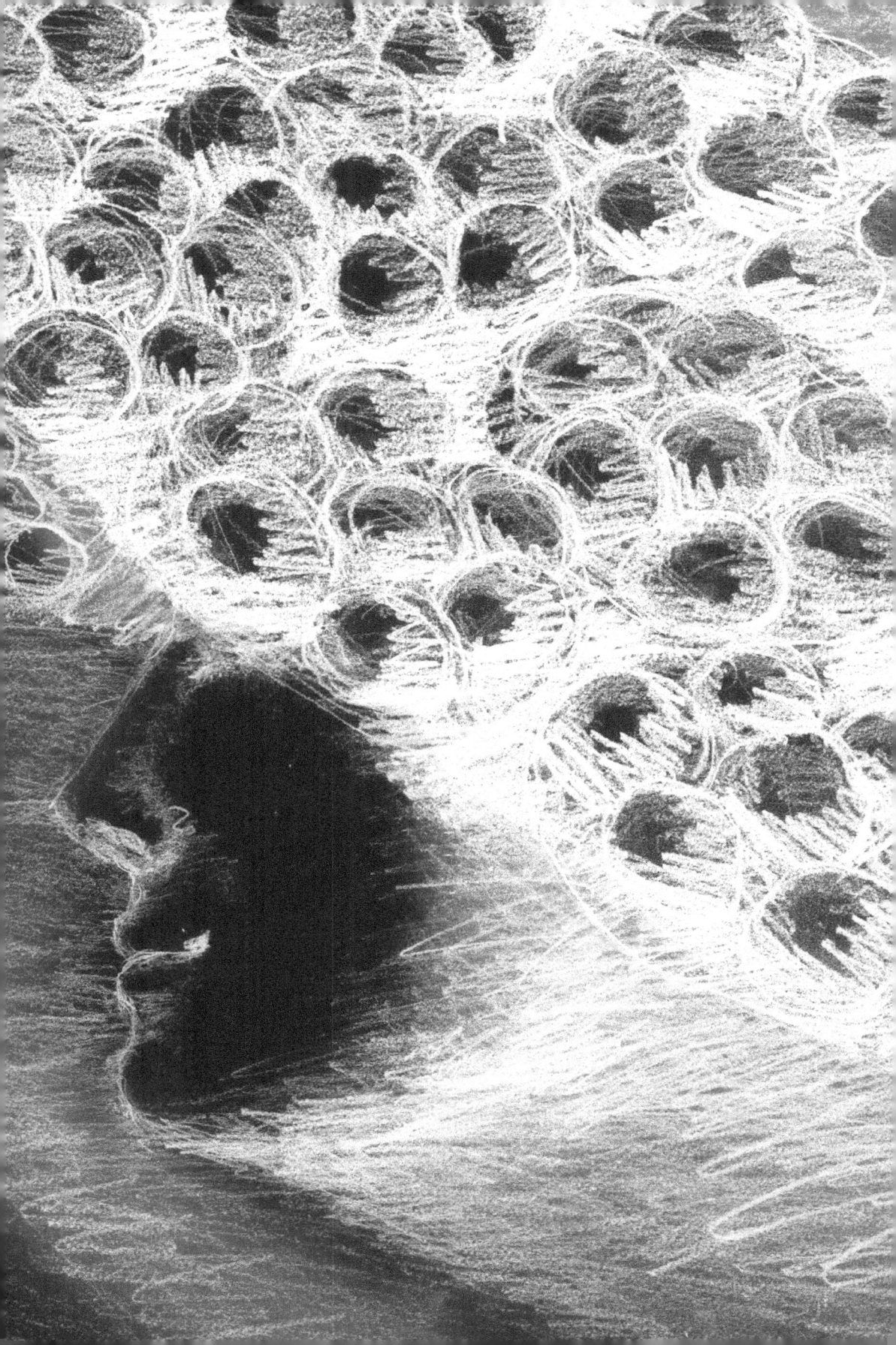

NAUKA I RELIGIJA

Neophodnost vere

Od momenta kad su se pojavile na planetarnoj sceni, nauka i religija postavljaju pitanja koja se tiču porekla života i čoveka. Iako u tom smislu imaju zajedničke ciljeve, njihove početne premise i metode su različite. Usled neprikosnovene posvećenosti svojim gledištima, religija i nauka vekovima opstaju u maniru međusobnog suprotstavljanja i, na žalost, još nisu pronašle konstruktivni način da prihvate istu fundamentalnu istinu.

Nauka ne saopštava svoje mišljenje dok prethodno datu pojavu ne propusti kroz sito svoje metodologije, u potpunosti zasnovane na principima koje je sama ustanovila. Naučnici koriste eksperimente, merenja, analizu – i dominantno funkcionišu kroz levu moždanu hemisferu.

Sa druge strane, religija sugeriše da krajnje istine pripadaju transcendentalnom medijumu, i da su nezavisne od naše sposobnosti da ih doživimo. Emanuel Kant, nemački filozof XVIII veka, je isticao da ljudsko biće poseduje inherentne kognitivne sposobnosti koje ga osposobljavaju da zna, prosuđuje ili argumentuje – pre bilo kakvog iskustva. Ovo *unutrašnje znanje* se blisko odnosi na čistu veru.

Kao mentalna kategorija, vera se može dovesti u vezu sa aktivnostima desne moždane hemisfere. Ova strana mozga procesuje informacije na holistički način, intuitivno, kreativno, i sposobna je da identifikuje značenje naizgled nepovezanih elemenata.

Sve religijske doktrine su propagirale veru kao most ka duhovnom izvoru. Međutim, vera je neophodna za naš razvoj čak i izvan okvira religijske dimenzije. Tada to nije ni strahom-vođena niti slepa vera, već svesna vera.

> *Ako ne postoji nada, nema ni zadovoljstva u nauci, i sve dok čovek živi bez ideala, on je nesrećan. Religioznost je jedan od plemenitih ideala i čini se da su veliki reformisti, koji su veoma davno postavili pravila ponašanja, bili u pravu u svojim zaključcima izjavljujući da mirna egzistencija i neprekidni napredak čoveka suštinski zavise od koncepta BOGA.*
>
> *– Nikola Tesla*

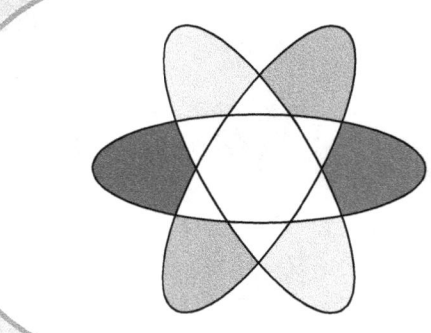

Spajanje dveju staza

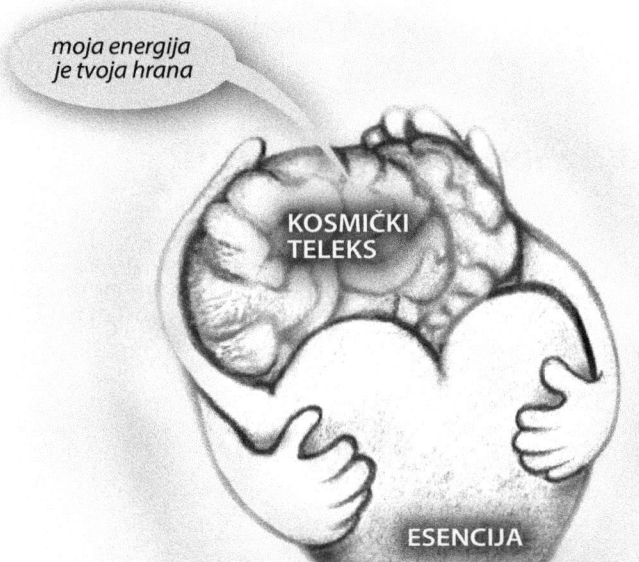

Iako nauka otkriva mnoge stvari koje se tiču sveta pa i svemira, ona nikada neće biti u stanju da svojim metodama dokaže Stvoritelja. Razlog je veoma jednosatavan – da je Bog fenomen koji se može dokazati pomoću kapaciteta zemaljske ili bilo koje druge svesti ili putem tehnologije, On ne bi bio ABSOLUTNA (ESENCIJA) MOĆ iza svega što postoji. Međutim, nauka će se pomeriti bliže razumevanju i opisu ove Moći koja je kvintesencija bića, tek onda kad snažno zakorači u ono što smatra duhovnim i natprirodnim.

U religijskoj areni vernici zapravo OSEĆAJU vezu sa Bogom i nemaju potrebu da racionalizuju to iskustvo – niti traže naučnu validaciju kako bi prihvatili aktuelnost Boga.

U naprednim dimenzijama, nauka i religija su integrisane u jedno znanje, mada su na evolucijskoj koordinati naše planete to još uvek dve odvojene avenije učenja. Ako nauka i religija nastoje da dosegnu univerzumsku istinu o poreklu energije, materije, života i čovečanstva, njihovi bi zaključci trebalo da budu isti – pošto postoji samo jedna istina koja se tiče geneze svega-stvorenog.

Kad ove dve, suštinski komplementarne, staze udruže svoje snage – biće to trijumf čovečanstva. Tada će se povezati fizika i metafizika, intelekt i srce. Egzistencijalna istina, prihvaćena i od naučnika i od vernika, će tada postati jedna istina.

Istina racionalnog uma će u isto vreme biti i istina srca koje voli.

ISTINA SE DOSEŽE KROZ INTERAKCIJU

Zemlja i firmament se sve jače povezuju

Univerzumska istina je prisutna u našim genima. Kako bi se animirao taj potencijal, ljudsko seme je stimulisano tokom brojnih života upotrebom neophodnih energija. Te energije se projektuju na našu planetu niz *prizmatične putanje*[110] nebeskog mehanizma refleksije. Zapravo se projektuju energetske čestice specifičnog kvaliteta, pripremljene shodno nivou svesti na našoj planeti u datom vremenskom trenutku. Ove kosmičke kiše su izvor informacija, a u isto vreme i faktor koji povezuje Zemlju i nebeska carstva.

Naša starija braća i sestre borave u kosmičkim dubinama, iz kojih nam svakodnevno stižu kosmičke energije. Kako raste naša sposobnost da koristimo kosmičke energije, Zemlja i *firmament*[111] se snažnije povezuju. Ta veza je veoma stvarna i deo je istine o nama. Međutim, milenijumima je ovaj faktor izmicao našoj pažnji.

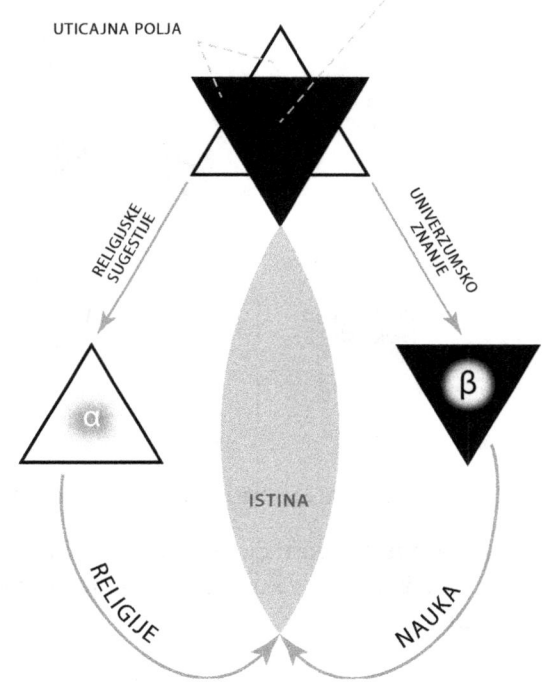

šestokraka zvezda:
SIMBOL FOKALNE TAČKE
BOŽANSKOG PLANA

Onoga dana kad nauka počne da studira metafizičke (duhovne) fenomene, ostvariće veći napredak u jednoj dekadi nego u svim prethodnim stolećima svog postojanja.
– Nikola Tesla.

Šta je istina

Ovo pitanje je verovatno staro koliko i sposobnost ljudskog bića da razmišlja.

Postoji li više nego jedna istina na svaku temu i, ako je tako, kako ćemo se složiti koju istinu prihvatiti za individualnu i socijalnu primenu?

Takođe, da li smo svesni da postoje istine kosmičkog porekla i značaja, zasnovane na fundamentalnim *univerzumskim zakonima*[112]? Sve što jeste je predmet tih zakona. Čak su i rascvetavanje cveta ili dolazak oluje, manifestacije ovih predodređenih poredaka.

Ono što nazivamo *slučaj* ne postoji u lancu života; svaka okolnost je medijum pripremljen shodno univerzumskim zakonima. To znači da je i svaki susret dva ljudska bića nebeski aranžiran tako da se dogodi u najbolje vreme i na najboljem mestu kako bi se postigli neophodni rezultati, uz najmanji utrošak energije.

Uzvišeno carstvo[113] koje je posejalo život na Zemlji i dovelo ga do nivoa ljudskog bića XXI veka nove ere, sve vreme na našu planetu primenjuje univerzumske zakone – isto kao što to čini na drugim planetama i galaksijama. Neki od tih zakona se odnose na prirodu a neki na upravljanje. Entiteti koji postaju svesni univerzumskih zakona, istinski ih poštuju; i svesnim služenjem unutar tih zakona oni izražavaju svoje uvažavanje Stvoritelja.

Istina, sadržana u univerzumskim zakonima, je interpretirana od strane nebrojenih nivoa shvatanja ljudi koji fukcionišu na raznim koordiantama. Te koordinate su koordinate nivoa svesti. Pošto su koordinate različite od osobe do osobe, percepcija iste realnosti nezaobilazno odražava individulani razvojni nivo osobe. Tako je svako od nas posednik jedinstvenog gledišta i iskustava, čak i po pitanju iste teme. Zapravo smo svi mi u pravu. Ipak, u svrhu srećnog sveta, neophodno je da se dogovorimo oko opštih istina koje su najbliže univerzumskim zakonima. U protivnom se može desiti da ostanemo u inidvidualističkoj, antagonističkoj i separatističkoj ravni dualističke svesti.

Realnost na Zemlji se menja tako rapidno, kao da se odvija proces globalne transfuzije krvi. Planetarni životni medijum se ojačava snažnijim, nama nepoznatim, energijama koje nose nove informacije i istinu iz tajanstvenih kosmičkih dubina. Te energije pogađaju sva ljudska bića i njihova zemaljska ustrojstva – mada većina populacije nije svesna porekla i svrhe pritisaka koje život na Zemlji trenutno pravi na svakoga od nas. Međutim, osećanje da život nije kakav je bio, čak i do pre samo nekoliko godina, je sveprisutno.

Nove kosmičke energije, delujući kao nova krv, nemilosrdno zahtevaju promene. Ma kako bolne te promene mogu da izgledaju, njihov krajnji rezultat je na našu korist.

Individualne istine je potrebno uveliko relativizirati i propustiti kroz prizmu univerzumske energije/znanja zarad njihove provere i validacije – kako bi mogle da reflektuju trajni kvalitet univerzumskog standarda.

Uklapanje u grupu

Ljudska bića su socijalna bića. Međutim, potrebno je da najpre razvijemo osećaj individualnosti a potom prevaziđemo individualizam kako bismo postali uspešni u društvenom kontekstu. Stoga, mi vremenom učimo da budemo skromni i da pronađemo konstruktivni položaj unutar sve šire socijalne grupe.

Život sa dugima i interakcija sa njima i sa okruženjem su krucijalni za odvijanje našeg genskog programa. Jedna staza određena našim genskim kodom čini da postižemo fizičke veštine tipa hodanja, govora, trčanja, pevanja. Ona se živi na instinktivnom nivou, a podržana je od strane našeg socijalnog okruženja.

Druga *evolucijska staza*[114], uprogramirana u naše gene, je staza obrazovanja koja obezbeđuje razvoj naše svesti. Za otvaranje i uspeh te staze, presudna je misao; međutim, bez naših socijalnih interakcija ni naša svest se neće normalno razvijati. Otuda socijalni hermiti izlažu opasnosti svoju emocionalnu i socijalnu inteligenciju, kao i svoj opšti razvoj. Ako bi se dete značajno lišilo socijalne interakcije, ono bi zaostalo u razvoju i bilo poput neispisane table *(tabula rasa)*.

Mi smo postali mi današnjice, upravo zahvaljujući napretku naše svesti duž ove druge razvojne staze.

Bogata socijalna mreža je idealna za mnoge aspekte naše evolucije, jer svaka socijalna interakcija može da nam pomogne da bolje upoznamo sebe. U tom evolucijskom procesu, cilj je gledati na sve druge ljude i tretirati ih onako kako bismo želeli da drugi tretiraju nas. Jer, mi smo jedno telo čovečanstva i svojstveni su nam isto poreklo i isti evolucijski cilj – nezavisno od svih atributa naše ličnosti ili nacionalne grupe. Razlike među nama su dragoceni faktor koji polira naše oštre ivice. Doživljavajući ih, mi se osvedočujemo o same sebe unutar toka ljudskih energija, te se tako naša duhovna zrelost neprekidno testira.

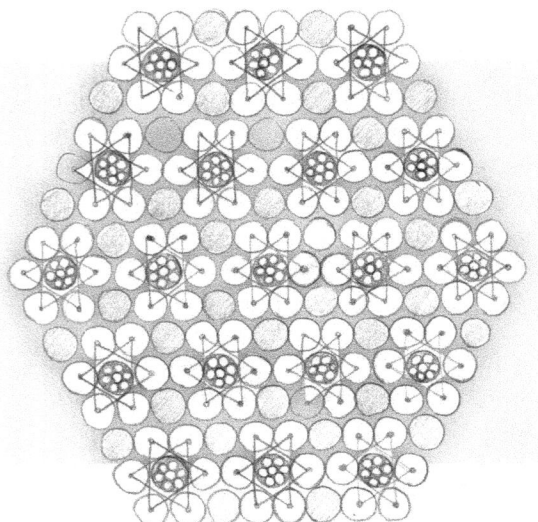

Istina o našem evolucijskom uzrastu je evidentna iz našeg ponašanja. Trenutne okolnosti na planeti, reflektovane na našu lokalnu sredinu, predstavljaju izazovnu energetsku mešavinu, gde je svaki

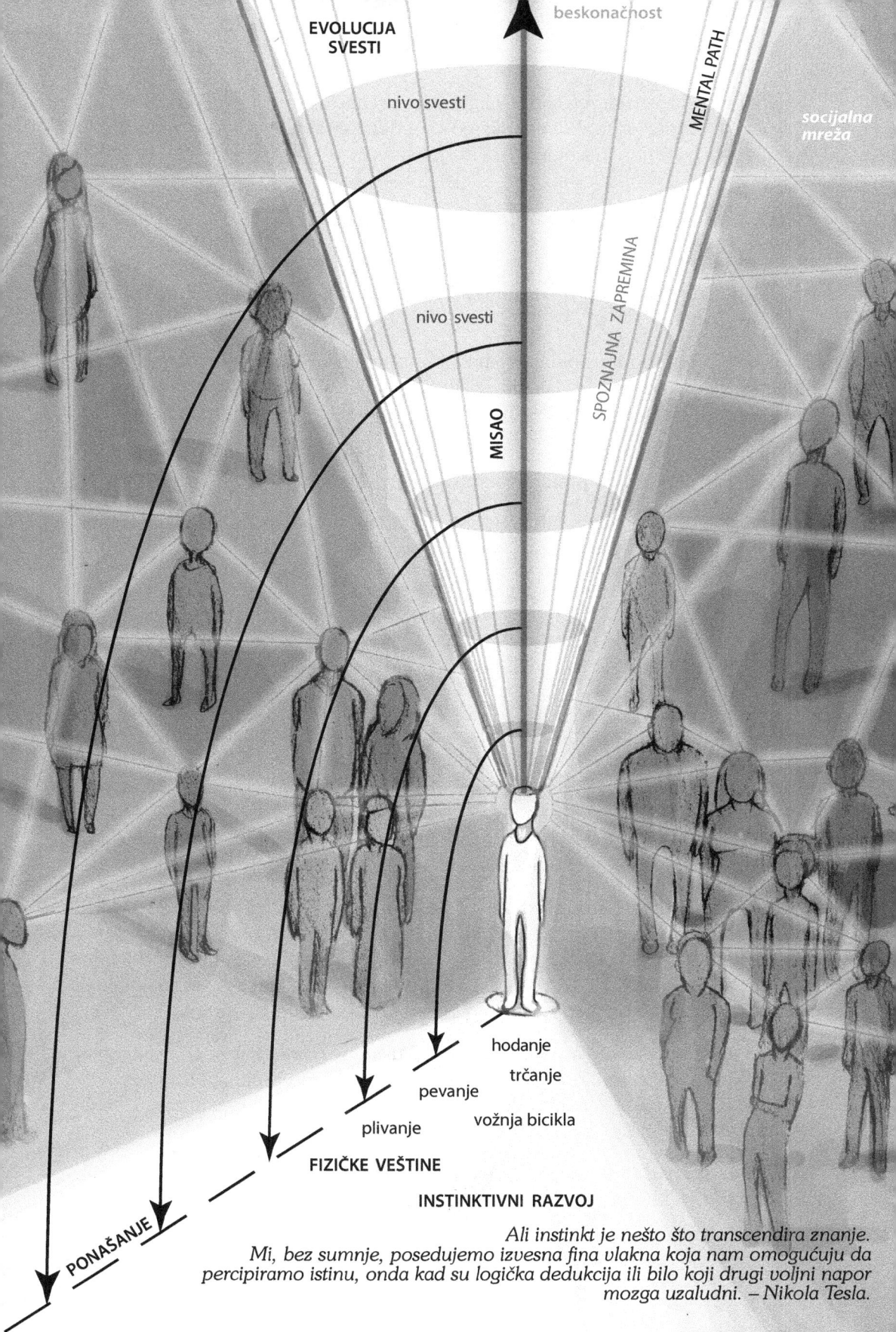

događaj svojevrsna energetska konfiguracija božanski modelirana da nas testira. Doživljaji su naša šansa da integrišemo određene energije sa sopstvenim bićem i nastavimo putem ka osvajanju novih savršenstava.

Porodica je evolucijska institucija

Prevazilaženje gledišta individualističke svesti je sposobnost koja se postiže kroz evoluciju. Spoznaja tako prolazi kroz stupnjeve – Ja, Ja-Ti, Mi – kao stanice iz kojih operiše.

Ja-nivo je prevashodno fokusiran na lične potrebe i želje, i uglavnom ignoriše ostatak sveta. Možemo ga uočiti u slučaju dece ili veoma starih ljudi. To je prirodni stav, neophodan za zaštitu onih koji su najkrhkiji i najmanje nezavisni.

Ja-Ti nivo uzima u razmatranje i drugu osobu. On pravi jasnu distinkciju između dva seta interesa, mada preferira da zadovolji svoje lične.

Mi-nivo ne čini lične poteze ako oni nisu usklađeni sa interesima i koristima svih, jer je lični interes od drugorazrednog značaja za takvu osobu.

Mi-nivo se otvara kroz program porodičnog života. U tom medijumu, svaki član ima šansu da nauči da deluje pre svega u interesu svih članova. Dok živimo sa porodicom, od nas se neprekidno traži da prevazilazimo značaj mnogih naših ličnih pogleda i ideja, kako bismo se harmonizovali sa energijom grupe.

Ako uprkos svih izazova ostanemo lojalni svojoj porodici (izuzev u slučajevima nasilja), nadmašićemo same sebe jer ćemo razviti vrline poput samopožrtvovanja, privrženosti, odgovornosti, poštovanja, prihvatanja i svesti o jedinstvu. Iz tog razloga, život odrasle osobe koja nije zasnovala porodicu omogućava sporiji evolucijski tok jer je ona lišena najsnažnijeg medijuma testova – onog u kojem vlada ljubav naših najbližih. Porodica je neosporno dragocena evolucijska institucija. Stvoritelj je visoko uvažava, i taj stav je preneo kroz svoje svete knjige.

Odlazak iz sopstvene porodice isključivo iz razloga nesloge, teško da donosi vredno rešenje u smeru brzog toka evolucije. Jer promena okruženja ne menja automatski aspekte naše persone koji su bili neuspešni u unutar-porodičnim odnosima. Pre ili kasnije, i u novoj sredini, svaki naš evolucijski nedostatak će ponovo isplivati na površinu, čekajući na naš napor da ga ispoliramo.

Kad je u pitanju program evolucije, nužna iskustva se ne mogu izbeći. Odlaganje, kako bi se izbegli izvesni doživljaji, samo pogoršava našu situaciju. Isti izazovi će nastaviti da nas prate a nove okolnosti će im dodati novu energiju/masu, te će nam trebati više snage da prevaziđemo stare slabosti.

Ljudi lako mogu da promene medijum u kojem žive; ali pozitivna promena njih samih, zahteva mnogo više.

SPAS JE U ISTINSKOM JA

Vreme se ubrzava

Planeta Zemlja nije čaura, potpuno zatvorena za spoljne, kosmičke, uticaje – niti je prepuštena okvirima razvoja kojeg isključivo njen lokalni, planetarni, medijum dopušta. Kao entitet u kompleksnom telu Singularne realnosti, Zemlja je predmet programa, stimulacije i nadzora koji potiču iz viših dimenzija. Ti kosmički uticaju se pripremaju shodno planetarnoj frekvenciji (nivou evolucije na Zemlji).

U životu jedne civilizacije, kad se kolektivna radoznalost proširi izvan planete koju ona naseljava i dosegne spoznaju o mogućim višim nivoima razvoja od njenog sopstvenog, veoma značajna evolucijska tačka se markira na grafikonu razvoja te civilizacije.

Te druge egzistencijalne ravni su druge evolucijske dimenzije. Svaka od tih ravni je domaćin novoj svesti specifičnom za njenu sopstvenu dimenzionalnu energiju. Frekvencija i intenzitet energije evolucijskih dimenzija takođe utiču na vrednost slova i brojeva, kao i na percepciju vremena u tim medijumima. Stoga se, usled energetskih razlika, zakoni fizike i računanja razlikuju među evolucijskim dimenzijama. Tako kalkulacije nauke na ovoj planeti, ma koliko korektne shodno njenim sopstvenim postulatima, mogu da ne budu direktno primenljive u nekim drugim realnostima, gde rezultat sabiranja 1+1 ne mora da bude 2.

Vreme se takođe menja[115], pošto na njega utiču brzine kosmičkih struja koje stižu na datu planetu, kao i drugi kosmički faktori. Kako se povećava brzina tih struja, vreme se ubrzava – i upravo se to trenutno događa na našoj planeti. Otuda pritisak na čovečanstvo da se akomodira na sve snažnije energije, to jest da se razvija sve brže.

Duhovna snaga povećava našu fizičku izdržljivost

Da bi dosegnula sledeću višu dimenziju, razvijajuća energija ulaže velike napore. To dostignuće je, energetski i po pitanju svesti, fizički merljiv poduhvat – mada još uvek izvan tehnoloških mogućnosti naše planete. Međutim, pošto nebeski autoriteti kroz svoje mehanizme nadgledaju razvijajuće energije, uznesenje tih energija u višu dimenziju je dopušteno tek po ispunjenju nužnih uslova (po dosezanju merljivih parametara).

Tako na primer, da bi ljudsko biće ovladalo interplanetarnim putovanjem putem metode *teleportacije*[116/146], neophodno je da dovrši evoluciju kroz 7. Evolucijsku dimenziju.

Telesne ćelije ljudskog bića tada dosežu koordinate svesti mozga, i svaka od njih postaje ćelijski mozak. Takvo telo je stvarno, svetrajuće telo. Svi naši evolucijski napori vode ka tom stupnju zvanom *savršeno (ISTINSKO) ljudsko biće*. Važno je uočiti da za jačanje tela nije dovoljno odlaziti u gimnastičku salu. Njegova snaga je proporcionalna pročišćenosti naše esencije, to jest intenzitetu esencija-energije koju smo u stanju da privučemo i zadržimo u našim ćelijama. Stoga, kako se duhovno pročišćavamo i postajemo sve bolja ljudska bića, sa pregrštom divnih atributa mi postajemo i fizički snažniji.

Nikola Tesla je predvideo tačku u evoluciji čovečanstva na kojoj će naša lična aura, te stoga i magnetno polje zajednice i države, postati neprobojni za bilo koje oružje. Tako će i sam rat izgubiti smisao, jer ćemo mi fizički biti moćniji od njega. Svet trajnog mira, udobnosti i sreće, će se pojaviti jedino kao direktna posledica našeg duhovnog razvoja – tokom kojeg dovršavamo evoluciju esencije i ujedinjujemo moždane energije sa našim telesnim energijama. Kad ostvarimo taj podvig, ništa i niko izvan naše volje neće biti u stanju da vrši uticaj nad nama. Naša volja će funkcionisati kao *Volja Totala*.

Spajanje duhovne energije i energije materije

Shodno univerzumskoj klasifikaciji energije, naše sadašnje fizičko telo je sastavljeno od energije koja se ne smatra stvarnom. Da bismo posedovali naše stvarno telo, neophodno je da duhovno odrastemo. U tom procesu mi potražujemo univerzumsku energiju, koja je naša esencija-energija (duhovna ili beta energija). Ta energija pripada gruboj materiji našeg tela. Ako se ne zasitimo njome, telo neće postati savršena i svetrajuća celina. Naše sadašnje fizičko telo je krhko i evolucijski nedovršeno – kao prazan kalup, čija unutrašnjost čeka na svoju esencijalnu energiju.

Evolucija je program koji nas vodi ka našem istinskom identitetu, kako fizičkom tako i mentalnom. Brzina tog procesa odgovara našoj spobnosti primanja energija, snažnijih od onih prisutnih u našem životnom medijumu, i akomodiranja na njih. Kad se naš potencijal na zemaljskom planu poveća i izjednači sa potencijalom na duhovnom planu, mi od Duhovne totalnosti potražujemo svu duhovnu energiju koja nam pripada. Tako naše telo dobija svoju esencija-energiju i dovršivši svoj razvoj postaje STVARNO.

Za dosezanje tog nivoa, primarno je naše pročišćavanje – a za uspeh u tom poduhvatu, nezaobilazne su samodisciplina i snaga volje. Tada su ćelije u stanju da prime esencija-energiju, hitajući ka ostvarenju svoje evolucije. U tom procesu, svest svake ćelije doseže koordinate cerebralne svesti te svaka od nih na kraju postaje ćelijski mozak. Sledeći ovaj ogromni trijumf našeg ćelijskog potencijala, naše telo će dosegnuti svoju punu evolucijsku formu.

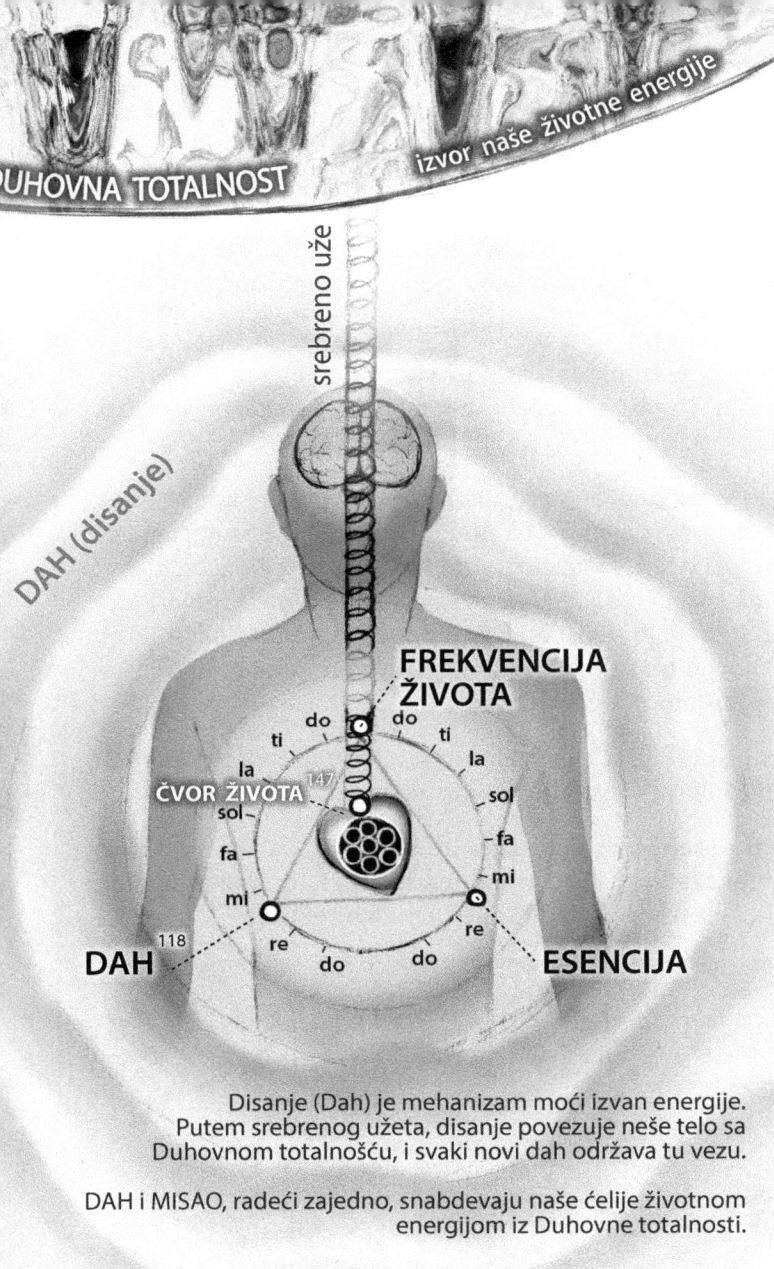

Disanje (Dah) je mehanizam moći izvan energije. Putem srebrenog užeta, disanje povezuje neše telo sa Duhovnom totalnošću, i svaki novi dah održava tu vezu.

DAH i MISAO, radeći zajedno, snabdevaju naše ćelije životnom energijom iz Duhovne totalnosti.

Na tom stupnju, mi ćemo steći uzvišenost univerzumskih proporcija, i moć univerzumske totalnosti će se spustiti u nas.

Od iskonskih je vremena univerzum čekao na ovo naše potraživanje. Dok ga ne ostvarimo, sve naše ćelije će biti na *različitim nivoima evolucije*[117] – iako sve rade zajedno, na dobrobit celog tela. Iz tog razloga, ako bismo sada bili predmet teleportacije, naše dezintegrisano fizičko telo bi se reintegrisalo tako što bi izvesni delovi nedostajali – jer se naša ćelijska i cerebralna svest još uvek nalaze na različitim koordinatama.

Dosegnuti naše stvarno telo je naša genska sudbina i istinski spas. Do tog ostvarenja dolazi sa apsorbovanjem svetlosti iz kosmičkog duhovnog izvora, kako bi se postepeno ojačao naš ćelijski i cerebralni potencijal. Tako će naša esencijalna ćelijska konstitucija, konačno sačinjena od *nezapaljive energije*[119], steći kapacitet prevoznog sredstva pogodnog za kosmička putovanja.

Na tim putovanjima, telo od čvrste materije se na jednoj planeti "razgradi" a zatim "sagradi" – shodno energetskim parametrima završne kosmičke destinacije. Takvo telo nam je neophodno za budućnost zvanu Zlatno Doba, i uprogramirano je u naš esencija-gen.

Kako obezbediti život u budućnosti

Spas[120] je pojam koji je u svetim knjigama uveden unutar specifičnog koneksta, kao i pojmovi Uskrsnuće i *Poslednji Sud*[121]. Na osnovu univerzumskog znanja trenutno pristupačnog na našoj planeti, ove teme dobijaju novo značenje koje se proteže izvan Religijske dimenzije.

Spas osobe podrazumeva sticanje zasluge za razvoj, a potom i dovršetak razvoja, kroz 7. Evolucijsku dimenziju, to jest Dimenziju Savršenstva (savršeno ljudsko biće = STVARNO ljudsko biće).

U hijerarhiji solarnih sistema, shodno univerzumskom uređenju, 7. Evolucijska dimenzija pripada 4. Solarnom sistemu. Unutar sopstvene konstitucije, 4. Solarni sistem obavlja evoluciju 14. Solarnog sistema (to jest 17. Evolucijske dimenzije). *Ovaj princip refleksije*[122] važi za glavne evolucijske dimenzije (13. do 19. se redom reflektuju na 3. do 9. dimenzije). Drugim rečima, naprednji solarni sistemi reflektuju svoje evolucije na solarne sisteme nižih evolucijskih dimenzija – i tako se odvija priprema i trening za više dimenzije.

Dimenzija Savršenstva, ili 7. Evolucijska dimenzija, je najviša evolucijska dimenzija prisutna u našem solarnom sistemu i svojstvena je planeti Saturn.

Ljudsko biće inkarnirano u našem solarnom sistemu se postepeno razvija kroz frekvenicije i energetske intenzitete ovog solarnog medijuma i, jednog trenutka, prerasta program umiranja i reinkarniranja (4. Evolucijska dimenzija).

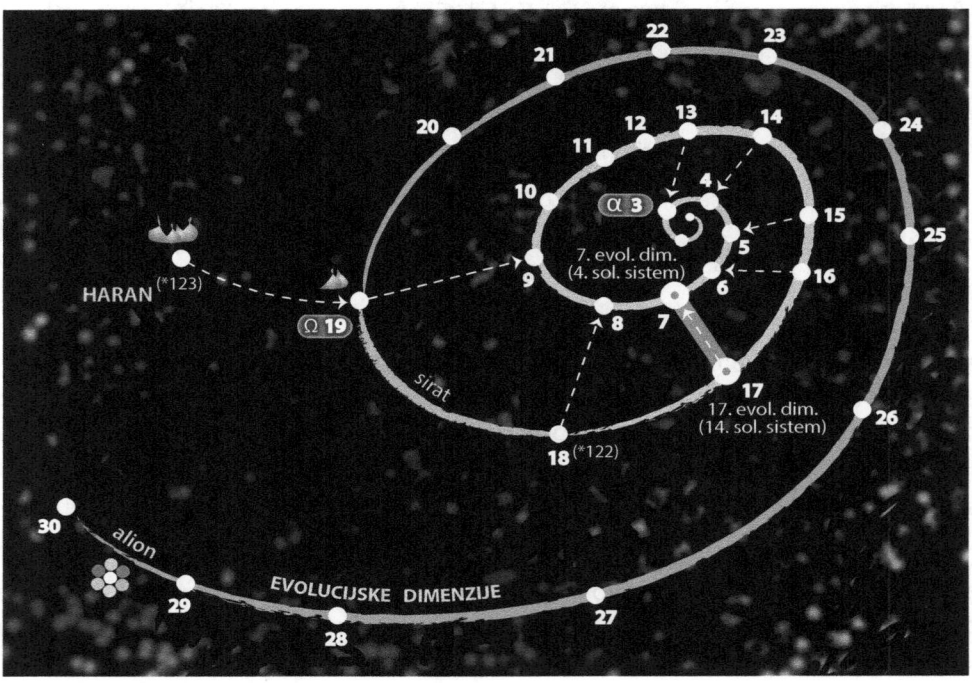

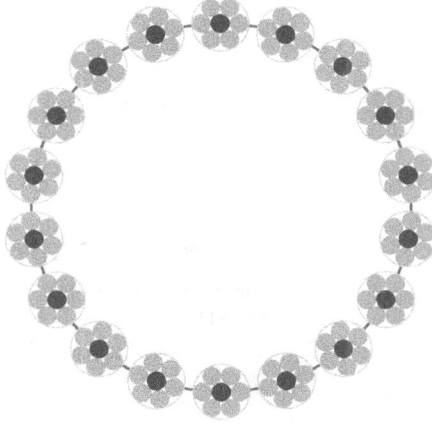

Sa ulaskom u 5. Evolucijsku dimenziju (*Karena*), otpočinje intenzivna priprema za Dimenziju Besmrtnosti. Po dosezanju nivoa besmrtnosti (6. Evolucijska dimenzija), entitet unutar našeg solarnog sistema nastavlja da se razvija do nivoa savršenstva koje mu je evolucijski programirano, a ostvaruje se sa dovršetkom evolucije Saturna. Osoba tako stiče suverenintet nad sopstvenim telom i nad samom sobom. Tek nakon toga, ona je u stanju da napusti naš solarni sistem i odabere svoj budući nebeski habitat i zadatke na novoj koordinati unutar egzistencijalnog uređenja.

Ako osoba ne dosegne nivo punog genskog ostvarenja (7. Evolucijska dimenzija), da li to znači da niži evolucijski nivoi ne mogu da obezbede trajnu egzistenciju našoj razvojnoj energiji? Ako se držimo osnovnog značenja reči *spas*, i verujemo u izvor koji nam je poslao svete knjige i predočio pojam spasa, odgovor bi trebalo da bude *"da"*.

U kontekstu ove biblijske teme, *poslednji sud* bi mogao da predstavlja proces selekcije, dok bi *uskrsnuće* bilo pomak svesti neophodan da obezbedi *spas*.

Intenziviranje energije

Shodno evolucijskom poretku našeg solarnog sistema, najniži razvojni nivo se odvija na našoj planeti. Najniži rang od ukupno 9 rangova Duhovnog Plana i najniži rang od ukupno 9 rangova Gospodnjeg Poretka se stoga reflektuju na Zemlju. Preostalih osam rangova se reflektuju na ostale planete našeg solarnog sistema.

Kad je u pitanju vrsta evolucije unutar našeg solarnog sistema, na planetama pre asteroidne zone (Merkur, Venera, Zemlja i Mars) se odvija takozvana *horizontalna evolucija*[124], putem specifične primene religijskih učenja. Obrazovanje kroz univerzumsko znanje se odvija na pet planeta posle zone asteroida i ta evolucijska staza se smatra *vertikalnom evolucijom*[124]. Finalni stupanj religijskog treninga je na Merkuru, dok je završni stupanj univerzumske evolucije na Saturnu. Krst je simbol ove dve razvojne staze (horizontalna i vertikalna).

Kako bi se olakšao prelazak iz Trećeg u Četvrti Gospodnji Poredak, to jest u Zlatno Doba, putem naročitih kosmičkih uticaja i asistencije pružene ovoj planeti, nebesko carstvo je stvorilo medijum *ubrzane evolucije*[125] kroz energije Univerzumske dimenzije. Otuda, ljudska bića danas imaju jedinstvenu priliku da na ovoj planeti privuku svu duhovnu energiju koja pripada njihovom telu od čvrste materije, te tako dosegnu 7. Evolucijsku dimenziju iako još uvek žive na Zemlji.

Ako verujemo da nam Bog nikada ne daje zadatke koje ne možemo da izvršimo, trebalo bi da verujemo i u sopstveni kapacitet za ostvarenje tog kolosalnog cilja.

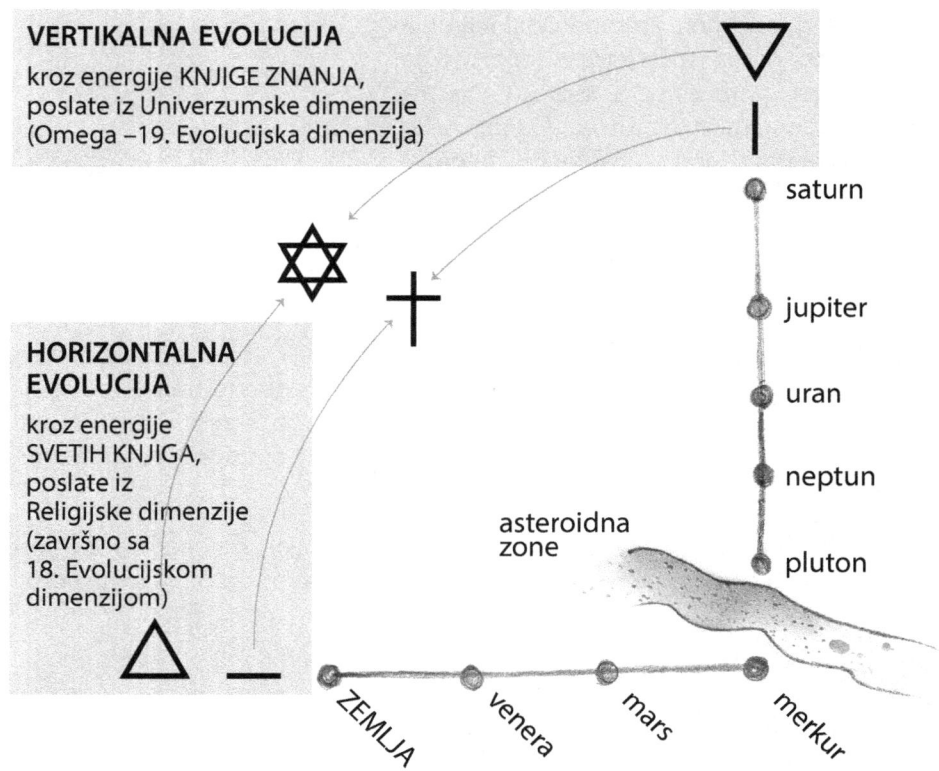

Sadašnja ubrzana evolucija, dakle, podrazumeva neuobičajeno efikasno apsorbovanje kosmičke energije. Na primer, količina energije za koju su u prošlosti trebali vekovi kako bismo je prikupili na Zemlji, sada bi trebalo da se primi i asimilira neuporedivo brže. Ako ljudsko biće u tom smislu izrazito podbaci, život na Zemlji bi mogao da postane sve neprijatnije iskustvo – usled pritisaka kosmičke energije koju smo programirani da primimo upravo sada, kao neizostavnu evolucijsku komponentu.

Počev od februara 2013., da bismo održavali korak sa porastom intenziteta kosmičke energije koja pristiže na Zemlju i izbegli negativne posledice, u svakom trenutku, u svakom dahu, trebalo bi da primamo onoliku količinu energije koju smo u prethodnim Gospodnjim Porecima akumulirali tokom 1000 godina!

Ove zahtevne okolnosti su zapravo na našu korist. One nam nude mogućnost da u ovom životu postanemo savršena ljudska bića i tako stavimo krunu na naše eonima duge evolucijske napore. Ovakav evolucijski podvig će čovečanstvu obezbediti permanento mesto u egzistencijalnim uređenjima budućnosti.

Pošto je sadašnji evolucijski stupanj ljudskog bića ove planete presudan za njegovu budućnost, nebeski autoriteti se nalaze u stanju mobilizacije. Pomažući nam da dovršimo evoluciju na ubrzani način, oni nam zapravo asistiraju u prevazilaženju programa smrti i reinkarnacije. Međutim, i pored ogromne nebeske pomoći, niko do mi sami ne može da uradi naš domaći zadatak u ovoj kosmičkoj školi pripreme na Zemlji. Takođe, kroz njen intenzivni nastavni program, niko ne obavlja selekciju nad nama do mi sami – putem sopstvenih misli i dela.

Shodno programu Zlatnog Doba, postoji dakle imperativ da ljudska populacija na ovoj planeti trenutno privlači, asimilira i koristi ogromnu količinu kosmičke energije kako bi bila u stanju da napreduje shodno kosmičkom dijagramu razvoja na Zemlji tokom XX, XXI i XXII veka. Možda bismo stoga mogli iznova da razmislimo i o pojmovima *spasa* i *uskrsnuća*, pomenutim u svetim knjigama.

Borba za opstanak pa tako i spas, još uvek nisu postali istorija na evolucijskoj lestvici čovečanstva – jer mi još uvek umiremo! Međutim, nikada do danas nismo imali šansu da razumemo pravi kontekst ovih pojmova jer smo bili isključivo fokusirani na ovu planetu i na pretpostavku da ljudsko biće poseduje samo jedan život.

Sa otvaranjem domena naše kosmičke bitnosti, stare paradigme su ozbiljno poljuljane. Čak i sveti tekstovi, prisutni već 6000 godina na Zemlji, dobijaju drugačije značenje. *Spas* i *uskrsnuće* su realnost našega vremena, pre nego samo izrazi korišćeni u svetim tekstovima.

Poslednji sud ipak pripada nama – našoj logici.

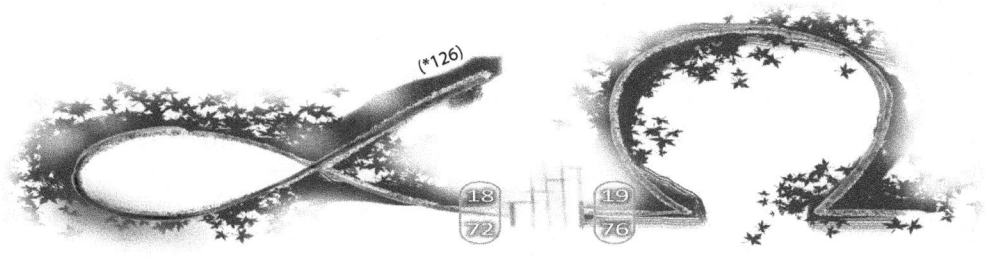

Ja sam Alfa i Omega, Početak i Svršetak, Prvi i Poslednji. Žednima ću pokloniti vodu sa izvora vode života.
– Biblija; Otkrovenje 21:6

KOSMIČKI UTICAJI

Posetioci na Zemlji

Pored redovnih/prirodnih kosmičkih struja, izvesne specijalno pripremljene struje se tehnološki usmeravaju ka našoj planeti putem Mehanizma Uticaja, iz 10. Evolucijske dimenzije, počev od XX veka. Te kosmičke struje imaju za cilj da indukuju pozitivne promene u našoj svesti i da ojačaju našu ćelijsku građu na ubrzani način. Sa ovim merama, Zemlja doživljava finalni kosmički podstreh ka osposobljavanju čovečanstva za evoluciju kroz energije Univerzumske dimenzije. Nebrojeni ljudi prolaze kroz masovno *otvaranje personalnih kanala*[127], intuicije ili znanja, i energija iz raznih nebeskih izvora tako stiže na Zemlju. Iako kanalisane informacije donekle doprinose predstavljanju novih energija/informacija našoj planeti, kanali ljudi su prevashodno otvoreni kako bi data osoba bila trenirana.

Kosmičke struje utiču na nas čak i kad spavamo. One nam na dar donose energiju neophodnu za naš razvoj i pripremaju nas za život u naprednim univerzumskim dimenzijama. Tako nas vibracije kosmičkog nastavnog programa stimulišu svakog trenutka – čak je i beba predmet istog treninga. Naš ćelijski vibracioni nivo se podiže i postepeno prevazilazi frekvenciju zemaljske svesti. To uznesenje nas osposobljava za budućnost.

Šta je sa onima koji u ime Stvoritelja nadgledaju *egzistencijalni program* na Zemlji? Da li ikada dolaze na našu planetu, ili nam samo šalju uticaje i iz nebeskih dubina promatraju njihove efekte? Verovatno čine i jedno i drugo, pošto nije van njihove moći da se manifestuju u vidu ljudskih bića i tako uklope u mase.

Možda, neopaženi, oni već žive u svom svetu unutar planete kao podzemna civilizacija? Možda su takođe uposleni svim segmentima života na Zemlji – prikupljanjem podataka o životu na njoj i traženjem naučnih rešenja za dobrobit planete – kako bi kompenzirali nemarno ponašanje ljudskih bića? Možda hiljade njihovih letilica (NLO) kruže svakog dana kroz Zemljinu atmosferu i okeane (PVO = PodVodni Objekti) a da pri tom ostaju neprimećeni od strane zemaljske tehnologije i ljudskog oka? Ako su oni tu, među nama, a mi ih ne vidimo – koliko je uopšte stvarno to što vidimo, ili na bilo koji način opažamo?

Mi, ljudska bića, smo takođe posetioci na ovoj planeti. Posejani smo na Zemlju pomoću našeg esencija-gena koji je zrakom spušten (i spojen sa genima majke i oca), kako bismo obavili neophodnu evoluciju koristeći ljudsko telo. Tokom procesa koji nazivamo *smrt*[12], esencija-gen, kao energetski potencijal, napušta naše telo i vraća se u kosmičke dubine iz kojih je i došao. Po utvrđivanju parametara energije/frekvencije u univerzumskim laboratorijama kako bi se odredio dosegnuti nivo razvoja esencija-gena, on se čuva i čeka na sledeće iskustvo života u njemu najpogodnijem telu i evolucijskom okruženju.

Kosmičke pore su izvor najnaprednijih ideja na Zemlji

Kosmičke struje stižu na našu planetu kao pore koje svojim energetskim svojstvima pokreću našu transformaciju. Usleg pritiska koje ove struje stvaraju, dolazeći iz nama nepoznatih dimenzija, one nas pogađaju na različite načine. Osobe sa "nedovoljnom" evolucijom mogu da postanu depresivne, iritirane ili čak nasilne. Ako se ne pročiste i ne napreduju duhovno, u dužem vremenskom periodu mogu čak da razviju i izvesne hronične zdravstvene probleme.

Nesposobnost da se privuče dolazeća kosmička energija, znači podbacivanje u razvoju koji aktuelno vreme zahteva od nas. Takvi pojedinci stoga ostaju zarobljenici sopstvenih strahova, sumnji i uslovljenosti. Oni takođe mogu prevermeno da napuste ovu planetu usled nesposobnosti da se harmonizuju sa energijom vremena. Iz tog razloga neće biti u stanju da u ovoj inkaranaciji izvedu sve evolucijske korake koje nudi kosmička škola na Zemlji.

Sa druge strane, ima ljudi koji mogu da koriste energiju koja stiže kroz otvoreno nebo. Oni je procesuju te se tako razvijaju shodno trenutno važećem evolucijskom dijagramu za našu planetu.

Naučnici i umetnici su među onima koji su u stanju da, putem snage sopstvene misli, privlače kosmičke pore najviših dimenzija. Kao rezultat ovog kapaciteta, ideje koje prezentiraju zajednici, dekodiranjem vibracionih kvaliteta kosmičke

energije koju primaju, su izuzetno dragocene za planetu. Energija iza njihovih teorija, projekata ili dizajna, je dragoceni poklon čovečanstvu, poput egzotičnog energetskog suplementa. Priliv specifičnih kosmičkih struja, koji je otpočeo sa 1900. godinom, rezultirao je neviđenom erupcijom kretaivnosti u umetnosti i tehnologiji – otuda se ogroman broj epohalnih inovacija i umetničkih pravaca pojavio upravo na početku XX veka.

Što je naučnik duhovno razvijeniji, revolucionarnije informacije i tehnologija mogu da mu se otkriju. Tehnološki razvoj na našoj planeti stoga u mnogome zavisi i od duhovnog nivoa naučnog sektora.

Gospodo, postoji uticaj koji jača svakim danom, koji se sve više ispoljava u svim sektorima ljudske aktivnosti, uticaj najplodniji i najkorisniji – uticaj umetnika. Bio je to srećan dan za mase čovečanstva kada je umetnik osetio želju da postane lekar, električar, inženjer, ili mehaničar ili – zašto da ne – matematičar ili finansijer; jer on je taj koji je doneo sva čuda i grandioznost o koje se osvedočujemo. Bio je to on koji je napustio ograničenost, pedanteriju, uskost školskog programa koji od ambicioznog studenta čini roba sa galije; i bio je to on koji je dopustio slobodu u izboru predmeta studiranja shodno ličnom zadovoljstvu i inklinaciji, čime je asistirao opšti razvoj.

Za progresivni razvoj čoveka ključne su inovacije. One su najvažniji proizvod njegovog kreativnog mozga čija je krajnja svrha potpuno ovladavanje materijalnim svetom, iskorišćavanje sila prirode zarad ljudskih potreba. Ovo je težak zadatak za pronalazača koji je često pogrešno shvaćen i nenagrađen. Međutim, on nalazi dovoljnu kompenzaciju u prijatnim vežbama sopstvene moći i u saznanju da je jedan od izuzetno privilegovane klase bez koje bi se rasa odavno ugasila u gorkoj borbi sa nemilosrdnim elementima.

Govoreći o sebi, ja sam već doživeo više nego punu dozu ove naročite radosti; toliko, da tokom mnogih godina moj život nije bio ništa manje do neprekidni zanos. – Nikola Tesla

DOSEZANJE BOŽJEG JA

Ka univerzumskoj moći

Život na Zemlji nam pruža mogućnost da se razvijamo, što znači da se oslobodimo karme, da se pročistimo i podignemo na više frekvencije. Interestantno je da zemaljski uzrast osobe nije nužno adekvatan njenom evolucijskom uzrastu. To znači da evolucijska frekvencija deteta može da bude veća od evolucijske frekvencije starog čoveka.

Naš unutrašnji razvoj je stimulisan specifičnim vibracijama. Iz dimenzija svog porekla, sve svete knjige nose te vibracije. Poslate na Zemlju po nebeskoj komandi, one su nas vekovima pročišćavale i duhovno prosvetljavale.

Duhovni razvoj ispunjava naše fizičko telo duhovnom/univerzumskom/esencija-energijom. Postepeno, ta energija daje našem telu njegovo potpuno egzistencijalno značenje i moć. U isto vreme, počinjemo da uvažavamo univerzumske zakone te tako svoju *individualnu volju*, rođenu iz *delimične volje*, lakše prepuštamo *Volji Totala*.

Naše napredovanje duhovnom stazom teče tako što sledimo svetlost sopstvene esencije. Međutim, takođe je neophodno konstruisati misaoni proces trougla intelekt-logika-spoznaja, koji nam pomaže da najefikasnije koristimo univerzumske vibracije i nadgledamo sopstveni život. Pre nego što dosegnemo taj nivo, mi emaniramo neharmonične energije. Kao takvi, nismo u stanju da steknemo sigurnost po pitanju izbora staze kojom koračamo te nismo od koristi ni nama samima ni drugima.

Dosezanje esencije

U svakoj inkarnaciji, mi bi trebalo da ovladamo novom porcijom esencija-energije; otuda evolucija naše esencije teče kroz proces u kome se telesne ćelije postepeno ispunjavaju tom energijom. Kad ćelija asimilara esencija-energiju u neophodnoj količini, zapis o tome se pravi u našoj esenciji. Tako evolucija naših približno 64 milijarde ćelija – evolucija *ćelijskih spoznaja*[129] – obezbeđuje evoluciju naše esencije.

Pre nego što počne direktno da privlači kosmičku energiju, putem snage sopstvene spoznaje, ćelija prima kosmičku energiju prispelu na osnovu aktivnosti mozga. (Tako se uvećava ćelijska spoznaja celokupne telesne konstitucije.) Pošto je primljena dimenzionalna energinja nova za ćelije, one prolaze kroz proces prilagođavanja. To je često bolan proces i može se manifestovati kao umor ili zdravstveni problem. U normalnim okolnostima, ovi simptomi su privremeni.

Izvesnu količinu primljene energije, ćelije reflektuju na svoje okruženje. Ova refleksija je njihova univerzumska dužnost, a u isto vreme i evolucijska usluga pojedincima koji nisu u stanju da direktno privlače kosmičku energiju.

Pored toga što reflektuje privučenu energiju, izvesnu količinu te energije ćelija zadržava za sebe kako bi se vremenom zasitila njome, i kako bi esencija registrovala te energetske koordinate. Na određenom stupnju, pak, naše ćelije prestaju da reflektuju energije koje su neophodne za dovršetak njihovog razvoja.

Ovaj trenutak nastaje kad ćelije postanu sposobne da direktno privlače finalne energetske slojeve sopstvene dimenzionalne energije. Tu dragocenu energiju, one od tada čuvaju samo za sebe. Stoga svako sam mora da privuče najviše energetske slojeve dimenzije čiju evoluciju obavlja – što znači isključivo putem napora zavisnog od ličnog kapaciteta. Čak ni majka ne može da pomogne svom detetu u tom smislu. Niko do nas samih ne može da obavi našu evoluciju!

Kad su sve ćelije do vrha ispunjene duhovnom energijom one evolucijske dimenzije kojoj pripadaju, i kad je to zasićenje zabeleženo od strane esencije, ćelijska refleksija bilo koje primljene energije se privodi kraju. Od tada samo esencija vrši refleksiju. Ona je zapravo najsnažniji centar refleksije, pošto emanira evolucijsku energiju sa viših frekvencija.

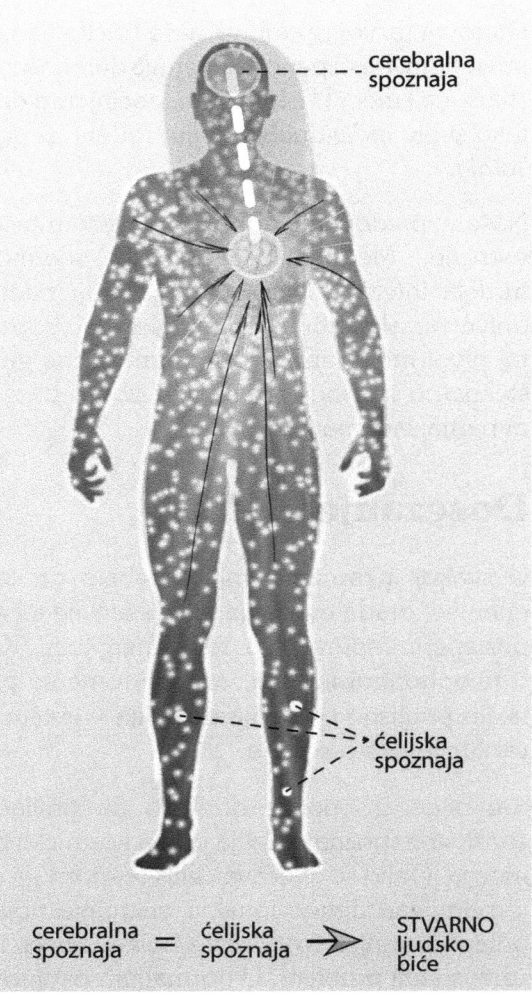

EVOLUCIJA naše esencije intenzivira energiju našeg celokupnog bića.

U 7. Evolucijskoj dimenziji, mi potražujemo od Duhovne dimenzije svu energiju koja nam pripada. Svaka ćelija koja se njome zasiti postaje ćelijski mozak, ekvivalentan koordinatama našeg mozga.

Takvo ljudsko biće poseduje svoje STVARNO telo i svoj celokupni potencijal.

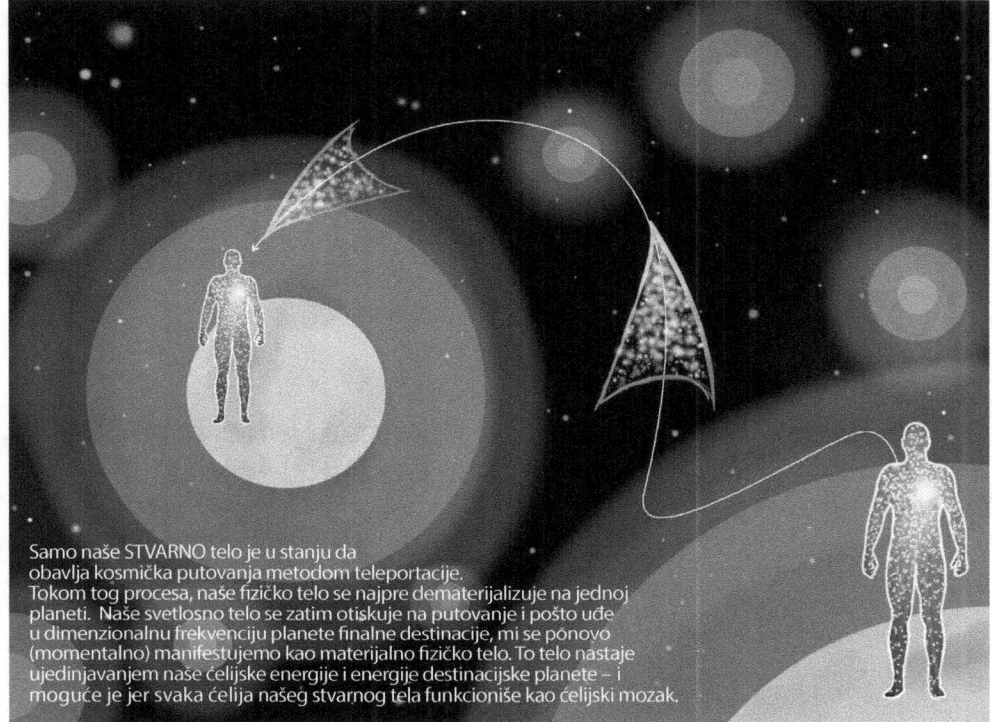

Samo naše STVARNO telo je u stanju da obavlja kosmička putovanja metodom teleportacije. Tokom tog procesa, naše fizičko telo se najpre dematerijalizuje na jednoj planeti. Naše svetlosno telo se zatim otiskuje na putovanje i pošto uđe u dimenzionalnu frekvenciju planete finalne destinacije, mi se ponovo (momentalno) manifestujemo kao materijalno fizičko telo. To telo nastaje ujedinjavanjem naše ćelijske energije i energije destinacijske planete – i moguće je jer svaka ćelija našeg stvarnog tela funkcioniše kao ćelijski mozak.

Naš evolucijski nivo je zabeležen u našoj esenciji

Svaka naša ćelija je energetska stanica, fascinantni minijaturni kompjuter. One su biološke jedinice koje odgovaraju na stimulanse iz kosmosa. Ljudsko biće je stoga energetski transmisioni centar: mi primamo, procesujemo i reflektujemo energiju.

Kad je u pitanju prenos znanja, jedino informacije koje su bile isfiltrirane našom logikom mogu da budu korisne drugim ljudima – te tako i istinski prenesene. Logika je most. Ako smo u stanju da je koristimo, mi primamo više i stoga potencijalno učimo više.

Što se više razvijamo, snažnija je energija kojom raspolažemo i koju reflektujemo. Iz tog razloga, nije samo naša ljubazna reč ili gest to što može da koristi drugima. Ćelijske emanacije, a kasnije i emanacije naše esencije, im takođe nude vredne energije. Razvijajući se, mi dakle automatski pomažemo kako ljudima iz našeg okruženja tako i čovečanstvu.

Esencijalna personalnost se postiže putem evolucije esencije. To je proces paralelan našoj sposobnosti da privučemo i apsorbujemo duhovnu energiju svim našim ćelijama. Apsorbovana energija je katalizator u izmirenju svih aspekata naše personalnosti. Tako tokom brojnih inkarnacija mi radimo na popravljanju nepodobnih osobina sopstvenog karaktera, to jest preobražavamo energije iza nepoželjnih obrazaca ponašanja. Cilj je njihova integracija u personu koja deluje isključivo kroz skalu vrednosti esencijalnog Ja. To Ja je naše Božje Ja – prožeto božjom svešću.

Naše srce je čvor života i stanište naše esencije. Ono je čuvar svih naših razvojnih dostignuća i ogledalo naše evolucije.

BOŽJA DECA

Zemaljske igračke i božja deca

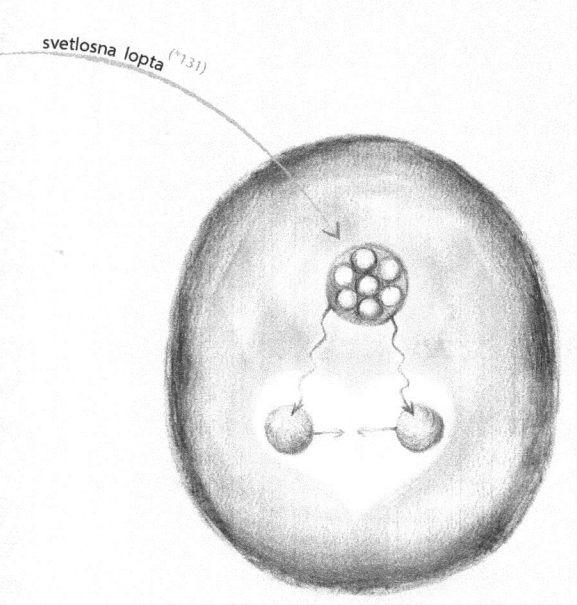

svetlosna lopta [*131]

Naš životni program je kodiran unutar našeg esencijalnog gena, koji kao fetus ulazi u nove inkarnacije. U odvijanju tog programa, po rođenju *bebe*[130], uloga roditelja je ogromna – posebno u detinjstvu.

Roditelji obezbeđuju medijum podrške neophodan za normalan rast deteta. Taj medijum je impregniran ljubavlju i funkcioniše na nivou evolucije roditelja. Međutim, postepeno i neminovno, deca se otvaraju i ka uticajima zajednice.

Geni roditelja imaju dominantnu ulogu do puberteta njihovog deteta. Nakon toga, esencija-gen mlade osobe vodi tu osobu ka evolucijski neophodnim iskustvima. To je treći elemenat kosmičkog trojstva, koji u momentu oplođenja spaja gene buduće majke i oca. Ovaj nebeski elemenat stiže kao *svetlosna lopta*[131], koja je 3-4 meseca ranije dobila saglasnost svoje buduće majke da se inkarnira kao njeno dete.

Energetski medijum stvoren u momentu *seksualnog klimaksa*[132] je ekvivalentan energiji univerzuma, kako bi svetlosna lopta mogla na najpovoljniji način da se spusti u opipljivi svet. Ovo je božji program prirodnog začeća ljudskog bića na Zemlji. Omogućen je automatskom primenom uređenja egzistencije. Shodno tom programu, esencija-geni, koji se čuvaju u arhivama kosmičkih laboratorija, se uz pomoć kosmičke Tehnološke dimenzije upućuju u evolucijske dimenzije najpovoljnije za njih.

Ja te uvek testiram
kako bih bio siguran
da pozitivno primenjuješ
informacije koje sam ti
omogućio

Sve što sam stvorio, predstavljam ti putem frekvencija.
Ja ti nudim energije da ojačaju tvoju moždanu moć
i činim to POSTEPENO – kako bih te zaštitio.

Egzotične frekvencije ptičijeg
cvrkuta i mirisa cveća,
su za to da te podsete na
udaljena carstva
tvoje budućnosti

Zar nije svaka sveta knjiga, objavljujući kako je Bog stvorio ljudsko biće i svet, automatski stavila Boga u poziciju Nebeskog Roditelja? Da li je ta deklaracija samo literarna tema svetih knjiga ili možda univerzumska istina, prenesena shodno nivou svesti naše planete u određenom periodu?

Mi, božja deca na ovoj planeti, se lako zanesemo zemaljskim igračkama – kao što su u današnje vreme automobili, mobilni telefoni ili kompjuteri. Otuda, naprosto zaboravimo da tragamo i spoznamo zbog čega nam je poklonjen život na Zemlji.

Nebesko carstvo je veoma svesno koliko je svako ljudsko biće dragoceno, pošto svako od nas može da dosegne moć univerzuma. Ogromni nebeski napori se zato ulažu kako bi svako ljudsko seme ostvarilo svoj pun genski potencijal. Da bi se ljudsko biće usmerilo, obrazovalo i najefikasnije razvilo, energija koja operiše kao ljudsko biće se stoga izlaže programu evolucije.

Kao deo tog programa, tokom poslednjih 6000 godina, Bog je poslao na Zemlju neophodne frekvencije u formi svetih tekstova. Ove božanske sugestije brižnog Roditelja, predstavljaju njegov način da nas pripremi za naprednije dimenzije te tako i za naše svesno uključenje u Božanski Poredak. Iz tog razloga je usmeravajuća i zaštitna energija svetih knjiga učinila više za evoluciju ljudskog bića nego što je to čovečanstvo još uvek spremno da prepozna.

Traženi elemenat egzistencijalne jednačine

Kad je u pitanju postojanje Boga, rasprava epohalnih razmera se još uvek vodi na našoj planeti. I pored punog poštovanja prema ateistima, ipak se može primetiti da oni ne uspevaju da naprave razliku između porekla i svrhe svetih knjiga, na jednoj strani – i njihove primene putem ustanovljenih religija, na drugoj. Nezavisno od razloga koje ističu, ateistima je neprihvatljivo postojanje Boga i njegove apsolutne moći.

Zapravo, i stanovište vernika i stanovište ateiste je ispravno, posmatrano iz njihovog ugla razmišljanja. Ovo važi za sva gledišta, po bilo kom pitanju. Ona su besprekorna, ako se procenjuju iz dimenzionalne energije na kojoj osoba operiše. Međutim, evolucijski zadatak je da se sva gledišta aproksimiraju do zajedničkog stava po pitanju esencijalnih stvari.

Nekada sam i sama bila ateista. Pre upisivnja arhitektonskog fakulteta, jako me je privlačila filozofija – toliko da sam čak pomišljala da je studiram. Pre odlaska na studije, čitala sam antičku indijsku, egipatsku, grčku i kinesku filozofiju; rane radove Karla Marksa, zatim Ničea koji je objavio smrt BOGA kako bi bogoliki čovek stao na Njegovo mesto i pijedestal uzvišenosti.

Tada sam takođe uživala čitajući filozofska dela Kanta, Kjerkegora i brojnih egzistencijalista poput Sartra, de Bovoar, Kamija i Žida. Interesantno je da, nezavisno od toga koliko široko i duboko sam ponirala u srž učenja ovih brilijantnih umova, ja nisam primećivala Boga.

Moje oduševljenje misaonim bravurozama filozofa i njihovim argumentima, bilo je tolikih proporcija da sam iz njihovih dela prepisala ogroman broj stranica, kako bih njihovu mudrost čuvala u kondenzovanom pakovanju. Međutim, sva ta izvanredna teorija je bila nedovoljna da mi objasni istine za kojima sam tragala.

Među bezbrojnim programima Vrhunske Moći, neki su me ipak podsetili na Njenu izvesnost i dominaciju. Tako sam uspela da prepoznam Vrhunsku Moć i da je bez ikakvog ustručavanja zovem Bog. U tom smislu sam razumela da su svi događaji kroz koje sam prošla i ljudi koje sam srela bili manifestacija Njegovog Božanskog Poretka, i da je najlogičnije da osećam zahvalnost za sve. Reflektovan na moje koordinate, Božanski Poredak mi je zapravo uvek ukazivao na univerzumske istine – nezavisno od mog nedostatka svesti o tome.

Sada, kad se osvrnem u prošlost, vidim kako je moj ateistički pogled bio površan, i ne čudi me što više nije mogao da mi služi. I pored svesnog traganja za primarnim uzrocima, čini se da moja misao ipak nije bila dorasla tom zadatku – usled nedostatka duhovnih iskustava i jednostranog, uveliko akademskog, pogleda na život. Međutim, posle nekoliko decenija kroz koje su se nizala bolna iskustava i patnji, kontekst mog sagledavanja života se neprekidno uvećavao. I sasvim neočekivano, jednog trenutka, oslobađajući se brojnih uslovljenosti, ja sam primetila i prihvatila Boga – mada ne u religijskom maniru.

U mom slučaju, BOG je bio elemenat koji je nedostajao u jednačini života, sa kojom sam se nosila od svojih tinejdžerskih godina. Danas sam u potpunosti svesna Vrhunske Moći koja vlada beskrajima svog Jednog Bića. Ta izvanredna moć deluje kroz hijerarhiju nebeskih struktura i autoriteta, dok propagira Svoje Jastvo kao Jedno Jedino Ja – Ja Svega što postoji.

Sa novom perspektivom na život, koja uključuje koncept Boga (Bezuzročni Uzrok Svih Uzroka), značenje moje pojave na liku Zemlje umnogome je počelo da se razjašnjava. Razlozi za doživljaje kroz koje ovom prilikom prolazim na svetu su takođe postali jasniji.

Svesna sam da su Egzistencijalni Programi primenjeni na bilo koju planetu, solarni sistem, galaksiju – i još dalje, onoliko koliko naš evolucijski nivo može da domisli – potekli iz Božje Radionice a nadgledaju ih Njegovi upravni mehanizmi. Ovi programi se ne odvijaju shodno očekivanju stanovnika tih svetova i galaksija, već shodno ciljevima formulisanim unutar mnogo šire slike stvarnosti smeštene u Jednom Umu – Jednoj Totalnosti Svesti.

Mi smo svi jedno. Ljudi su međusobno povezani nevidljivim silama. – Nikola Tesla

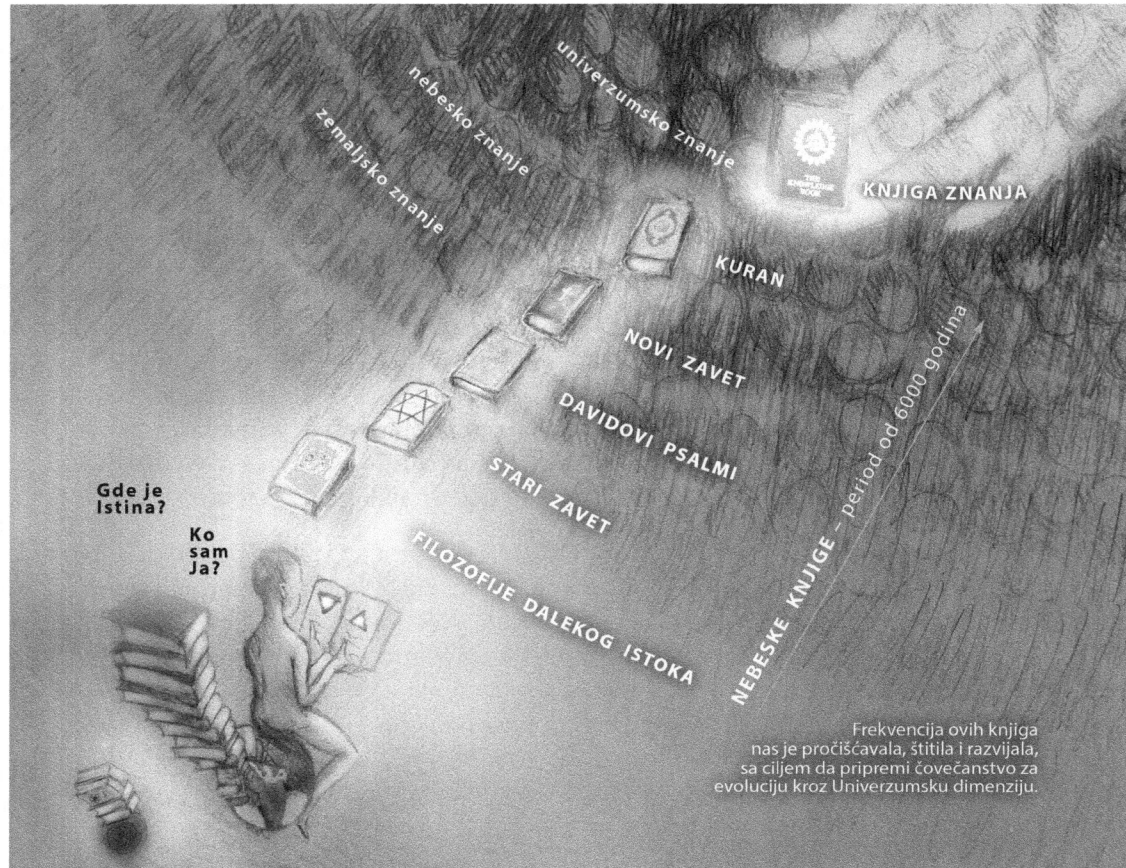

Frekvencija ovih knjiga nas je pročišćavala, štitila i razvijala, sa ciljem da pripremi čovečanstvo za evoluciju kroz Univerzumsku dimenziju.

BOG

Jedan je Mnoštvo

Ako Boga shvatimo kao Moć koja sve dovodi u egzistenciju – kao Moć koja nije ograničena nijednom drugom moći – kao esenciju supstance svega stvorenog – onda je Bog JEDNA JEDINA Moć koja stvara, upravlja i održava Sve, to jest Sebe.

Kako je Bog jedno, to jest sve što postoji – sve što oko nas vidimo je Bog, čak i mi sami. Sve naše misli, naše pričanje, su stoga oglašavanje istog izvora, i kao takvi pripadaju jednoj realnosti Vrhunske Moći. Bilo koja ravan egzistencije, bilo koji upravni mehanizam, ili samo njihovo ime, su, jednako, izraz ove iste Moći.

Filozofije Dalekog Istoka su nebeske knjige na temu mudrosti življenja, otkrivene našoj planeti od izvan Religijske dimenzije. Na temu stvaranja, one su predočile politeizam, predstavljajući nam mnoštvo bogova u kojem svaki ima naročitu moć i polje uticaja. Kasnije, nove nebeske knjige, poznate kao svete knjige, predstavile su nam koncept samo jednog vrhunskog Boga. Ova dihotomija između *Filozofija Dalekog Istoka* i četiri svete knjige (*Stari Zavet, Novi Zavet, Davidovi Psalmi* i *Kuran*) kad je u pitanju broj bogova, je prividnog karaktera. Sve nebeske knjige nose univerzumsku istinu te se u svojoj esenciji *Istočnjačke Filozofije* i svete knjige dopunjuju, radije nego međusobno protivreče.

Nebeske knjige su bile pripremljene u različitim dimenzijama, i svaka od njih prenosi energiju/informaciju dimenzije iz koje potiče. Drugim rečima, kontradiktorne informacije su fasete jedne istine koja je oglašena sa različitih koordinata. Stvarnost je da su božanstva (bogovi i boginje) uzvišeni misionari izvesnih dimenzija – dok Bog monoteističkih religija predstavlja Vrhunsku Moć, iznad bogova i boginja, proroka, emisara i bilo kojih nebeskih mehanizama. Stoga sve nebeske knjige ispravno opisuju definitivnu realnost i ne protivureče jedna drugoj.

Sve skupa, svete knjige su navele 999 *Imena Boga*[133] (*Stari Zavet* – 300, *Davidovi Psalmi* – 300, *Novi Zavet* – 300, i *Kuran* – 99) i tako indicirale izvesne karakteristike/vrednosti glavnih operativnih mehanizama vrhunske vladajuće Moći. Ovo bi značilo da su *Svemoćni, Sve-Istiniti, Gospod,* i tako dalje, imena vrhunske Moći korišćena u određenim dimenzijama. Svako ime Boga stoga predstavlja jednu dimenziju Moći.

Sa dolaskom energije/informacija iz Omega dimenzije (19. Evolucijska dimenzija), *Knjiga Znanja* razjašnjava da, uključujući ovih 999 imena, u univerzumskoj totalnosti postoji 9999 imena Boga i da je samo jedno od njih direktan ključ ka Vrhunskoj Moći – čija kapija će ostati zatvorena.

Međutim, ime Boga, u dimenziji na kojoj se On naziva *Svemoćni,* se sastoji od 147 reči[134] (147 = 7x7x3).

Svaka reč, ovog 147-reči dugog imena, označava po jedan energetski kanal. Ovim kanalima odovara izvestan raspon boja i megavati snage. Njihov totalni potencijal, takođe prehranjivan od strane 9999 esencija-fokanih tačaka, deluje kao izvor esencija-energije u Glavnoj Egzistencijalnoj Dimenziji.

Još neka od imena Glavne Egzistencijalne Dimenzije su: *Drugi Univerzum*, *Dimenzija Života*, i *Dimenzija Adama i Eve* jer je u njoj nastala Adamova Vrsta.

Iz Glavne Egzistencijalne Dimenzije, esencija-energija se reflektuje na 1800 Mini Egzistencijalnih Dimenzija, unutar carstava prostora i vremena mega živuće strukture zvane *Atomska Celina*. Reflektovanje se energetski prilagođava kapacitetu datih dimenzija.

ON ili ... ?

U univerzumskim dimenzijama i ovde na Zemlji, različite reči se koriste za Vrhovnu Moć. Tamo, u nebeskim prostranstvima, reč *bog* znači *direktor određene dimenzije*. Stoga takav bog nije apsolutno vrhunski, i može se smatrati funkcionalnim mehanizmom.

Nebeski mehanizmi su brojni i imaju sebi svojstvena uticajna polja i načine operisanja. Među njima postoji hijerarhija. Prenos energije/informacija je dvosmerni: opskrbljivanje nižih dimenzija i povratna informacija višim dimenzijama. Vrhunski Bog stoga pravi izbore na osnovu sveopšte informisanosti, i uvodi svoje programe i poretke shodno uočenim potrebama.

U Religijskoj dimenziji, zamenica koja se odnosi na Vrhunskog Boga je ON, zato što je tako najviše odgovaralo nivou svesti na ovoj planeti u dalekoj prošlosti kad su svete knjige bile poklonjene. Kao božanska sugestija, zamenica On je sve do sada dobro služila svojoj svrsi. Međutim, danas, sa prevazilaženjem energetskog medijuma Religijske dimenzije i nadrastanjem religijske svesti, primetna je nepodobnost zamenice On, kad je u pitanju imenovanje Vrhunske Moći od strane onih koji ne pripadaju Religijskoj dimenziji.

Kao sveprisutna moć, Bog postoji u svakom od tri modaliteta u isto vreme: On, Ona i Ono. Koju od ovih zamenica, dakle, koristiti kod upućivanja na taj pojam? Ili možda neku sasvim novu?

Nakon svega što Bog jeste, Bog zaslužuje jednu takvu posebnu zamenicu! Međutim, usvajanje nove reči u tu svrhu, zahtevalo bi izvanrednu kongruentnost gledišta ljudi na planeti. Za početak, jedino integrisane svesti bi mogle da odgovore ovom zadatku i usvoje zamenicu koja bi se odnosila samo na Boga.

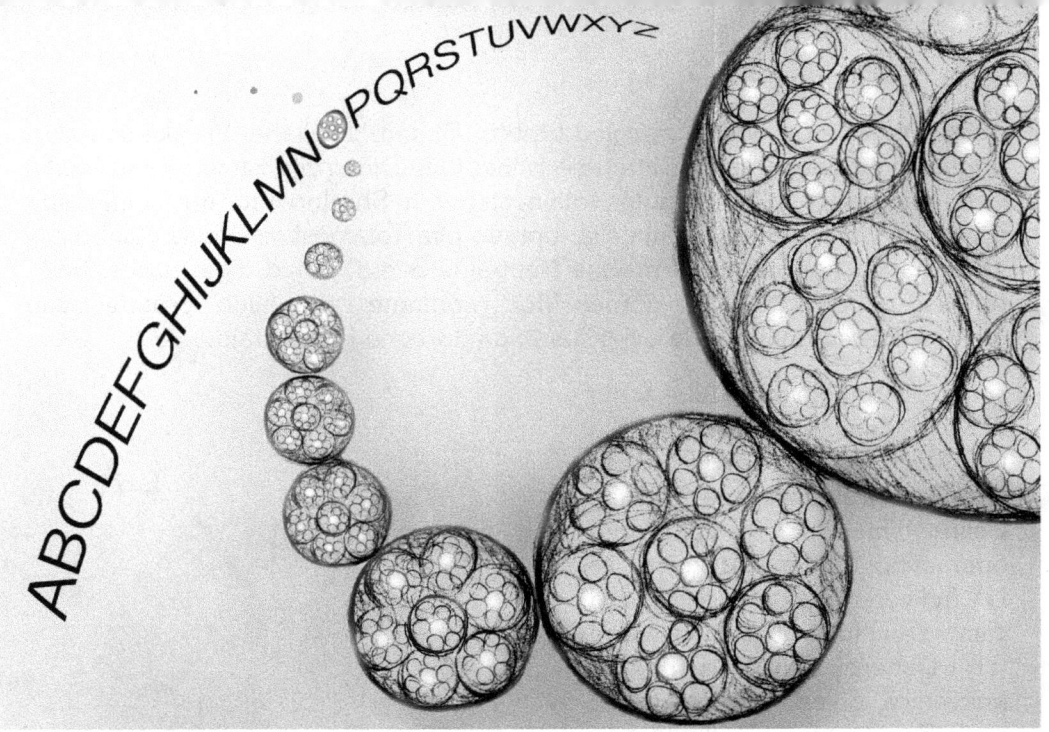

O[135]

Nebeski autoriteti koji su ulagali napore u naš razvoj, još od našeg prvog stupanja u egzistenciju, i koji su našoj planeti preneli sve svete knjige, i sami još uvek nastoje da bolje shvate i objasne Vrhunsku Moć. Oni su joj dali ime *ALLAH*. Pre oko 1400 godina, to ime nam je predstavljeno u svetoj knjizi *Kuran*.

Shodno *Kuranu*, nije uputno ilustrovati Allaha u antropomorfnoj figuri. To u isto vreme znači da su svojstva koja se odnose na zamenicu *On/Ona* irelevantna, kad je u pitanju vizualiziranje Allaha. Ove božanske sugestije su preusmerile kreativni fokus islamskih kultura ka carstvu geometrijske apstrakcije. Otuda u njihovom radu nalazimo esencijalne geometrijske konfiguracije koje ilustruju duboku harmoniju i povezanost svega postojećeg.

Islamska arhitektura sa svojim plastičnim dekoracijama od kojih zastaje dah, kao i brojni zanati, reflektuju poredak, lepotu i preglednost sveprisutne Jednoće. Ovi umetnički radovi su neprolazni vibracioni milje svetih proporcija, kad su u pitanju i naš unutrašnji a i naš spoljašnji svet.

Iako su naša starija braća iz nebeskih carstava svesna da je potpuno shvatanje Allaha nemoguće, njihova neprekidna istraživanja u tom smeru dovela su ih do naučnog objašnjenja načina na koji ova Moć operiše na određenim dimenzijama. Jednu od veoma naprednih dimenzija su nazvali *Dimenzija Allaha*[136] i Allaha na toj dimenziji *"O"*. Genska formula svakog semena duše potiče iz ove dimenzije.

"O" Dimenzija je takođe i krajnja granica razvoja svesti ljudskog bića.

Interesantno je da postoji naizgled bezbroj Dimenzija Allaha, i svaka se nalazi unutar njoj odgovarajuće Dimenzije Istine. Ove Dimenzije Istine, poput karika beskrajnog lanca, plutaju unutar Totalnosti Svesti. Shodno informacijama datim od strane naših nebeskih prijatelja, upravo ova Totalnost se smatra Allahom – i predstavlja sveukupnost Prirodne Neutralne Svesti. Pored toga, naši nebeski prijatelji napominju da se domen Moći, kodirane rečju Allah, proteže izvan granica koje su oni do sada bili u stanju da dosegnu i analiziraju.

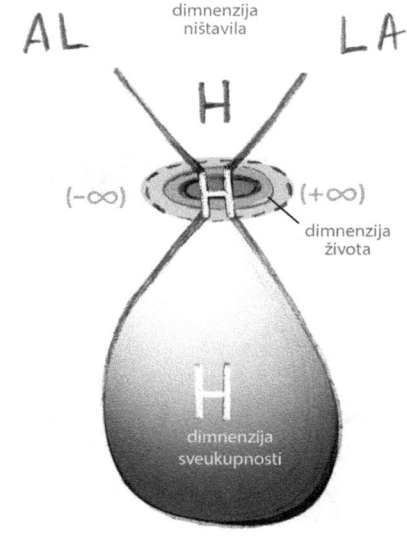

Jedan od mnogih opisa Allaha, dat u *Knjizi Znanja*, nam predstavlja tu Moć na dimenziji mega kosmičke strukture zvane Atomska Celina. Ta Moć je petostruko operativno uređenje u kojem se LA frekvencija projektuje na dva carstva – Dimenziju Sveukupnosti (H) i Dimenziju Ništavila (H). LA frekvenica dolazi iz dva smera: iz Pozitivnog Beskonačnog Univerzuma (LA) i iz Negativnog Beskonačnog Univerzuma (AL).

Fokalna tačka gde se sastaju Dimenzija Sveukupnosti i Dimenzija Ništavila je Glavna Egzistencijalna Dimenzija (H), ili Dimenzija Života. Stoga je samo formiranje ove gigantske, mada konačne, žive strukture Atomske Celine rezultat poretka: AL+LA+H+H+H= *ALLAH (AL – LA – H3)*[137].

Očigledno su mozgovi prijatelja iz naprednih dimenzija akumulirali značajnu količinu informacija o Moći koja režira predstavu zvanu *Egzistencija*. Dobra vest je da je ljudsko biće na Zemlji dovoljno odraslo da primi novu količinu nebeskih informacija na temu Vrhovne Moći.

Usamljenik kojem sve pripada

Ne postoji moć koja u potpunosti može da shvati Vrhunsku Moć – u protivnom, Vrhunska Moć ne bi bila nosilac SVOG ZNANJA, SVIH TAJNI i SVIH MOĆI.

Stoga, biti Vrhunska Moć mora biti stvar velike usamljenosti – jer niko nije na njenom nivou, niti ikada može da bude!

Takođe, kao jedinstveni vlasnik i menadžer svih energija/znanja/svesti, Bog ne može da ponudi ove aspekte u njihovom originalnom obimu ili inetenzitetu – jednostavno zato što ni jedna druga moć ne poseduje Njegov kapacitet. To bi značilo da se čak i Apsolutna Moć, u primeni svoje sopstvene Siline, suočava sa izvesnim ograničenjima – ako je cilj održanje svega što postoji.

Vrhunska Moć koja održava sebe, to jest sve-stvoreno, stoga razblažuje svoj sopstveni intenzitet, to jest svoju moć nudi u manjim i prilagođenim dozama. Kako kaskadiraju niz nebrojene nivoe, te energije nastavljaju da se redukuju. Vrhunska Moć tako neprekidno doživljava samu Sebe na beskonačnom broju ravni unutar svog kolosalnog Bića.

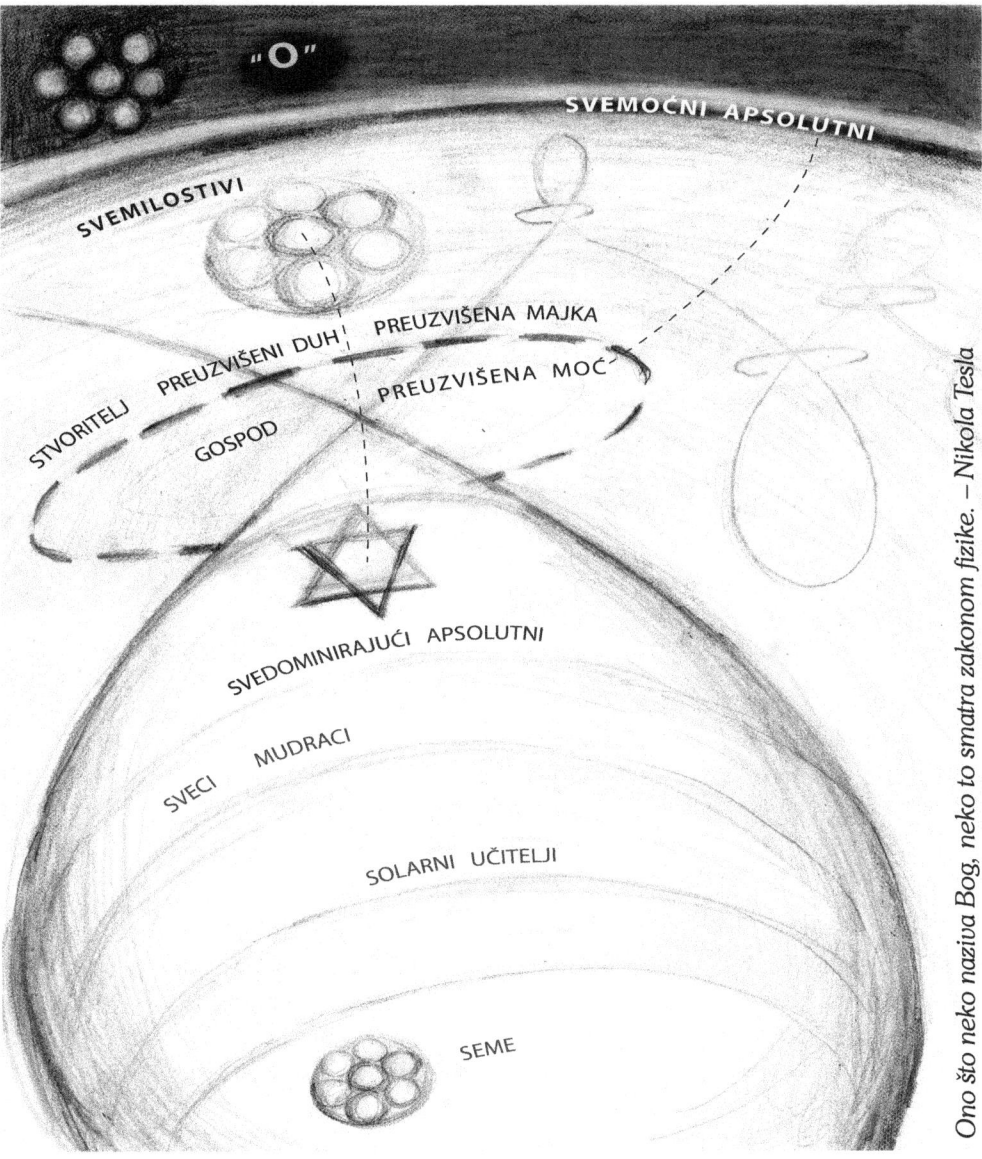

Ono što neko naziva Bog, neko to smatra zakonom fizike. – Nikola Tesla

Svako od nas ima specifičan odnos prema ovoj Moći. Čak i nevernici najpre prihvate postojanje Boga, kako bi ga mogli negirati. Tako, na mentalnom nivou, iako se svi odnosimo ka istoj Moći nad svim Moćima – postoji onoliko Bogova koliko i ljudskih bića koja se na bilo koji način bave tim pojmom. Što više verujemo da smo u stanju da shvatimo Boga, osećamo se bliži Njemu.

Um postavlja pitanja – srce zna

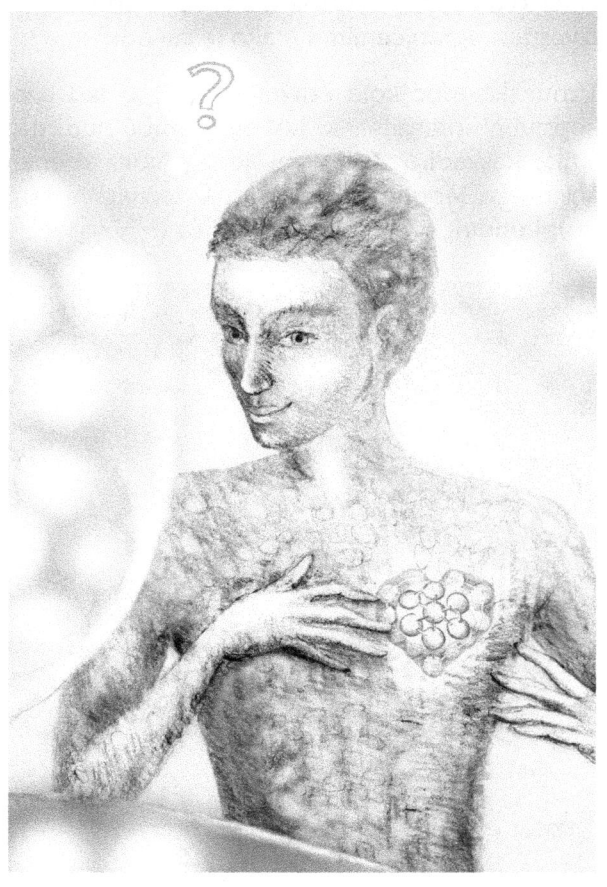

Bog je takva Moć čije frekvencije ne mogu da se upakuju unutar misaonih okvira ljudskog bića, mada Ga naše srce ugodno oseća. Jer, naše srce zna i veruje, dok naš um postavlja pitanja kako bi mogao da poveruje i prihvati. Oba stajališta su podjednako dragocena. Međutim, naš ogromni evolucijski zadatak je da usaglasimo ove stavove iako su međusobno ekstremno različiti.

Nezavisno od toga da li se nama sviđalo ili ne, da li to prihvatamo ili ne – mi živimo u Totalnosti stvorenoj od strane Neprikosnovene Moći. Ona nam se ljubazno i inicijalno prestavila rečju *Bog*, u svetim knjigama primljenim putem Njenih emisara zvanih *sveti proroci*. Diljem vaseljene, svi sistemi, poreci i uređenja su pod nadzorom Neprikosnovene Moći, i to je istina koja se proteže kroz večnosti – od prošle ka budućoj.

U današnje vreme, veoma je moguće da ljudska bića na Zemlji zamisle Boga u obliku kosmičkog mozga, to jest ogromnog vaseljenskog kompjutera. Shodno nesagledivom programskom obimu kosmičkog mozga, Neutralna Svest Boga se kontinualno reflektuje kroz nebrojene domene. Postoje kodovi unutar kodova, programi unutar programa, životi unutar života – ali je jedna svest koja ih sve drži u uređenoj celini.

Čestica ove veličanstvene esencija-moći je gradivna komponenta ljudskog semena. To seme, upriličeno putem genetičkog majstorstva *Adamove vrste*, nosi najveći potencijal među svim živim bićima i iz tog razloga Bog nikada ne gubi nadu da će ljudska bića dosegnuti svoj genski vrhunac (*Adamova vrsta* je stvorila *Ljudsku vrstu*[138]).

U svetlu tog potencijala, nebeska hijerarhija već milenijumima kultiviše ljudsko seme, nastojeći da ga pretvori u savršena ljudska bića. Međutim, čak i kada se u potpunosti razvijemo kroz 7. Evolucijsku dimenziju, integrišući neophodnu duhovnu energiju sa našim fizičkim telom, naš razvoj će nastaviti da teče – u naprednim univerzumskim dimenzijama beskonačnog mira i beskonačnog življenja, u dimenzijama koje iščekuju savršeno božje potomstvo.

Bog je jedini izvor svih ideja na temu perpetuiranja i unapređenja života. Njegov elementarni *modus vivendi* je STVARANJE i INTEGRISANJE.

Kako Bog neprekidno obnavlja/stvara Sebe, On širi carstvo značenja. Inicirajući izvodljive egzistencijalne modele, Bog ilustruje da je za nastavak egzistencije, metamorfoza *sine qua non*.

Ka univerzumskom zavičaju

Da li se ljudska bića, možda, plaše dosezanja celokupne moći svog genskog potencijala? Nezavisno od odgovora na ovo pitanje, za očekivati je da tu moć može da primi jedino odgovorno, disciplinovano i ponizno ljudsko biće, čija esencija zna svoju dužnost i deluje u tom smeru. Stoga smo, na sadašnjem nivou evolucije, prevashodno trenirani i testirani na temu pomenutih vrlina.

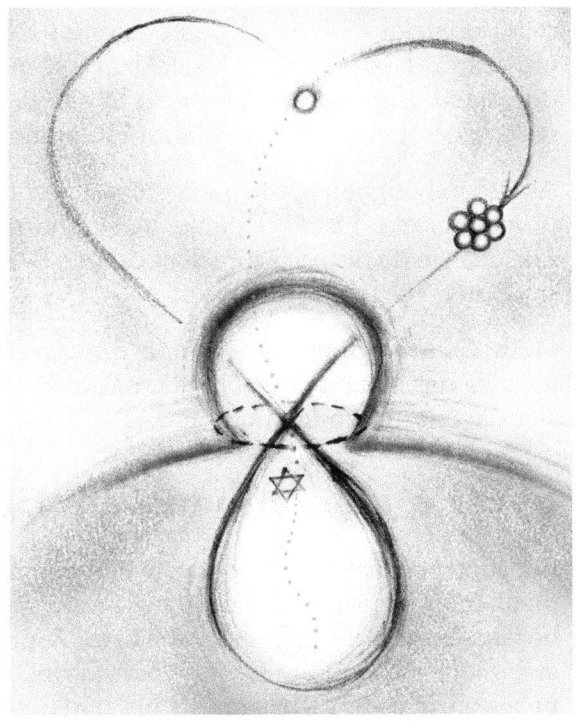

Za ispoljavanje ovih vrlina, neophodna je korektna upotreba intelekta, logike i spoznaje. Ako je kontinualni cilj Boga da Sebi obezbedi život (to jest svemu što je stvorio), onda sve što se događa, primarno i definitivno, služi toj svrsi – čak i najneprijatnija iskustva.

Ako bismo bili u stanju da ovu premisu profiltriramo kroz našu logiku, ne bi nam bila potrebna slepa vera da prihvatimo Absolutnu Moć koja caruje diljem sopstvene Totalnosti – te tako i nad "našim" životom. Da li je ovaj koncept zaista van našeg intelektualnog domašaja ili nas izvesne energetske blokade, prisutne u našoj personalnosti, onemogućuju da ga shvatimo?

Koje su to vrednosti o kojima brinemo, plašeći se da ih možemo izgubiti ako svoju sopstvenu malenkost ponudimo u službu moćnih Božjih Poredaka? Da li uopšte imamo ubedljivu alternativu? Da li je to, možda, staza na kojoj sledimo naše individulane želje i snove – služeći sopstveni ego koji bi, bez pardona, do večnosti mogao da zasenjuje našu esenciju?

Još koliko dugo će nas ego držati u svom snažnom stisku, zadržavajući nas tako u carstvu iluzija umesto da se uzdignemo u carstvo istine? Da li je zaista tako udobno obitavati u carstvu iluzija? Samo jedan pogled na sadašnju situaciju naše planete po pitanju životne sredine, ekonomije, ljudskih prava, ili pak našeg ličnog ispunjenja, bi nam možda mogao dati odgovor.

Bog je uvek u pripravnosti da nas osnaži, do granica koje po Njemu zaslužujemo u datom trenutku. Stoga, ako se još uvek osećamo nemoćni, izgubljeni ili povređeni, teško da bi Bog za to mogao da bude kriv. Njegov Egzistencijalni Program je kompjuterski program, što znači da izvesne okolnosti iniciraju određene ishode. Svako je od nas glavni autor ulaznih te tako i izlaznih podataka u našem životu. Kompjuterski algoritmi identifikuju neophodne ishode u sklopu svih podataka – otuda su nezaobilazne i sve okolnosti i svi događaji kroz koje prolazimo. Besmisleno je dakle ljutiti se na život, ili Boga, zbog onoga što doživljavamo. Umesto toga, bolje bi bilo da naučimo da kontrolišemo kvalitet našeg doprinosa Egzistencijalnom Programu.

Ako nismo u stanju da prihvatimo da smo samo jedan karakter u Božjem programu, ako nismo u stanju da svesno služimo Njegove Božanske Poretke, zaključak je da nismo razumeli ni osnove Božje Totalnosti, ni života, a ni toga ko smo. Stoga će vreme biti naš učitelj.

Mi, božje seme, smo uvek bili povezani na božji izvor. Taj nevidljivi energetski most će nas jednog dana vratiti u naš univerzumski zavičaj, gde su naše istinsko stanište i naša istinska moć.

Svest o jednom jedinom Bogu

Koncept *božanske moći* obitava u svakom ljudskom biću kao aspekt našeg mentalnog kapaciteta, i ispoljava se kroz sposobnosti naše božanske spoznaje, božanske svesti i božanskog intelekta. Zapravo se i naše esencija-seme hrani energijom božanskog izvora. Bez takvog genskog polazišta, i neprekidnih nebeskih uticaja, mi ne bismo bili u stanju da stvorimo pojmove kao što su *božanski* ili *bog*, i započnemo naš odnos prema njima. Drugim rečima, BOG je programirao Svoje seme i obezbedio mehanzam kojim će sazrelo seme vrati k Sebi. Kroz program našeg esencija-gena, u koji je upisan delić Njegove energije, mi smo vođeni da postepeno zasitimo sopstvene ćelije tom esencija-energijom i postanemo potpuni božji odraz.

Nije stoga čudno što su ljudska bića ove planete oduvek gledala u nebo, i promatrala moći prirode. Suočavajući se sa beskompromisnom supremacijom ovih sila, čovečanstvo je uplovilo u rituale iskazivanja svog poštovanja prema njima i prihvatanja njihove ćudi. Ovo prepoznavanje siline i dominacije spoljne moći, delovalo je kao elemenat disciplinovanja i samo-treninga pojedinca. Tako su ljudska bića, razvijajući svoj odnos prema spoljnom svetu, i nepoznatom, ujedno razvijala i same sebe.

Sa dolaskom svetih knjiga na našu planetu, pojam Boga je preuzeo dominantan položaj u oblikovanju individualne i socijalne psihe – otuda i pojava ljudi koji su nazvani *vernici*.

Vernik održava svoje shvatanje i osećanja prema BOGu putem *a priori* stava, kojeg jedino bezuslovna VERA može da hrani. Da li je ovaj stav, milenijumima negovane vere u Boga, uzaludno kultivisan? Ili su zapravo svete knjige stigle na Zemlju upravo da razviju svest o JEDNOM JEDINOM BOGU, to jest predstave Vrhovnu Moć (Božanski Poredak), i tako pripreme ljudska bića za njihov dalji razvoj? Taj dalji razvoj teče kroz energiju Univerzumske dimenzije, gde se Vrhunska Moć razjašnjava izvan religijskog konteksta.

Da li bismo uopšte mogli detetu da objasnimo koliko je važno da nauči da piše? Slično tome, da li bi imalo smisla da je Bog u potpunosti izneo univerzumske istine, ili programe razvoja koje nam je pripremio, dok se još nalazimo na dečjem uzrastu shodno grafikonu naše evolucije? Međutim, On bi isto tako mogao da bude i veoma tužan obzirom na činjenicu da se na početku XXI veka, čovečanstvo na Zemlji još uvek rve sa nastavnim programom religijskih frekvencija, što zapravo odlaže njegovo dosezanje bogatstva koje ga čeka u razvijenijim dimenzijama.

Međutim, svako dete uči istinu u svom tempu pri čemu ga prati ljubav i nadzor roditelja. Ako roditelji ne mogu neke stvari da mu objasne, život će ga direktno tome naučiti.

Isti program, učenja kroz iskustvo, važi i za odrasle. Primenjuje se shodno božanskom tempiranju, specifičnom za svako seme, i svakome daje šansu da uhvati korak sa sopstvenom evolucijom, najčešće na prilično zahtevan način. Čak je i ova sama metoda, usluga za čovečanstvo.

Živeći u izobilju tehnoloških dostignuća, ljudi bi danas takođe mogli da se pitaju o kosmičkoj tehnologiji koja je uručila svete knjige ovoj planeti. Isto tako, imajući u vidu hologramsku tehnologiju viših dimenzija, mogli bismo da debatujemo na temu čuda koje su sveti proroci prikazivali.

Evidentno je da se tokom milenijuma promenilo razumevanje Božanske Moći a izvesno je i da će nastaviti da se menja. Bez obzira na to, mi plovimo kroz beskraj te Moći. Paradoks Putovanja je da se u isto vreme i približavamo i udaljavamo od našeg cilja – takva je trajektorija ugnježdenih beskonačnosti. Vreme i prostor, onakvi kavim ih mi znamo, će nestati ali se naša staza neće smanjiti.

> *Mi živimo u dobu u kojem nas tehnološka dostignuća bez presedana vode dalje i sve dublje ka potpunoj misteriji sila prirode i anihilaciji vremena i prostora. – Nikola Tesla*

Zatvaranje kruga

Govoreći o Bogu, svete knjige su obogatile naš rečnik izrazima kao što su *Gospod, Stvoritelj, Svemoćni* i *Allah*, i navele njihove brojne atribute. Svako slovo ovih svetih imena je vibracioni ključ u rezonanciji sa energijom dimenzije iz koje dolazi. Dosegnuti frekvenciju ovih imena je stvar evolucije. Jer, shodno grafikonu razvoja ljudskog bića, mi smo na putu da postanemo i Sveti i Gospodi, a taj kvalitet nam je inicijalno predstavljen putem vibracija ovih svetih reči.

Dolazi vreme kad će misterija iza tih reči biti u potpunosti otkrivena. Da li smo spremni da prihvatimo njihov opis dat iz Univerzumske dimenzije, gde ova imena predstavljaju šifre koje se odnose na operativne poretke izvesnih kosmičkih mehanizama i dimenzija? Ako jesmo, možda bismo onda mogli da zamislimo ove moći kao večne upravne mehanizme određenih kosmičkih domena. Izvesno je da hiljadama godina ranije, mi nismo bili sposobni da postuliramo jedan takav koncept.

Dublje shvatanje geneze sve-stvorenog, u budućnosti bi moglo da dovede do identifikacije određenih konstanti i zakona koji bi zahtevali racionalno prepoznavanje uzvišenih moći i njihove hijerarhije.

Obzirom na nivo svesti na planeti u vreme kad su svete knjige stizale na nju, bilo je moguće samo napomenuti određene univerzumske istine i to u simboličnoj formi. Prošlo je skoro 14 vekova od kada je poslednja od njih, *Kuran*, bila data našoj planeti, i čovečanstvo je svakako u međuvremenu napredovalo. Da li smo spremni da prepoznamo Boga i božanske autoritete izvan religijske arene, shvatanjem da su njihovi domeni širi od primenjenih planova religijskog programa terninga? Da li smo spremni da osvojimo univerzumsku svest?

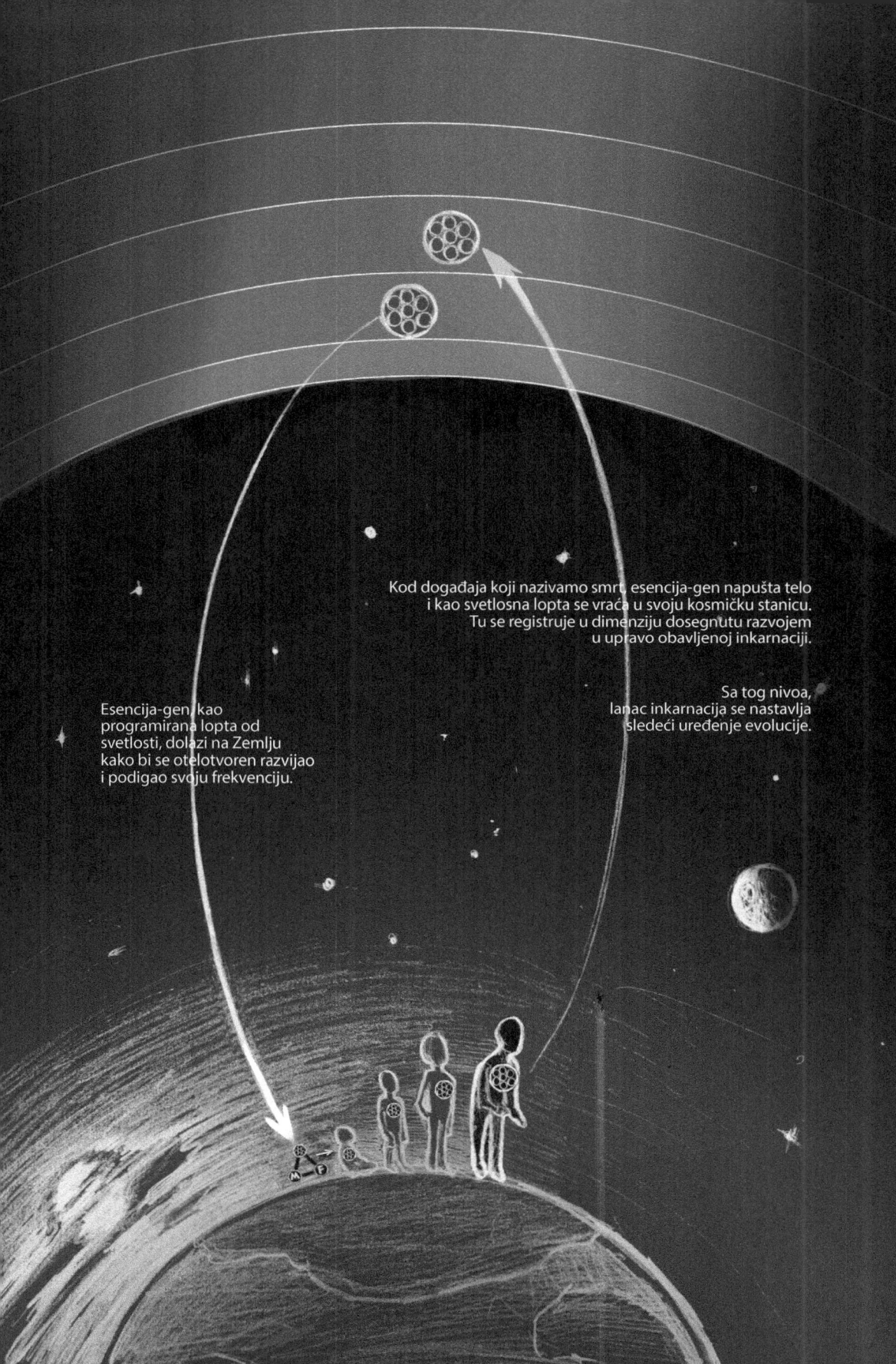

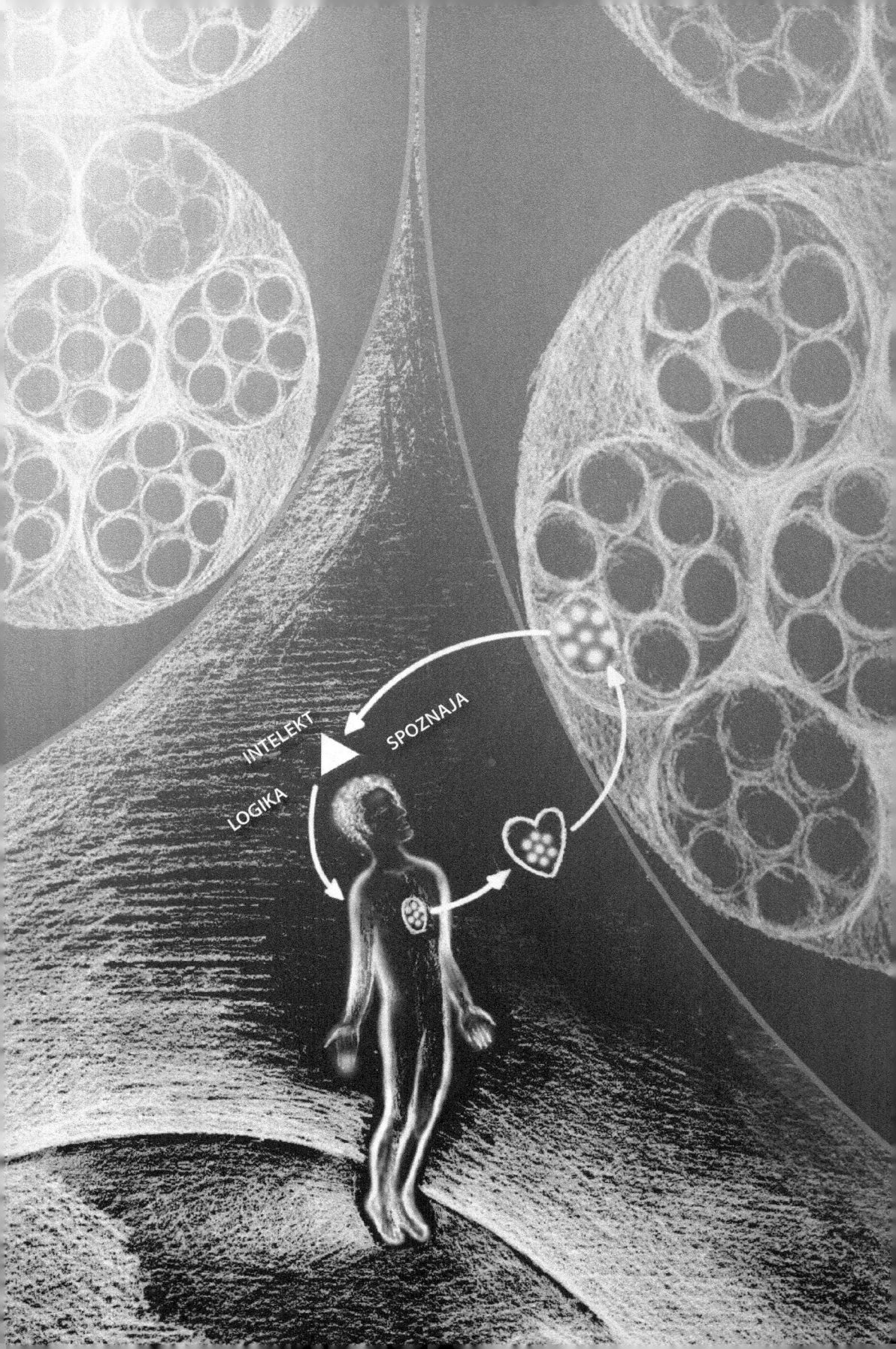

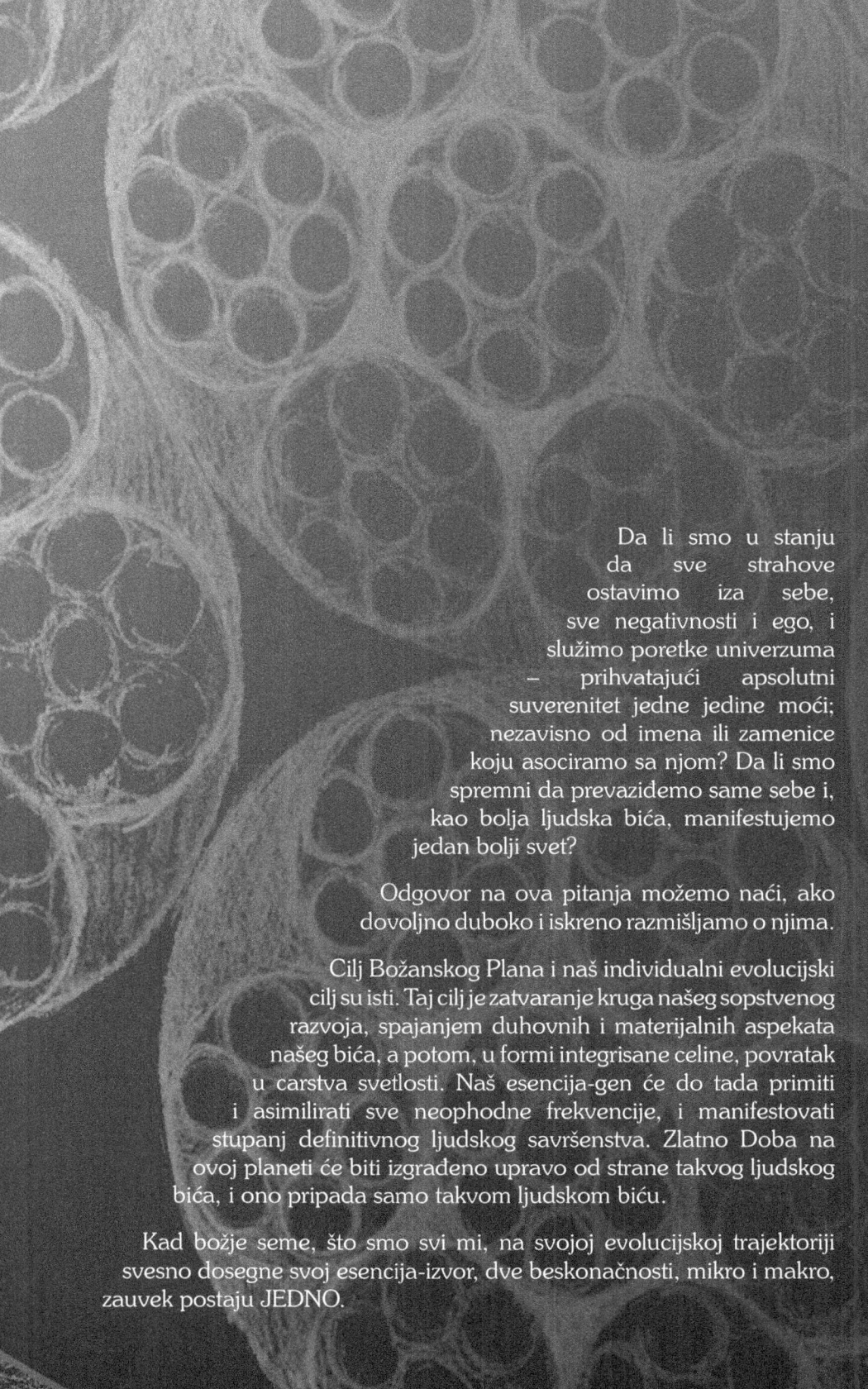

Da li smo u stanju da sve strahove ostavimo iza sebe, sve negativnosti i ego, i služimo poretke univerzuma – prihvatajući apsolutni suverenitet jedne jedine moći; nezavisno od imena ili zamenice koju asociramo sa njom? Da li smo spremni da prevaziđemo same sebe i, kao bolja ljudska bića, manifestujemo jedan bolji svet?

Odgovor na ova pitanja možemo naći, ako dovoljno duboko i iskreno razmišljamo o njima.

Cilj Božanskog Plana i naš individualni evolucijski cilj su isti. Taj cilj je zatvaranje kruga našeg sopstvenog razvoja, spajanjem duhovnih i materijalnih aspekata našeg bića, a potom, u formi integrisane celine, povratak u carstva svetlosti. Naš esencija-gen će do tada primiti i asimilirati sve neophodne frekvencije, i manifestovati stupanj definitivnog ljudskog savršenstva. Zlatno Doba na ovoj planeti će biti izgrađeno upravo od strane takvog ljudskog bića, i ono pripada samo takvom ljudskom biću.

Kad božje seme, što smo svi mi, na svojoj evolucijskoj trajektoriji svesno dosegne svoj *esencija-izvor*, dve beskonačnosti, mikro i makro, zauvek postaju JEDNO.

OBJAŠNJENJA

A. POJMOVI KOJI SE ODNOSE NA "KNJIGU ZNANJA"

Pojmovi koji slede u ovoj sekciji, u *Knjizi Znanja* su često objašnjeni u nekoliko poruka i poglavlja. Naznačena referentna mesta stoga ne moraju biti jedina na kojima se oni susreću.

1. STVARNA DIMENZIJA LJUDSKOG BIĆA je stupanj koji ljudsko biće doseže, pošto se energija njegovog fizičkog tela (konkreta energija čvrste materije) sjedini sa apstraktnom energijom iz esencija-izvora koja mu pripada – Sveska 23, poruka: ODGOVOR NA TOKOVE MISLI, strana 242.

2. ESENCIJA-GEN je nosilac egzistencijalne šifre i egzistencijalnog programa pojedinca. Ovi geni su povezani na Duhovnu svest i nisu geni koje zemaljska nauka poznaje. – Sveska 36, poruka: ODGOVOR NA TOKOVE MISLI, strana 407; Dodatak 3, poruka: OBJAŠNJENJE O DUHU I EVOLUCIJI ESENCIJE, strana 682-683.

3. ESENCIJA je potencijal moći koji nas održava u životu, našim privlačenjem životne energije iz Duhovnog Plana. Uvećavanje ovog potencijala podstiče evoluciju naše ćelijske spoznaje. Esencija se razvija sve dok ne izjednači svoj potencijal unutar čvrste materije tela kroz koje operiše, sa potencijalom koji tom telu pripada a koji je u Duhovnoj totalnosti na koju je ona povezana. Putem evolucije Esencije, telo sačinjeno od čvrste materije se oduhovljuje te tako i osnažuje. – Sveska 24, poruka: ESENCIJA, strana 264-265; poruka: NAŠA ESENCIJA, strana 265; Dodatak 3, poruka: OBJAŠNJENJE O DUHU I EVOLUCIJI ESENCIJE, strana 682-683.

4. NEBESKI UTICAJI – Sveska 49, poruka: UTICAJI I VAŠA PLANETA, strana 568-569.

5. KOSMIČKE STRUJE su specijalno pripremljeni uticaji koji na našu planetu stižu iz 10. Evolucijske dimenzije, da učine ljudsko biće svesnijim i da revitaliziraju njegovu fizičku konstituciju. Ove struje pomažu ujedinjavanju duha i materije. One takođe ubrzavaju evoluciju svih životnih formi na Zemlji. – Sveska 26, poruka: KOSMIČKO USKRSNUĆE, strana 277.

6. MOZAK ljudskog bića je povezan na Duhovnu totalnost, putem energetske linije zvane *srebreno uže*. Ova veza, koja jača sa uvećanjem moždane moći i sa čistotom naših misli, obezbeđuje energiju života našim ćelijama i vodi ih ka dovršetku evolucije (paralelno evoluciji naše Esencije). – Sveska 37, poruka: UNIVERZUMSKA KOMUNIKACIJA I OTKROVENJE, strana 420.

7. BESMRTNOST – se doseže u 6. Evolucijskoj dimenziji. Finalna priprema za taj nivo teče kroz 5. Evolucijsku dimenziju, zvanu *Karena*. – Sveska 17, poruka: ZVEZDANI ZVUCI, strana 176-177.

8. STVARANJE ĆELIJE – Sveska 23, poruka: UNIVERZUM-ŽIVOTINJA-ČOVEK, SEKCIJA 2; strana 243-244; Sveska 11, poruka: INFORMACIJA O

EGZISTENCIJI DATA IZ CARSTVA ANĐELA, strana 105-107; Sveska 36, poruka: PRIVATNA VEZA, strana 408-409.

9.   DUHOVNA TOTALNOST je energetska totalnost izvan dimenzija. Duhovni Plan reflektuje ove energije shodno evolucijskom nivou svake dimenzije. Mi smo predmet evolucije određene dimenzije, sve dok u potpunosti ne potražimo i usvojimo energetski potencijal naše Esencija-Moći. Taj potencijal je prisutan u Duhovnoj totalnosti i pripada dimenziji kroz čiju evoluciju prolazimo. – Sveska 51, poruka: GENERALNA PORUKA, strana 589-590; Dodatak 5, poruka: OBJAŠNJENJE, strana 708-709.

10.   DUH je životna moć svojstvena svakoj čvrstoj materiji – Sveska 5, poruka: OUR FRIENDS, strana 47-48; Sveska 44, poruka: ODGOVOR NA TOKOVE MISLI, strana 508.

11.   DUHOVNI PLAN doseže našu planetu iz 8. Evolucijske dimenzije – Sveska 35, poruka: GENERALNA INFORMACIJA, strana 388-389; Sveska 29, poruka: EVOLUCIJSKI PLAN SVETA, strana 317-320.

12.   SMRT – Sveska 2, poruka: NAŠI PRIJATELJI, strana 13; Sveska 5, poruka: NAŠI PRIJATELJI, strana 47-48; Sveska 36, poruka: PRIVATNA VEZA, strana 408-409; Sveska 42, poruka 1: ODGOVOR NA TOKOVE MISLI, strana 477; Dodatak 5, poruka: OBJAŠNJENJE, strana 708-709.

13.   ASTRALA PUTOVANJA se ostvaruju putem srebrenog užeta. Pri tom napuštamo naše telo sačinjeno od čvrste materije (bez da umremo) i putujemo kao kad sanjamo dok spavamo. – Dodatak 5, poruka: OBJAŠNJENJE, strana 708-709.

14.   SREBRENO UŽE – Duhovna energetska linija koja povezuje naše telo od čvrste materije sa njegovim duhovnim potencijalom u Duhovnoj totalnosti. Duhovni Plan dimenzioniše ovaj potencijal za svaku evolucijsku dimenziju i čini ga pristupačnim. Celokupna telesna ćelijska građa funkcionše zahvaljujući energiji privučenoj iz Duhovne totalnosti pomoću srebrenog užeta, koje je povezano na fokalnu tačku našeg mozga. – Sveska 2, poruka: NAŠI PRIJATELJI, strana 13; Sveska 36, poruka: PRIVATNA VEZA, strana 408-409; Dodatak 5, poruka: OBJAŠNJENJE, strana 708-709.

15.   12th EVOLUCIJSKA DIMENZIJA odgovara 48. Energetskoj dimenziji, i pripada 11. Solarnoj dimenziji – Sveska 22, poruka: OBJAŠNJENJE, strana 232-233; Sveska 44, poruka: SOLARNI SISTEMI – EVOLUCIJA – ENERGIJA I SOLARNE DIMENZIJE, strana 504-506.

16.   64 MILIJARDE ĆELIJA je približan broj ćelija koje nas dovode u egzistenciju– Sveska 11, poruka: VAŠA TAJNA, strana 107-108.

17.   SAVRŠENO LJUDSKO BIĆE je ono koje je dovršilo evoluciju 7. Evolucijske dimenzije – Sveska 40, poruka: INTELEKT – SRCE – ISTINSKO LJUDSKO BIĆE, strana 449; Sveska 48, poruka: PORUKA GOSPODA CARSTAVA, strana 805-807.

18.   SOLARNI SISTEMI – Sveska 39 poruka: SOLARNI SISTEMI I DIMENZIJE, strana 634-635.

19.   GALAKSIJE, UNIVERZUMI – Sveska 10, poruka: PO KOMANDI CENTRALNOG SISTEMA, BELEŠKA IZ SEKCIJE O UNIFIKACIJI MATERIJE, strana 96-99; Sveska 30, poruka: RAČUNANJE IZ PORUKE U SKLADU SA GALAKTIČKIM RAČUNANJIMA, strana 334.

20.   NEBESKA HIJERARHIJA je skala nebeskih organizacija koje nadgledaju, upravljaju i perpetuiraju životne forme, shodno Božanskom Planu i Božanskim Porecima – Sveska 51, poruka: HIJERARHIJSKE SKALE I NJIHOVI OPERATIVNI PORECI, strana 592-594.

21.   DIMENZIJA EVOLUCIJE, ili Dimenzija Sve-Dominirajućeg Apsolunog, je jedna od tri prirodne dimenzije Gürz Kristala – ostale dve su Svetlost-Univerzum i Drugi Univerzum. Dimenzija Evolucije je dimenzija prostora i vremena, gde se odvijaju poreci evolucije. – Sveska 35, poruka: GENERALNA PORUKA TOKOVIMA MISLI, strana 393-394.

22.   SEME DUŠE je sačinjeno od tri komponente: Semena Duše, Semena Energije i Anti-Materije; i rezultat je kolaboracije između Gospodnje Dimenzije i Duhovnog Plana sa Stvoriteljem u Drugom Univerzumu (trojna akcija – trojstvo) – Sveska 23, poruka: MEHANIZAM GOSPODA I NJEGOV AMBLEM, strana 349-350; Sveska 35, poruka: GENERALNA INFORMACIJA, strana 388-389.

23.   LA – AL; LA frekvencija je frekvencija egzistencije; rezultirajuća vibracija naročith zvučnih tonova (nijansi boja). LA frekvenica Beskonačnog Pozitivnog Univerzuma se ujedinjuje sa LA frekvencijom (AL) koja potiče iz Beskonačnog Negativnog Univerzuma i formira Egzistencijalnu dimenziju. – Sveska 35, poruka: GENERALNA PORUKA TOKOVIMA MISLI, strana 393-394; poruka: ODGOVOR NA TOKOVE MISLI, strana 400.

24.   DRUGI UNIVERZUM je rodno mesto čvrste materije (shodno drevnom Programu Formiranja Energije), i rodno mesto Adamove Vrste. Ova dimenzija, na koju se odnosi fenomen Velikog Praska, se smatra Glavnom Egzistencijalnom dimenzijom Atomske Celine. – Sveska 35, poruka: SVETLOST-UNIVERZUM – GLAVNA EGZISTENCIJALNA DIMENZIJA, strana 387-388; poruka: GENERALNA INFORMACIJA, strana 388-389.

25.   TEHNOLOŠKA DIMENZIJA projektuje Gospodnji i Duhovni Poredak, pod nadzorom Sve-Dominirajućeg Apsolutnog; ona upravlja svim porecima. – Sveska 25, poruka: INFORMACIJA ZA JAVNU SVEST, strana 266-267; Sveska 35, poruka: GENERALNA INFORMACIJA, strana 388-389; Dodatak 4, poruka: OBJAŠNJENJE O TEHNOLOŠKOJ DIMENZIJI, strana 695-696.

26.   ATOMSKA CELINA, ili Gürz Kristal, ili Glavni Univerzum, je manifestacija Božje moći unutar intenzivirane energije u konkretnim carstvima. To je mega živuća struktura sačinjena od 1800 Mini Egzistencijalnih dimenzija. Svaka Mini Egzistencijalna dimenzija sadrži 1800 Univerzuma, svaki Univerzum se sastoji od 18 Kosmosa, svaki Kosmos od 18.000 Carstava a svako Carstvo od 8748 galaksija. – Sveska 10, poruka: PO KOMANDI CENTRALNOG SISTEMA, BELEŠKA IZ SEKCIJE O UNIFIKACIJI MATERIJE, strana 96-99; Sveska 23, poruka: ODGOVOR NA TOKOVE MISLI, strana 242; Sveska 35, poruka: DIJAGRAMSKI POPREČNI PRESEK GÜRZ KRISTALA, strana 390; poruka: JASNA INFORMACIJA, strana 391; poruka: DETALJNA INFORMACIJA O GÜRZ-u, strana 392-393; Sveska 53, GÜRZ DIJAGRAM, strana 625-626; Dodatak 4, poruka: REFLEKSIJA TOTALA NA TOTAL I NJEGOV OPERATIVNI PLAN, strana 699-701.

27.   FETUS nas putem svetslosti svoje svesti dovodi u egzistenciju – Dodatak 4, poruka: ODGOVOR NA MISLI, strana 699.

28.   TRI STAZE RAZVOJA sa stanovišta Univerzumske dimenzije, tiču se našeg telesnog razvoja, duhovnog razvoja i razvoja naše spoznaje (misli) – Sveska 17, poruka: PORUKA ZA JAVNE SVESTI, strana 175.

29.   PRIRODNA ENERGIJA je nastala u drevnim procesima Formiranja Energije, van Božanskih dimenzija, i ona uključuje Duhovnu energiju. Jedan od naročitih momenata u lancu ovih primordijalnih manifestacija je bio pojava čvrste materije (Drugi Univerzum) i prve, i jedine, Prirodne Atomske Celine (Gürz Kristal). – Sveska 33, poruka: PRIRODNA ENERGIJA, strana 365-366; Sveska 35, poruka: GLAVNI CENTRIFUGALNI UNIVERZUM, strana 394-395.

30.   SKALE EVOLUCIJSKIH DIMENZIJA su organizovane shodno frekvencijama tih dimenzija – Sveska 22, poruka: OBJAŠNJENJE, strana 232-233; Sveska 38, poruka: GENERALNA PORUKA, strana 434-435.

31.   BOŽANSKI PLAN, iz Dimenzije Svemilostivog, održava hijerarhijski poredak Gospodnjih energija – Sveska 26, poruka: OBJAŠNJENJE O REINKARNACIJI OD STRANE EVOLUCIJSKOG UREĐENJA, strana 286-287.

32.   PLEMENITI ESENCIJA-GEN – Sveska 18, poruka: SPECIJALNO PITANJE GRUPE, strana 189-190; Sveska 42 poruka: JASNA INFORMACIJA, strana 693.

33.   MEHANIZAM SAVESTI – Sveska 40, poruka: OBJAVA, strana 458.

34.   MEHANIZAM BOŽANSKE PRAVDE – Sveska 42, poruka: JASNA INFORMACIJA, strana 488-489.

35.   REINKARNACIJA – Sveska 18, poruka: LJUDSKO BIĆE I TRANSFERI GENA, strana 185; Sveska 26 poruka: REINKARNACIJA, strana 398-399; poruka: OBJAŠNJENJE O REIKARNACIJI OD STRANE UZVIŠENOG RANGA, U SKLADU SA JAVNOM SVEŠĆU, strana 400-402; poruka: OBJAŠNJENJE REINKARNACIJE OD STRANE EVOLUCIJSKOG UREĐENJA, strana 402-404.

36.   ĆELIJSKI MOZAK je krajnji rezultat evolucije svake naše telesne ćelije – koji one dosežu kad stupe u direktan kontakt sa našim mozgom; kad se izjednače ćeliska i moždana spoznaja/svest – Sveska 45, poruka: BELEŠKA IZ REALNOSTI UJEDINJENOG ČOVEČANSTVA, strana 514; Dodatak 3, poruka: OBJAŠNJENJE O DUHU I EVOLUCIJI ESENCIJE, strana 682-683.

37.   EMANACIJA ESENCIJA-ENERGIJE – Sveska 42, poruka JASNA INFORMACIJA, strana 488-489.

38.   KOSMIČKI GENETSKI INŽENJERING – Sveska 18 poruka: MI UJEDINJUJEMO VAŠ SVET PUTEM TRANSFERA GENA, strana 259-260; poruka: METODA UPISIVANJA, strana 260-261.

39.   6 ESENCIJA-GENA ZLATNOG DOBA (takođe, videti *ŠESTORO*) – Sveska 18, poruka: MI UJEDINJUJEMO VAŠ SVET PUTEM TRANSFERA GENA, strana 187; poruka: ŠESTORO, strana 185-186; poruka: DOGOVOR NAPRAVLJEN SA ŠESTORO, strana 187-188; Sveska 23, poruka: UNIVERZUM-ŽIVOTINJA-ČOVEK, SEKCIJA 9, strana 245-246; Sveska 27, poruka: ŠESTORO I UJEDINJENA POLJA, strana 293-295; Sveska 36 poruka: ARHIVA ŠESTORO JE OTVORENA I OBJAŠNJENA, strana 405-407.

40.   SVI SMO BRAĆA I SESTRE – Sveska 52, poruka: INFORMACIJA O ESENCIJA-GENIMA, strana 602-603.

41. **(Ω)**, Omega se odnosi na uticaje koji na našu planetu dolaze iz OMEGA dimenzije (19. Evolucijska dimenzija; 76. Energetska dimenzija). Te struje su faktor koji ojačava svest. Svih 9 slojeva Omega dimenzije su postepeno otvarani ka našoj planeti tokom perioda 1986-2000. – Sveska 43, poruka: GENERALNA INFORMACIJA, strana 499-500; Sveska 44, poruka: JASNA INFORMACIJA, strana 503; Sveska 50, poruka: JASNA INFORMACIJA, strana 580.

42. **(K)** se odnosi na uticaje koji na našu planetu dolaze iz KÜRZ dimenzije (Dimenzija Istine) – te kosmičke struje ojačavaju našu ćelijsku građu. – Sveska 43, poruka: STRUJE I NJIHOVE KARAKTERISTIKE, strana 496; Sveska 46, poruka: KÜRZ, strana 530-531; poruka: TOTALNOSTI SVEISTINITOG I DIMENZIJE ISTINE, strana 531-533.

43. **UZNESENJE** – Sveska 22, poruka: DETALJNO OBJAŠNJENJE O UZNESENJU, strana 233; Dodatak 2, poruka: ODGOVOR NA TOKOVE MISLI, strana 679.

44. **INSPIRACIJA** – Dodatak 4, poruka: UTICAJI I MEHANIZAM PROJEKTIVNE MOĆI, strana 694-695.

45. **ĆELIJSKA SPOZNAJA ČVRSTE MATERIJE** – Sveska 40, poruka: SPOZNAJA I EVOLUCIJA GRUBE MATERIJE, strana 455-457.

46. **PARALELNI ZAPIS**, onome u arhivi znanja našeg mozga, se čuva na disketama Sistema. Taj zapis se obogaćuje kroz svaku novu inkarnaciju. Sve naše misli su takođe registrovane od strane kompjuterskog sistema kosmičke Tehnološke dimenzije i odgovori na njih se automatski šalju ka našim moždanim signalima. – Sveska 25, poruka: INFORMACIJA ZA JAVNU SVEST, strana 266-267; Sveska 37, poruka: UNIVERZUMSKA KOMUNIKACIJA I OTKROVENJE, strana 420.

47. $1+1 \neq 2$; Svakoj dimenziji je svojstven specifičan vibracioni medijum (frekvencijski slojevi) koji uslovljava vrednost njenih numeručkih jedinica – Dodatak 2, poruka: ODGOVOR NA PITANJA, strana 674-675.

48. **ATOMSKA VEZA (7X7)** – Sveska 14, poruka: BELEŠKA, strana 140-141; poruka: ATOMSKA CELINA, strana 196-197.

49. **ZVUČNA FREKVENCIJA ATOMSKE CELINE** – Sveska 18, poruka: UNIVERZUM I MUZIKA – SILAZNO, strana 191-192.

50. **BIOLOŠKI KOMPJUTER** – Sveska 10, poruka: GENERALNA PORUKA, strana 95; Sveska 11, poruka: KOMANDA OD UZVIŠENIH, Stavka 10, strana 108.

51. **TAJNE UNIVERZUMA** – Sveska 48, poruka: PORUKA GOSPODA CARSTAVA, strana 554-556.

52. **MISAO** – Sveska 29, poruka: MISAO, strana 314-315; poruka 1: ODGOVOR NA TOKOVE MISLI, strana 315; poruka 2:ODGOVOR NA TOKOVE MISLI, strana 315.

53. **BIOLOŠKE ENERGIJE** – Sveska 32, poruka: INFORMACIJA ZA NAŠU ZEMALJSKU BRAĆU I SESTRE, strana 357.

54. **BESKONAČNI POZITIVNI UNIVERZUM I BESKONAČNI NEGATIVNI UNIVERZUM** – Sveska 14, poruka: FOKALNA TAČKA SILNE ENERGIJE, strana 142-143.

55. **NEBESKE KNJIGE,** otkrivene kroz direktni Kanak Gospoda (Alfa Kanal), su bile dominantni faktor pročišćavanja i prosvetljenja tokom poslednjih 6000 godina. To su: *Dalekoistočne Filozofije, Stari Zavet, Davidovi Psalmi, Novi Zavet* i *Kuran*. Kao jedna energetska totalnost, one su ubačene na svako slovo *Knjige Znanja* zajedno sa energijom Drugog Univerzuma. – Sveska 4, poruka: NAŠI PRIJATELJI, strana 30; poruka: NAPOMENA NAŠOJ ZEMALJSKOJ BRAĆI I SESTRAMA, strana 49-50; Sveska 50, poruka: GENERALNA PORUKA, strana 582-583; Sveska 52, poruka: PRIVATNA PORUKA, strana 607-608.

56. BRZINA MISLI NASPRAM BRZINE SVETLOSTI – Sveska 5, poruka: BELEŠKA NAŠOJ ZEMALJSKOJ BRAĆI I SESTRAMA, strana 42-43; Sveska 10, poruka: SPECIJALNA PORUKA IZVESNIM TOKOVIMA MISLI, strana 96.

57. SVETLOSNA GODINA – Sveska 8, poruka: BELEŠKA O SVETLOSNOJ GODINI, strana 75-76.

58. APSOLUTNO VREME – Sveska 34, poruka: GENERALNA PORUKA, strana 377-378.

59. BEZVREMENOST – Sveska 40, poruka: ODGOVOR NA TOKOVE MISLI, strana 454; Sveska 52, poruka: ODGOVOR NA TOKOVE MISLI, strana 600.

60. BETA NOVA je prva planeta, i nukleus-Svet, budućeg Beta Gürz-a koji će okupiti savršena ljudska bića. – Sveska 45, poruka: GENERALNA INFORMACIJA, strana 524; Sveska 46, poruka: OBJAŠNJENJE O BETA NOVOJ, strana 525; poruka: OBJAŠNJENJE, strana 529; poruka: INFORMACIJA ZA INTEGRISANE SVESTI, strana 529; poruka: OVO JE MOJE OBRAĆANJE LJUDSKOM BIĆU KOJE JE POSTALO ČOVEK, OVO JE MOJA DIREKTNA REČ, strana 533-534; Sveska 51, poruka: ODGOVOR NA PRIVATNO PITANJE, strana 596-598; poruka: ODGOVOR NA TOKOVE MISLI, strana 596.

61. EGO – Sveska 12, poruka: EGO – LJUBOMORA, strana 125.

62. GOSPODNI POREDI EVOLUCIJE NA ZEMLJI su 4 perioda od po 2000 godina. Poslednji, 4. Poredak Gospoda, se zove *Zlatno Doba*. Ono je zvanično počelo da se gradi sa 2000. godinom naše ere. – Sveska 29, poruka: EVOLUCIJSKI PLAN SVETA, strana 317-320; Sveska 51, poruka: GENERALNA PORUKA, strana 589-590; Dodatak 4, poruka: OBJAŠNJENJE O TEHNOLOŠKOJ DIMENZIJI, strana 695-696.

63. LJUBAV JE MOĆNA VIBRACIJA – Sveska 12, poruka: LJUBAV, strana 120-121; Sveska 24, poruka: LJUBAV, strana 263.

64. FREKVENCIJA – Sveska 21, poruka: ODGOVOR NA TOKOVE MISLI, strana 227; Sveska 34, poruka: ODGOVOR NA TOKOVE MISLI, strana 385.

65. SUPLEMENTACIJA frekvencijom ljubavi od strane Mehanizma Uticaja – Sveska 36, poruka 2: ODGOVOR NA TOKOVE MISLI, strana 407.

66. PROCESI FORMIRANJA ENERGIJE – Sveska 39, poruka: FORMIRANJE ENERGIJE, strana 440-441; poruka: EVOLUCIJA ENERGIJE, strana 441.

67. OMEGA DIMENZIJA – Sveska 29, poruka: OMEGA, strana 321-322; poruka: NAŠI PRIJATELJI, strana 321; Sveska 38, poruka: DEVETNAESTA DIMENZIJA "OMEGA", strana 436.

68. BOŽANSKI POREDAK – Sveska 34, poruka: BOŽANSKI POREDAK, strana 378-380.

69.   KARMA – Sveska 30, poruka: ŠTA JE KARMA, strana 326-327.

70.   NEGATIVNE MISLI se vraćaju onome koji ih je pokrenuo – Sveska 4, poruka: NAŠOJ ZEMALJSKOJ BRAĆI I SESTRAMA, strana 38-39; Sveska 15, poruka: SPECIJALNA NAPOMENA CENTRA, strana 151-152; Sveska 40, poruka: INFORMACIJA ZA INTEGRISANE SVESTI, strana 452.

71.   OPSESIJA – Sveska 14, poruka: JASNA INFORMACIJA O OPSESIJI, strana 144-145; Dodatak 4, poruka: PRIVATNA PORUKA INTEGRISANIM SRCIMA, strana 697-698.

72.   EKVILIBRIJUM, baziran na Univerzumskim Zakonima, se održava putem sistema uticaja – Sveska 40, poruka: INFORMACIJA ZA JAVNU SVEST, strana 451.

73.   ANKSIOZNOST – Sveska 48, poruka: PRIVATNA PORUKA, strana 556-557.

74.   USKRSNUĆE – Sveska 26, poruka: KOSMIČKO USKRSNUĆE, strana 277-278.

75.   SREĆNI SVET sutrašnjica će biti svet mira i pravde, zasnovan na Poretku Zlatnog Doba – Sveska 38, poruka: JASNA INFORMACIJA, strana 429; Sveska 40, poruka: ODGOVOR NA TOKOVE MISLI, strana 455; poruka: NAPOMENA SVET PLANETI, strana 449.

76.   REKA NEPRAVDE; evolucijske nagrade se ne dodeljuju sve dok ne pregazimo ovu reku – Sveska 38, poruka: 9/9/1989 OVO JE MOJE OBRAĆANJE LJUDSKOM BIĆU KOJE JE POSTALO HUMANO, OVO JE MOJA DIREKTNA REČ, strana 433.

77.   NEBO SE OTVORILO tako da sve zemaljske ćelije na brži način mogu da prime energije viših dimenzija; čak i ozonska rupa služi ovoj svrsi – Sveska 49, poruka: PRIVATNA PORUKA, strana 573.

78.   MEHANIZAM UTICAJA iz 10. Evolucijske dimenzije, preko Leve dimenzije našeg Sunca, projektuje na Zemlju veštački pripremljene kosmičke enerije – Sveska 9, poruka: MEHANIZAM UTICAJA, strana 88-89; Sveska 11, poruka: GENERALNA PORUKA, strana 157; Dodatak 4, poruka: UTICAJI I MEHANIZAM PROJEKTIVNE MOĆI, strana 694-695.

79.   EVOLUCIJA LJUDSKOG BIĆA NA ZEMLJI – Dodatak 5, poruka: NEPROMENLJIVA FORMULA LJUDSKE EVOLUCIJE, strana 710.

80.   SOLARNE DIMENZIJE – Sveska 44, poruka: SOLARNI SISTEMI – EVOLUCIJA – ENERGIJA I SOLARNE DIMENZIJE, strana 504-506; poruka: DODATNA INFORMACIJA, strana 507.

81.   7 SLOJEVA ZEMALJSKOG ZNANJA – Sveska 29, poruka: EVOLUCIJSKI PLAN SVETA, strana 317-320.

82.   7 ZEMALJSKIH – 7 NEBESKIH – 7 UNIVERZUMSKIH SLOJEVA ZNANJA – Sveska 22, poruka: ODGOVOR NA TOKOVE MISLI, strana 235-236; poruka: DOZVOLITE DA DETALJNIJE OBJASNIMO DATE INFORMACIJE, strana 236-327.

83.   KARENA je 5. Evolucijska dimenzija – Sveska 16, poruka: KARENA, strana 160; poruka: PORUKA DATA OD STRANE "PREUZVIŠENOG DUHA", strana 162-163; Sveska 17, poruka: ZVEZDANI ZVUCI, strana 176-177; Sveska 22, poruka: ODGOVOR

NA TOKOVE MISLI, strana 235-236.

84.   ASTEROIDNA ZONA – Sveska 29, poruka: EVOLUCIJSKI PLAN SVETA, strana 317-320.

85.   NIRVANA je 6. Evolucijska dimenzija, ili Dimenzija Besmrtnosti – Sveska 39, poruka: INFORMACIJA ZA INTEGRISANE SVESTI, strana 438-439.

86.   KNJIGA ZNANJA – je bila diktirana u Turskoj kroz jedini univerzumski kanal otvoren ka našoj planeti (Alfa Kanal), u periodu 1881-1993, osobi koja se zove Vedia Bülent Önsü Çorak. Gospođa Çorak (rođena 1923.), poznata i kao Mevlana, je Govornik Sistema i jedna od 6 plemenitih gena Zlatnog Doba čiji ćelijski geni su stolećima bili korišćeni u kosmičkim laboratorijama da ojačaju genom ljudskog bića. Identitet Gospođe Çorak je otkriven u Svesci 24, poruka: (SADA JA MOGU DA GOVORIM), strana 366-367; Sveska 42, poruka: (BELEŠKA U SKLADU SA GENERALNOM ODLUKOM), strana 482-483 i Sveska 48, poruka: JASNA INFORMACIJA, strana 562-563.

Knjiga Znanja je Ustav Univerzuma, u univerzumskoj legistraturi zaveden pod brojem 115-685 – Sveska 20, poruka: OBJAŠNJENJE O MISIJI I FREKVENCIJI KNJIGE ZNANJA, strana 212-213; poruka: ODGOVOR NA TOKOVE MISLI, strana 205-206; Sveska 47, poruka: INFORMACIJA ZA PROBUĐENE SVESTI, strana 541-542; Dodatak 7, poruka: DIREKTNA BELEŠKA IZ PRATNJE UNIVERZUMSKE TOTALNOSTI, strana 731-734.

87.   SVETLOST – FOTON – CIKLON TEHNIKA korišćena u *Knjizi Znanja*, privlači kosmičku energiju na frekvencije slova te tako, sa energijom svakog narednog trenutka, unapređuje značenje teksta; ona takođe podešava energetski intenzitet celokupne knjige na kapacitet svakog čitaoca. Tako se *Knjiga Znanja* ponaša poput živog bića, i služi kao lični guru (medijator). – Sveska 36, poruka: KNJIGA ZNANJA, TO JEST KNJIGA KOSMIČKE SVETLOSTI, I NJENE KARAKTERISTIKE, strana 402; Sveska 40, poruka: SVETLOST – FOTON – CIKLON TEHNIKA, strana 450; Sveska 39, poruka PETA MOĆ, strana 441-442.

88.   SISTEM je nadzorni mehanizam celokupnog Gürz-a, i fokalna tačka projekcije koja deluje iz Dimenzije Svemilostivog (Svetlost-Univerzum) – Sveska 35, poruka: GENERALNI ODGOVOR NA TOKOVE MISLI, strana 398-399; Sveska 50, poruka: INFORMACIJA ZA INTEGRISANE SVESTI, strana 579; poruka: JASNA INFORMACIJA, strana 585.

89.   ZLATNO DOBA je četvrti i poslednji Poredak Gospoda; ovaj poredak će manifestovati univerzumsko ujedinjavanje. Tokom prelaska iz 3. u 4. Gospodnji Poredak, tokom XX, XXI i XXII veka, se primenjuje Plan Spasa. Ova tri stoleća se zovu *Kosmičko Doba* i karakteriše ih ubrzana evolucija, uskrsnuće svesti (od zemaljske ka kosmičkoj), procesi kosmičke selekcije i uvođenje univerzumskih operativnih uređenja na našoj planeti. – Sveska 48, poruka: OBJAŠNJENJE O ZLATNOM DOBU, strana 557-558.

90.   INTELEKT – LOGIKA – SPOZNAJA trougao, je neophodan kako bi osoba bila sigurna u svoje izbore, to jest šta joj je činiti – Sveska 40, poruka: INTELEKT – SRCE – ISTINSKO LJUDSKO BIĆE, strana 449; Sveska 49, poruka: INFORMACIJA ZA INTEGRISANE SVESTI, strana 569-570.

91.   EGZISTENCIJALNA UREĐENJA – Sveska 38, poruka: OBJAŠNJENJE O SVEMOĆNOM APSOLUTNOM I TOTALNOSTI, strana 433-434.

92.   GENSKI PROGRAM – Sveska 45, poruka: BELEŠKA IZ REALNOSTI

UJEDINJENOG ČOVEČANSTVA, strana 514.

93. VOLJA TOTALA – Sveska 30, poruka: INFORMACIJA ZA JAVNU SVEST, strana 330-331; poruka: PRENOS PARCIJALNE I TOTALNE VOLJE IZ ARHIVA, strana 332.

94. JEDINSTVO – POREDAK – HARMONIJA – Sveska 20, poruka: MI PRIBLIŽAVAMO DNO VRHU, strana 207-208.

95. KOSMIČKA TEHNOLOGIJA – Sveska 46, poruka: TEHNOLOGIJA, strana 530.

96. BOJE – Sveska 24, poruka: INFORMACIJA O BOJAMA I NJIHOVIM FREKVENCIJAMA, strana 255-256; Sveska 34, poruka: BOJE I MEĐU-DIMENZIJE, strana 383-384; Sveska 54, poruka: JASNA INFORMACIJA, strana 639-640; poruka: PRIVATNA PORUKA, strana 638-639.

97. TOTALITET SVESTI (ALLAH) – Sveska 46, poruka: DIMENZIJA NIŠTAVILA – TOTALNOST SVESTI, strana 528; Sveska 51, poruka: ODGOVOR NA TOKOVE MISLI, strana 598; Dodatak 6, poruka: JASNA INFORMACIJA, strana 718-719.

98. ISCELJENJE – Sveska 20, poruka: JASNA PORUKA O ISCELJENJU, strana 214.

99. 49 ZVUČNIH TONALITETA odgovaraju jednoj univerzumskoj muzičkoj noti – Sveska 22, poruka: ODGOVOR NA TOKOVE MISLI, OBJAŠNJAVAJUĆA INFORMACIJA PRETHODNO DIKTIRANE PORUKE O MUZICI I UNIVERZUMU, strana 230.

100. CRNA BOJA – Sveska 16, poruka: ALPHA – BETA, strana 168-169; Sveska 22, poruka: DOZVOLITE DA DETALJNIJE OBJASNIMO DATE INFORMACIJE, strana 236-237.

101. 7x7 EVOLUCIJSKA TRAJEKTORIJA – Sveska 39, poruka: ODGOVOR NA TOKOVE MISLI, strana 439-440.

102. RAZVIJAJUĆA ENERGIJA – Sveska 39, poruka: EVOLUCIJA ENERGIJE, strana 441; poruka: PETA MOĆ, strana 441-442.

103. ŠESTOKRAKA ZVEZDA – Sveska 24, poruka: SVAKA FIGURA JE SIMBOL, strana 254-255; Sveska 37, poruka: DAVIDOVA ZVEZDA, strana 425; Sveska 52, poruka: GENERALNA PORUKA, strana 600-601.

104. ROK TRAJANJA se odnosi na svaku od svetih knjiga – u smislu isteka vremena za usvajanje njihovih frekvencija, predviđenog kao optimalno od strane Božanskog Plana. – Sveska 17, poruka: ZLATNO DOBA I KNJIGA ZNANJA, strana 172.

105. BOGOSLUŽENJE – Sveska 26, poruka: BOGOSLUŽENJE, strana 279.

106. MOLITVE – Sveska 14, poruka: INFORMACIJA O MOLITVAMA, strana 145-146.

107. UNIVERZUMSKA MISIJA je ukodirana u naše gene i aktivira se specifičnom frekvencijom energije vremena, različitom za svaku osobu – Sveska 40, poruka: INFORMACIJA ZA INTEGRISANE SVESTI, strana 457-458; Sveska 43, poruka: JASNA INFORMACIJA, strana 494-495.

108. **TESTOVI** Zemaljske dimenzije su struktuirani kroz šest stupnjeva – Dodatak 7, poruka: INFORMACIJA ZA INTEGRISANE SVESTI, strana 727-728.

109. **MAKRO-SVEST** – Dodatak 6, poruka: JASNA INFORMACIJA, strana 721-722; poruka: INFORMACIJA IZ ARHIVE REALNOSTI, strana 719-720.

110. **PRIZMATIČNE PUTANJE** – Sveska 37, poruka: UNIVERZUMSKA KOMUNIKACIJA I OTKROVENJE, strana 420; Sveska 42, poruka: UNIVERZUMSKA PRIZMA I UJEDINJENA POLJA, strana 485; Sveska 52, poruka: PRIVATNA PORUKA, strana 608-609.

111. **FIRMAMENT**, nebeski svod nad Zemljom, je takođe i krajnja granica do koje svest pojedinca može da dosegne u datom momentu – Dodatak 2, poruka: FIRMAMENT, strana 680.

112. **UNIVERZUMSKI ZAKONI** određuju sve procese unutar univerzumske totalnosti (ništa se ne pojavljuje samo po sebi već je rezultat ovih zakona) – Sveska 48, poruka: LANAC ZAKONA, strana 553-554.

113. **UZVIŠENA CARSTVA** nadgledaju naše frekvencije – Sveska 41, poruka: GENERALNA PORUKA, strana 467.

114. **DVE STAZE RAZVOJA** – Sveska 48, poruka: LANAC ZAKONA, strana 553-554.

115. **VREMENSKI PROCESI** i vrednost JEDINICA ZA MERENJE VREMENA su predmet uticaja mnogih kosmičkih elemenata, kao što su različiti solarni sistemi, zvezdani periodi, solarni vetrovi i kosmičke struje koje dosežu datu planetu – Sveska 18, poruka: OBJAŠNJENJE O KNJIZI ZNANJA I KONTRADIKCIJAMA, strana 182; poruka: JASNA PORUKA O KNJIZI ZNANJA I KONTRADIKCIJAMA, Stavke 40-46, strana 183-185.

116. **TELEPORTACIJA (UZNESENJE ZRAKOM)** – Sveska 50, poruka: JASNA INFORMACIJA, strana 580.

117. **RAZLIČITI NIVOI EVOLUCIJE** su prisutni među našim ćelijama – Sveska 23, poruka: INFORMACIJA O GOSPODIMA, strana 250-251.

118. **ČVOR DISANJA** – Sveska 36, poruka: PRIVATNA VEZA, strana 408-409.

119. **NEZAPALJIVA ENERGIJA** se upisuje u naše ćelije i naše telo od svetlosti, u dva inicijalna stupnja 5. Evolucijske dimenzije (*Karena*). Međutim, usled ubrzane evolucije kojoj smo izloženi, trenutno se energija 5. Dimenzije direktno upućuje ka Zemlji. – Sveska 29, poruka: EVOLUCIJSKI PLAN SVETA, strana 317-320; Sveska 51, poruka: ODGOVOR NA TOKOVE MISLI, strana 596.

120. **SPAS** – Sveska 47, poruka: OBJAŠNJENJE, strana 539-540; Plan Spasa je nebeski program ubrzanog razvoja, pripreme i selekcije, primenjen na Zemlji kako bi obezbedio da maksimalan broj ljudskih bića dosegne Zlatno Doba – Sveska 36, poruka: GENERALNA NAPOMENA SVET PLANETI, strana 414-415; Dodatak 3, poruka: PLAN SPASA, strana 684.

121. **POSLEDNJI SUD** – Sveska 21, poruka: OBJAŠNJENJE O POSLEDNJEM SUDU, strana 221.

122. **REFLEKSIJA EVOLUCIJSKIH DIMENZIJA** – paralelno kapacitetu niže dimenzije, napredniji Solarni sistem na nju reflektuje svoju Evoluciju (svoju Evolucijsku i svoju Energetsku dimenziju) – Sveska 44, poruka: SOLARNI SISTEMI – EVOLUCIJA – ENERGIJA I SOLARNE DIMENZIJE, strana 504-506; poruka: DODATNA INFORMACIJA, strana 507.

123. HARAN, Moć Vatre Dimenzije Istine (Kürz), se reflektuje preko Vatra-planete (Omega) – Sveska 47, poruka 2: OBJAŠNJENJE, strana 544; poruka: ODGOVOR NA POSTAVLJENO PITANJE, strana 545-546.

124. HORIZONTALNA I VERTIKALNA EVOLUCIJA – Sveska 34, poruka: HORIZONTALNA I VERTIKALNA EVOLUCIJA, strana 383, poruka: SPIRALNE VIBRACIJE, strana 382-383.

125. UBRZANA EVOLUCIJA usled ulaska Zemlje u kosmičko polje refleksije Velikog Praska – Sveska 43, poruka: ŠOK TALASI, strana 492; poruka: ODGOVOR NA TOKOVE MISLI, strana 712-713; Dodatak 2, poruka: INFORMACIJA ZA INTEGRISANE SVESTI, strana 675-676.

126. "JA SAM ALFA I OMEGA" – Sveska 36, poruka: INFORMACIJA ZA INTEGRISANE SVESTI, strana 412-413; Sveska 39, poruka: SOLARNI SISTEMI I DIMENZIJE, strana 445.

127. OTVORENI KANALI – Sveska 36, poruka: GENERALNA BELEŠKA, strana 411; Sveska 37, poruka: ODGOVOR NA TOKOVE MISLI, strana 422; Sveska 41, poruka: GENERALNA NAPOMENA, strana 467-468; Sveska 49, poruka: GENERALNA PORUKA, strana 577; Sveska 50, poruka: BELEŠKA VRHOVNOG MEHANIZMA, strana 586.

128. ATLANTA, ili Zlatna Dimenzija je dimenzija savršenih poredaka, visoko naprednih sistema. ATLANTA je inicirala procese formiranja energije, Veliki Prasak i Egzistencijalni Program. Jedno Atlanta Biće poseduje moždanu moć ekvivalentnu moždanoj moći 7 milijardi ljudskih bića naše planete – Sveska 51, poruka: ODGOVOR NA TOKOVE MISLI, strana 598; Dodatak 6, poruka: INFORMACIJA ZA INTEGRISANE SVESTI, strana 714-717; poruka: JASNA INFORMACIJA, strana 718-719.

129. ĆELIJSKA SPOZNAJA – Sveska 11, poruka: VAŠA TAJNA, strana 107-108.

130. BEBA – Sveska 5, poruka: NAPOMENA ZA NAŠU ZEMALJSKU BRAĆU I SESTRE, strana 46.

131. SVETLOSNA LOPTA – Sveska 40, poruka: INFORMACIJA ZA JAVNU SVEST, strana 451.

132. SEKSUALNI VRHUNAC – Sveska 53, poruka: PRIVATNA PORUKA, strana 620-622.

133. IMENA BOGA – Sveska 2, poruka: BELEŠKA ZA NAŠE PRIJATELJE, strana 15-16.

134. 147 REČI čine jedno jedino pravo Ime Boga, koje će zauvet ostati nepoznato – Sveska 2, poruka: BELEŠKA ZA NAŠE PRIJATELJE, strana 15-16; Sveska 16, poruka: ALFA – BETA, strana 168-169.

135. O, to jest *Matu*, je nadzorna Moć Dimenzije Allaha; Poredak i Sistem – Sveska 23, poruka: MEHANIZAM GOSPODA I NJEGOV AMBLEM, strana 249-250; Sveska 42, poruka: REPREZENTATIVNI DIJAGRAM, strana 478; poruka: PORUKA IZ ARHIVE PREUZVIŠENE MOĆI, strana 488; Sveska 45, poruka: GENERALNA INFORMACIJA, strana 524.

136. **DIMENZIJA ALLAHa** je unutar Dimenzije Istine (Kürz); njen nadzor pripada Allahu (O) – Sveska 38, poruka: OBJAŠNJENJE O SVEMOĆNOM APSOLUTNOM I TOTALNOSTI, strana 433-434; Sveska 46, poruka: TOTALNOSTI SVEISTINITOG I DIMENZIJE ISTINE, strana 531-533; Dodatak 6, poruka: JASNA INFORMACIJA, strana 718-719.

137. **(AL – LA – H3)** je šifra petostrukog operativnog poretka (ALLAH) koji se odnosi na vibraciju LA frekvencije potekle iz Beskonačnog Pozitivnog Univerzuma i LA frekvencije potekle iz Beskonačnog Negativnog Univerzuma (AL) koje se projektuju na dva carstva: carstvo Sveukupnosti i carstvo Ništavila. Tri slova "H" u ovoj formuli predstavljaju: 1) "Hayat" to jest Dimenziju Života, koja se pojavljuje tamo gde se ove dve vibracije ukrste; 2) Dimenziju Sveukupnosti (H) i 3) Dimenziju Ništavila (H). – Sveska 7, poruka: BELEŠKA IZ CENTRA NAD CENTROM, strana 63-64; Sveska 35, poruka: GENERALNA PORUKA TOKOVIMA MISLI, strana 393-394; Sveska 38, poruka: JASNA INFORMACIJA, strana 430-431.

138. **ADAMOVA VRSTA JE STVORILA LJUDSKU VRSTU** – Sveska 36, poruka: PRIVATNA VEZA, strana 408-409.

B. POJMOVI KOJI SE ODNOSE NA KNJIGU "SVETLOST"

139. **EVOLUCIJA NAŠIH ĆELIJA** je povezana na evoluciju naše Esencije – Poruka: LJUDSKO BIĆE I NJEGOVA ĆELIJSKA EVOLUCIJA, strana 131-134.

140. **MOZAK LJUDSKOG BIĆA** je mehanizam pripremljen kao prototipska ćelijska struktura, u kojoj se ćelije ne reprodukuju i ne menjaju – Poruka: FORMIRANJE MOZGA, strana 136-137.

141. **LJUDSKI UM** je potencijal moći koji aktivira delove mozga te tako povezuje slojeve svesti i shvatanja. Misao igra presudnu ulogu kako po pitanju sticanja spoznaje tako i po pitanju sticanja svesti – Poruka: UM, strana 137-138.

142. **25% – 75%** – Poruka: MISAO I REFLEKSIJE, strana 97-100.

143. **BILJKE I ŽIVOTINJE SU POZITIVNE** – Poruka: ZAČARANI KRUG I KOSMIČKO USKRSNUĆE, strana 128-130.

144. **UBRZANA EVOLUCIJA** usled vibracionih replika Velikog Praska, koje je naša nauka detektovala 1962. godine (Fotonski Prsten) – Poruka: SVET, KOSMIČKE ENERGIJE I USKRSNUĆE, strana 15-19.

145. **NLOs** – Poruka: NLO, strana 142-143.

146. **TELEPORTACIJA (UZNESENJE ZRAKOM)** – Poruka: OBJAŠNJENJE, strana 143-144.

147. **ČVOR ŽIVOTA** je spoj Esencije (Srčana veza) sa Dahom i Frekvencijom Života – Poruka: INFORMACIJA O ESENCIJA-GENIMA, strana 154-156.

BIBLIOGRAFIJA

KNJIGA ZNANJA – Format Sveski, prevod na srpski jezik, Izdanje: A4_2015_V1.

(THE KNOWLEDGE BOOK – ISBN 975-95053-1-2; Treće izdanje 2013;
poruke primila i prevela u pisanu formu Vedia Bülent (Önsü) Çorak;
naslov originala: BİLGİ KİTABI)

SVETLOST (ova knjiga još nije objavljena na srpskom jeziku)

(LIGHT – ISBN 978-975-01975-1-2; Prvo Izdanje 2007;
autor: Vedia Bülent (Önsü) Çorak)

SVETU OD SVEMIRA (ova knjiga još nije objavljena na srpskom jeziku)

(FROM SPACE TO THE WORLD – ISBN 978-605-84813-1-2; Prvo Izdanje 2015;
autor: Vedia Bülent (Önsü) Çorak)

www.ingramcontent.com/pod-product-compliance
Lightning Source LLC
Chambersburg PA
CBHW080555090426
42735CB00016B/3244